空想の翼と信じる力

子どもの神話と発達の人類学

シンディ・デル・クラーク［著］

富田昌平［訳］

ミネルヴァ書房

FLIGHTS OF FANCY, LEAPS OF FAITH: Children's Myths in Contemporary America
by Cindy Dell Clark
©1995 by The University of Chicago. All rights reserved.
Licensed by The University of Chicago Press, Chicago, Illinois, U.S.A.
through The English Agency (Japan) Ltd.

空想の翼と信じる力

──子どもの神話と発達の人類学──

目　次

第1章　子ども時代の神々が持つ意味……………………………………………… 1

第2章　成熟に向けての飛翔………………………………………………………… 7
　　　　——歯の妖精とともに

第3章　クリスマスとイースター………………………………………………… 31
　　　　——現代に息づく季節ごとの通過儀礼

第4章　クリスマスの精神………………………………………………………… 49
　　　　——サンタクロースがやってくる

第5章　ウサギの足跡を追う旅路………………………………………………… 81
　　　　——イースターバニーが飛び跳ねる

第6章　商業，家族，人生との関連性………………………………………… 111
　　　　——制度化される子どもの儀式

第7章　空想することと信じること…………………………………………… 133
　　　　——まとめにかえて

補　論　子ども人類学へ……………………………………………157
　　　　──方法論的考察

　　　原　注……………………………………………………167
　　　謝　辞……………………………………………………180
　　　文　献……………………………………………………181

解　説　子どもと旅するファンタジーの世界……………富田昌平…191
　　　　──発達心理学の視点から

　　　訳者あとがき………………………………………………255

　　　人名・事項索引……………………………………………257

目　次　iii

凡　例

原文の引用符部分は［　］で示し，巻末にまとめた。
訳者による注は＊で示し，章末にまとめた。

第 1 章
子ども時代の神々が持つ意味

　　サンタクロースを見た人はいません。けれども，それは，サンタク
　ロースがいないという説明にはならないのです。この世界で一番確かな
　こと，それは，子どもの目にも，大人の目にも，見えないものなのです
　から。あなたは妖精が芝生で踊っているのを見たことがありますか？
　もちろんないでしょう。だからといって，妖精なんて，ありもしないで
　たらめだなんてことにはなりません。この世の中にある見えないもの，
　見ることができないものが，何から何まで人が頭の中でつくり出し，想
　像したものだなどということは，決してないのです。
　　　　　──フランシス・チャーチ，『ニューヨーク・サン』紙，1897年
　　（『サンタクロースっているんでしょうか？』中村妙子訳，偕成社）

　　心で見なくちゃ，ものごとはよく見えないってことさ。
　　かんじんなことは，目に見えないんだよ。
　　　　　──サン＝テグジュペリ『星の王子さま』
　　　　　　　　　　　（内藤濯訳，岩波少年文庫）

　むかしむかし，西洋の歴史の中で，大人も子どもも妖精を信じていた時代に
は，最も大切でリアルなものは目に見えないということについて，人々は何ら
疑問を抱いていませんでした。レプラコーン（leprechaun）[*1]や天使をはじめと
するスピリチュアルな存在たちは，子どもたちが成長して大人になってからも
広く受け入れられてきました。しかし，それも今では失われてしまったようで
す。疑り深い現代にあっては，「成熟した考えを持つ」ということは，すなわ
ち，「ファンタジー」（超自然なもの）と「現実」（明白なもの）とを区別できるこ
とを意味するのです。
　とはいえ，妖精とその仲間たちは，そのような実証主義的な懐疑論を前にし
ても，完全に消え去ることはありませんでした。毎年，アメリカではクリスマ
スシーズンになると，親たちはサンタクロースが子どもたちの世界に猛烈な勢

いで降り立ったことを思い知らされます。子どもの歯が抜けると，歯の妖精が*2
まるで空気のように軽やかに，ティンカーベルのように家中のそこかしこに光
を撒き散らしながら通りすぎていきます。そして，春になるとイースターバ
ニー*3が，まるで映画に登場するエルウッド・ダウドの友達ハーヴェイ*4のように，
目に見えず静かに飛び跳ねながら足跡だけを残して去っていくのです。

　スプライト（sprite）*5やプーカ（pooka）*6など昔ながらの存在について，論理
的にいくつか疑問があると考えるようになるのはごく自然なことです。子ども
たちにサンタクロースを信じさせることが正しいことなのかどうかという議論
は，サンタクロースが生きてきた歳月と同じくらい長年にわたって議論されて
きました。親たちの中には，サンタクロースの慣習を広めることは，子どもに
嘘を広めることと同じだと言い切る人もいます。エホバの証人の教徒たち*7やそ
の他のキリスト教原理主義者たち*8，あるいは，無数の世俗的ヒューマニストの
哲学者たち*9が，これまでにそうした合理的な結論へと達しています。哲学者の
ジュディス・ボスは，雑誌『自由の探究（Free Inquiry)*10』の中で，自由な思想
を持つ人たちは，サンタクロース信仰を抑え込まねばならないと述べています。
彼女はこう述べています。「子どもに善良さや寛容さの精神を伝えるために，
私たちにはサンタクロースが必要なのだと言う人たちは，そうした精神は（サ
ンタクロースのような）見せかけの中にのみ存在し，現実の人間関係の中には存
在しないと言っているようなものです」[1]。

　こうした議論に直面したとき，現代の親（あるいは子どもについて学ぶ学生）
は，どのように答えるのでしょうか？　サンタクロースを信じることは，信仰
（faith）をむしばむことなのでしょうか？　あるいは逆に，信仰を支えること
に貢献するのでしょうか？　商業主義が私たちの慣習の一部と結びついている
こと，すなわち，大量のおもちゃ（サンタクロース）や大量のお菓子（イース
ターバニー），冷たくて硬いお金（歯の妖精）と結びついていることについて，
どう思うでしょうか？　ある9歳の子どもは，本書のインタビューの中で，サ
ンタクロースのことを「プレゼントの神様だ」と言いました。それはすべての
子どもたちに当てはまることなのでしょうか？　サンタクロースは商業主義的
な意味を除けば，いったい何をもたらしてくれるのでしょうか？

　サンタクロースをはじめとする子ども時代の神々に対するこうした疑問は，

「サンタクロースは子どもにとっていいことなのか悪いことなのか」に対する大人たちの空論を数多くもたらしてきました。しかし，サンタクロースのそもそもの支持者である子どもたち自身に，こうした質問がなされることは，これまでにほとんどありませんでした。

　本書では，子どもたちが直接的に経験したことについて子どもたち自身に評価してもらうという，人類学的なフィールドワークの成果を紹介します。

　本書の中で私は，133名の子どもと72名の母親に対して濃密なインタビューを行いました。多くの場合，インタビューは各家庭で行われ，いくつかのケースでは同僚の手を借りました。ある母親には，クリスマスとイースターがあった6か月もの間（1989年から1990年），わが子の行動を「フィールドノート」に記録してもらいました。また，ショッピングモールにいるサンタクロースやイースターバニーのところに来た子どもたちの様子を記録したビデオテープも，分析の対象としました（調査参加者のプライバシー保護のために，名前はすべて仮名にしました。本書で採用した子ども中心主義のアプローチに関するより詳細な議論は，補論を参照してください）。この幅広い調査の結果，子どもたち自身がこの種の慣習をどうとらえているのか，またどのような意味づけを行っているのかについて，豊かに描き出すことができました。このフィールドワークは，アメリカにおける子ども時代の慣習について大人たちが持つ疑問の数々に対して，ひとつの答えを提供するものであるといえます。

　疑いようもなく（それが合理的であるかどうかは別にして），「信じること」について子どもたちは大人たちにたくさんのことを教えてくれます。ロバート・コールズによる著書『子どもの神秘生活』[2]でも記されているように，年端もいかない時期には「永遠なるものを求める」ことを情熱的にしたがるものです。大人たちがスピリチュアルな何かを求めようとするとき，彼らの一部は自分が冷笑主義や懐疑主義ではなく，子どものような信頼（trust）を欲しがっているのだと気づきます。子どもたちは，若々しい「素晴らしき日々（wonder years）」の真っただ中にあり，私たちの文化の中でも畏怖や不信の棚上げが許され，ときに評価されたりもするする，そんな人生の時期にあります。魔法のドラゴンやユニコーン，ニンジャ・タートルズ^{*11}などに，若さゆえに虜にされるのです。

第1章　子ども時代の神々が持つ意味　　3

信じることはいかにして可能になるのか，商業ベースの慣習や神話（サンタクロース，イースターバニー，歯の妖精）が信じる気持ちをどのように育むのか，あるいは蝕むのかということについて，子どもたちは私たち大人に何を教えてくれるのでしょう。ぴかぴか光る金属片や包み紙，セルロイド製の葉っぱなど，それらが永遠なるものの残りかすとして大量に捨てられてしまうのと同様に，子ども時代の儀式もまた，子どもたちや大人たちによって捨てられてしまうのでしょうか。

　子ども時代の神話が文化的に共有される**想像的**（imaginal）体験への最初の小旅行である限り，子どもたちは私たちにその体験の意義や働きについて教えてくれます。想像的体験は，物理的に存在しない体験であると定義されますが，一方で，それは実際の体験でもあるのです。人は生涯を通して，またさまざまな文脈で，想像的体験を見出していきます。例えば，人形や特別なテディベアとの会話（D・W・ウィニコットが移行対象と呼んだもの）や，ハーヴェイやホッブス（漫画『カルビンとホッブス』*12に登場）のような友達との会話もそうですし，夢や祈り，空想などもそうでしょう。このような体験は，最終的に主観的とも客観的ともラベル付けすることが困難であるという点で，（想像上の（imaginary）というよりかはむしろ）想像的体験と呼ぶべきものなのです。こうした現象のリアリティは，体験している当人による想像への積極的な関与によって維持されますが，それが非現実的であると判断されることはありません。ウィニコットによる移行現象についての論考にみられるように，想像的現象は共有される現実の世界にあって個人の内側を占めるものでも，外側を占めるものでもなく，そのどちらでもない逆説的な空間を占めるものです [3]。想像的現象は信じることに依拠します。『ピーターパン』の中で J・M・バリは次のように記しています。

　　このごろの子どもって，いろんなことを知ってるだろう。すぐ妖精のことなんか信じなくなっちゃうんだ。そして，子どもが，「妖精なんて，信じないや」って言うたびに，どこかで，妖精がぶったおれて，死んじゃうのさ [4]。

妖精を体験するためには，子どもの信じる気持ちを必要とするという点において，妖精はファンタジーとも現実ともラベル付けすることができない，特別な存在です。そして，それらは想像的能力を生み出したり，強化したりするのに役立つのです。

　本書を読まれる際には，ポール・ヴェーヌの次の言葉を思い出してください。信念（belief）について研究しようとするとき，真実は無数にあるのだと理解すれば，その作業はとても楽なものとなる [5]。子どもは大人とは異なるやり方で世界を体験します。しかし，彼らの体験には，大人の信仰や体験と同じくらいに，たくさんの妥当性とたくさんの真実や神聖さが存在しています。子どもの神聖な信念を偽りだとか，他愛のないファンタジーだとかいった具合に，過小評価してはいけません。その若々しい信念こそが，想像的な体験や畏怖に感化された信仰の発達的基礎を築くのです。私たち大人が人生の途中で多くのことを忘れてしまい，その結果，子ども時代のつくりごと（make-believe）に対してどこかえらそうに想像するのみで，もはや畏怖や感謝の気持ちさえ抱くことができないのだとしたら，それはとても残念なことなのです。

＊1　アイルランド民話に登場するいたずら好きの妖精。

＊2　西洋では抜けた乳歯を子どもが枕の下に入れて寝ると，翌朝，歯の妖精がそれをコインあるいはプレゼントに交換してくれるという言い伝えがある。

＊3　西洋ではイースター（復活祭）の前夜に，イースターバニーがカラフルな卵やお菓子，時にはおもちゃをバスケットに入れて，子どもたちの家に届けてくれるという言い伝えがある。

＊4　1950年のアメリカ映画『ハーヴェイ』のこと。主人公の資産家エルウッド・ダウドは，いつも自分のそばには2メートル近くの巨大な白ウサギの友達ハーヴェイがいると信じている。

＊5　西洋の伝説などに伝わる妖精あるいは精霊の一種。

＊6　ケルトの神話・伝説に伝わる妖精あるいは妖魔の一種。

＊7　1870年代にアメリカ合衆国でチャールズ・テイズ・ラッセルを中心に始まった国際聖書研究運動によって設立されたキリスト教系の宗教団体。

＊8　聖書に書かれていることを硬直的に解釈する立場。ファンダメンタリスト，キリスト教根本主義とも呼ばれる。

＊9　人間は宗教や神への信仰がなくても倫理的で道徳的であることができるとする，ヒューマニズム思想の一種。

＊10　世俗的ヒューマニストの思想や言論を発表している雑誌。1980年創刊。

＊11　アメリカ・コミック『ニンジャ・タートルズ』に登場する忍者の格好をした
　　　４匹の亀のヒーローのこと。

＊12　アメリカの地域新聞に連載された連続短編漫画。想像力豊かな６歳の男の子，
　　　カルビンと親友であるぬいぐるみのトラ，ホッブスのユーモラスで一風変わっ
　　　た日常を描く。

第2章

成熟に向けての飛翔
歯の妖精とともに

　なぜだかわかりませんが，彼女は，ああ，これがピーターパンなのだと，すぐにわかりました。かわいらしい男の子でした。筋だらけの枯れ葉と，木からにじみ出た樹液とでできた服を着ていました。でも，なんといっても，ピーターの一番の魅力は，まだ生え変わらない歯をもっていることでした。

　　　　　　　　——ジェームス・マシュー・バリ『ピーターパン』
　　　　　　　　　　　　　　　　（厨川圭子訳，岩波少年文庫）

　祝福してくれるのは歯の妖精です。子ども時代の喪失の象徴として，歯が抜けるたびにそれを補ってくれる神秘的な友だちがいることは，どんなにか素敵なことでしょう。この特別な友だちは普通の祝日や季節とは無関係です。あなた自身の身体が必要とした瞬間にのみ，それは現れるのです。

　　　　　　　　　　——モリー・ワルシャフスキー，育児雑誌より

　クリスマスに僕が欲しいのは，2本の前歯だけさ
　素敵なクリスマスになりますように
　　　　　　　　　　——ジャズシンガー，ドナルド・ガードナー

救済のための魔法の癒やし

　シカゴの北西部に住んでいる，7歳半の中流階級出身のイタリア系アイルランド人の男の子ジミーは，現代のアメリカの歯の妖精について，私たちに話をしてくれた最初の情報提供者でした。ジミーは，私が彼の家で取材をする2週間ほど前のある秋の日に，前歯を失っていました（彼が失ったのは6番目の乳歯でした）。

　ジミーの母親が私に当時の状況を教えてくれました。この最近抜けたばかりの歯は2週間前からグラグラしていて，彼は最悪の場合，それを抜いてほしいと願っていました。ジミーは痛がっていたのです。ある朝，彼はバスルームの

7

奥の方で歯を磨き，学校に行く準備をしていました。母親がジミーの頭にブラシをあてるために彼に声をかけると，突然，泣き叫ぶ声が聞こえてきました。歯を磨いていた時に，その厄介な歯が抜け落ちてしまって，バスルームの排水溝の中に落っこちてしまったというのです。

　ジミーが涙を見せたことに，母親は特に驚きはしませんでした。

　　もしもその歯がなかったら，彼は歯の妖精のために抜けた歯を置いておくことができないですからね……。私は言いました。「大丈夫よ，ジミー。ジョーおじさんを呼んでくるわ。たぶん彼が流し場を解体して，歯を取り出してくれるわよ」。本当は，解体するようにジョーおじさんに頼むつもりはなかったんですけど，それを聞いてジミーは学校へと向かいました。その日の夜，私はジミーにこう言いました。「流し場は解体できなかったわ。お母さんの友達の中にも同じようなことが起こって，流し場を解体したっていう人はいたけど，それでも歯を見つけることはできなかったそうよ。でも，そうね，例えば歯の妖精に手紙を残すっていうのはどうかしら」。そうして彼は手紙を書いて，それをドアの前に貼り付けたんです。

　ドアの前にそのメモを貼り付けたのは，彼なりの考えがあってのことでした（歯の妖精が「飛びながら」見られるようにだそうです）。「彼女（歯の妖精）は僕にお金とか，何だってくれるんだ」。ジミーは私にそう話してくれました。そして，彼はまだそのとき手に入れたお金をちゃんとタンスの中にしまい込んでいました。ジミーが知らなかったことと言えば，それは彼の母親が，彼の書き記したそのメモをとって，それを彼女の"貴重品"がたっぷり入った財布の中にしまい込んでいるということくらいです。ジミーの字で記されたそのメモには，こう書かれていました。

　　歯の妖精へ
　　歯を磨いているときに，歯を排水溝の中に落としてしまったから，歯を持ってくることができなかった。ごめんなさい。
　　愛を込めて，ジミーより

ジミーは歯の妖精は本当にいると信じていました。私がこれまでにインタビューした子どもたちのほとんどが，たとえ直接的に歯の妖精を見たことはないにしても，本当にいるという考えには同意していました。ジミーはとびきりの想像力を使って，妖精は「歯科医院」の中に住んでいて，歯科医に気づかれないようにどこかに隠れているんじゃないかと考えていました（「もしも妖精が，ぼくが考えるようにとても小さいんだとしたら，その妖精はきっと引き出しのどこかに隠れていると思うよ」）。ジミーの中で妖精と歯科医とが結びつき，そのように考えてしまったことは何も偶然ではありません。歯の妖精の仕事は，子どもたちの歯が抜けることに対するトラウマや恐怖と関係があるからです。

クラーク　もしもあなたが年下の誰かと話をする機会があって，その子がこれまでに歯が抜けたこともなく，歯の妖精のことも全く何も知らなかったとしたら，その子にどんなことを伝えてあげる？

ジミー　歯が抜けたら，枕の下にその歯を置いてねって伝えると思うよ。次の日の朝，君は何かもらえるはずだよ。別の歯がはえてくるから心配しないで。歯がすべて抜けても，なくなることはないよって。

クラーク　歯がなくならないって知っているというのは，重要なことね。じゃあ，その子はそれを知っておくべきだと思う？

ジミー　（頷きながら）歯が抜けたとしても，よく知っていたら，痛いとかあまり感じないんじゃないかな。

クラーク　あなたは，歯が抜けると，その子は痛がるだろうと思うわけね？

ジミー　（頷きながら）その妖精の中で一番えらい人，その人が抜けた歯を見ていなかったとしたら，その子はそう（痛がる）かもしれないね。

クラーク　歯の妖精が来るのをやめたらどうする？　妖精が「私疲れたわ……子どもの歯がいくら抜けたところで，私はもう行くつもりなんてないわ。それがいったい何だって言うの？」って言ったら？

ジミー　僕だったら，抜けた歯を接着剤で口の中に戻すよ。くっついたままにしておく。でもそれって，本当にお金にならない，ただの歯だけどね。

第2章　成熟に向けての飛翔　　9

クラーク　何がより重要なのかしら？　お金をもらうこと？　それとも別
　　の歯を手に入れること？

ジミー　別の歯だよ。

　子どもの見方からすると，歯の妖精は歯が抜けたときの対処法のひとつです。
それは多くの親が思っているよりも，ずっとそうなのです。この点でいえば，
ジミーのケースはわかりやすい例だといえます。ジミーは二重の損失を経験し
ました。それは抜けた歯をバスルームの排水溝に落として失くしてしまったこ
と，そして，歯の妖精との取引に失敗してしまったことです。「歯を磨いてい
て，その抜けた歯が排水溝に落ちてしまったから，歯を持ってこられなくてご
めんなさい」。これはジミーが歯の妖精に対して送った明白なメッセージです。
「あなたは抜けた歯をなくしてしまったのね。でもきっと次の歯を手に入れる
ことができるわ。それまでいくらかのお金を置いておくわね」。これもまた，
歯の妖精からジミーに対する暗黙のメッセージなのです。

　この損失の緩和はとても重要なことで，ジミーは神様が，歯の妖精に仕事を
与えたんじゃないかと推測したようです。

クラーク　歯の妖精はどんなふうにしてこの仕事を始めたのかしら？　ど
　　う思う？

ジミー　たぶんだけど，神様はこうしたんじゃないかな……。ある日アダ
　　ムかイブのどちらかが歯をなくしてしまったんだ。そのとき，彼らは
　　どうしたらよいかわからなくなった。だから，神様は彼らにこう言っ
　　たんだ。「あなたが寝るときに，歯を置いておきなさい。そうすれば，
　　その歯はどこかに消えて，代わりに別の何かを手に入れることができ
　　るでしょう」ってさ。

クラーク　どうして神様は，そうするのがいいって思ったのかしら？　神
　　様は彼らがどう感じるって思ったかな？

ジミー　神様は考えたんじゃないかな。歯がない！って，どんなことかを
　　さ。歯がないとしたら，彼らはうまく食べ物をかむことができないん
　　じゃないかなって。

10

クラーク　だから神様は歯の妖精をつくって，「歯を枕の下に置くよう
　　　　に」って言ったのね。あら，すると歯の妖精は，自分の仕事について
　　　　どう思っているのかしら？
　　ジミー　喜んでいると思うよ。……だってさ，たいていの人は生きている
　　　　間に，あんまり神様に会うことってないでしょ。でも歯の妖精は，も
　　　　しも質問とか何かあったら，もしもそれを望んだら，いつだって神様
　　　　に会えるわけだから。それにさ，誰だって歯がない状態にはなりたく
　　　　ないはずだよ。だから歯の妖精は，とても特別なことをしているんだ
　　　　よ。

　歯が抜けることは傷つくことではないし，永遠に続くことでもありません。
こうした子どもを安心させる神秘的な介入は，ジミーが信じる限り続いていき
ます。彼のようなケースは，例外ではありません。子どもたちは歯が抜けると
同時に感じる数々の身体的に不愉快なことについて，私に話してくれました。
何かを食べたり誰かが歯を引っ張ったりなど，より強い圧力がグラグラしてい
る歯に集中すると，出血やわずかな痛みが生じます。運悪く歯を飲み込んでし
まうかもしれません。また，うまくしゃべれなくなる可能性だってあるのです
（「クリスマスに欲しいのは 2 本の前歯だけ」という歌[*1]の中で風刺された舌足らずの発音
は，実際に何人かの子どもたちにとっての現実です。つまり，それは言語発達の残酷な
ミスマッチによるもので，多くの子どもたちは "th" の発音をし始める時期であり，
ちょうどその発音をするのに抜けた 2 本の前歯が必要なのです）。子どもたちは「大
きい歯」や「成長した歯」を得ることに関心を寄せますが，その過程で多くの
安心を必要とするのです。
　歯が抜けることに対して安心感を得ることは，疑いようもなく，人間が深く
追い求めてきたことのひとつです。文学（聖書も含む）や民俗学では，歯は長
い間，力や美，痛みの象徴として記述されてきました。きわめて古い遺言書の
呪いの中にも，敵の歯を折るように神に願うといった記述があります。歯がな
い状態は，乳幼児や高齢者に代表されるように，無力で依存的な状態を表しま
す。「完全武装する（arming ourselves to the teeth）」，「あらゆる手段を尽くす
（fighting tooth and nail）」，「間一髪で助かる（escaping by the skin of our teeth）」

などの表現は，歯を失うことが権力を持つ者にとってリスクであることを表しています [1]。

　歯が抜ける夢は，フロイトやその他の研究者たちが指摘するように，西洋文化圏だけでなく世界中の人々の間で広く報告されてきました。私が取材をしている最中に，ある母親がショックで青ざめた表情をして，最近怖い夢を見たのだと報告してきました。それは彼女の下の歯がすべて１本ずつ抜けていくというものでした。何年か前にも，彼女は同じような夢を見たことがあるのだそうです。それはジョニー・カーソンのショーに出演しているときに，口の中からどんどん歯が抜け落ちて，それをまわりのみんながじっと見ているというものでした。

　この２つの夢は彼女をひどく怖がらせましたが，彼女はこのどちらの夢に対しても，特別な意味付けを行いませんでした。しかし多くの人たちは，歯が抜ける夢には意味があると考えているようです。西洋文化圏以外でも，中央アフリカからメキシコに至るまで，歯が抜ける夢を見ることは，親族や近い友達の死の前触れを表すものとして広く解釈されています [2]。西洋の精神分析家たちは，そうした夢をさまざまな心配ごとの象徴であると解釈します。例えば，去勢，老いへの恐怖，乳児期への退行願望など，さらには人格崩壊にまで結び付けて解釈しました [3]。著書『夢判断』の中で，フロイト[*3]は，歯が抜ける夢と自慰とを結びつけています [4]。

　歯が抜けることは，喪失，権力からの撤退，脆弱性などを示す豊かなメタファー[*4]であると聞かされたとしても，子どもたちは今さら驚きもしないでしょう。歯の生えかわりを直接体験した子どもたちは，それがいかに気を滅入らせるものであるかをよく知っているからです。場合によっては，歯が抜けることは縫合手術よりも，あるいはアレルギー注射よりもひどい気分にさせるようです。抜けかけの歯は子どもをイライラさせ，「悩ませ」ます。それは子どもが食事をしたり歯を磨いたりするときの妨げになります。出血は「不快」で「嫌悪感」があり，これから歯が抜けるという子どもをパニックへと陥らせます。特に，初めて歯が抜けたときなどはたいてい驚くものです。そうした必ず訪れるであろう恐怖に対して勇気を持つことは，子どもを「少しお姉さん」に成長させるうえで大切なことなのよ，とサラは私に話してくれました。ジミーも

語ってくれたように，歯が二度と生えてこないかもしれないという不安は，一部の子どもたちにとって深刻な問題です。結局のところ，私たちは噛んだり食べたりするときに歯を使います。したがって，そうした恐怖や不安に耐える必要があるのです。初めて歯が抜けたという男の子は，「もう歯が生えてこないかもしれない」と心配していましたし，ある1年生の女の子は，「もう食べられないかもしれない」とつぶやきました。

　もしも歯の妖精の儀式が子どもたちに歓喜をもって迎えられているとしたら，それは表出されたシンボリズムの意味的な変容を通して，彼らの心配ごとを和らげてくれる，そんな力が部分的にあるからでしょう。儀式が歯の生えかわりを前向きで価値のある体験へと変えてくれるのです。ピーター（7歳）によると，彼の父親は息子の歯を直接ぐいっと引っ張って抜いたのだそうです（これはまともな父親たちがよくやることです）。

　　僕たちがおばあちゃんの家でお泊り会をしていたとき，父さんが「こっちにおいで」って言ったんだ。そして，父さんは僕の歯をぐいと引っ張って抜いた。かなり痛かったよ……。僕は父さんが何をするか知らなかったんだ。父さんは僕の口に手を伸ばして，ぐいと引っ張って抜いた。僕は悲鳴を上げたよ。ギャアギャア泣いて，「おおおおぁぁぁぁぁ」って言った。そして「歯を抜いたの？」って聞いたんだ。すると，父さんは「そうだよ」と言って，僕に歯を見せてくれた。それを見たら，僕は痛みを感じなくなった。だって，「やった！　これでお金がゲットできる！」って思って，飛びはねたからね。

　また，ジェニファー（8歳）は，なぜ自分が歯の妖精の存在を「良いアイデア」だと思ったのか，そして，その儀式によって生じた自らの態度の変化について次のように証言してくれました。

　　私がまだ小さかったころ，そう，5歳だったころ，歯が抜けたって聞いて，私は言ったわ。「えっと，私はそれ（歯）を取り戻せるの？　私にこれから何が起こるの？　私の残りの人生って歯がないの？」。そのとき私

第2章　成熟に向けての飛翔　13

は，少し怯えていたと思う。でもその後，歯が抜けたらその見返りとして，何かがもらえるっていうのは，何だかいいアイデアねって思ったの。だって，もっといい新しいものを手に入れることができるってことだもの。

　歯の妖精は主に西洋の慣習であり，おそらく19世紀にアメリカ文化の発展の中で進化したものです [5]。しかし，世界中にはさまざまなかたちの，歯が抜けたときの儀式があり，それが子どもたちのこうしたプロセスを和らげてきました。人類学者や歯に関する民俗学者たちは，こうした慣習の驚くべきリストを報告し，抜けて失われた歯が何らかの意味のある方法で廃棄されていることを示しました [6]。例えば，歯を先祖と一緒に埋める（ニューギニア），暖炉または火の中に入れる（イングランドのシェフィールド），小屋の入り口に置く（ティートン），リスのために置く（ボヘミア），ビーバーやまっすぐな歯を持つ動物のために置く（チェロキー族）など，さまざまにあります。ほかにも，炭で黒くする（チペワ族），ネズミの巣穴に投げ入れる（メキシコ），たくさんの歯を持つイルカのために海に投げ入れる（パタゴニア）といったものさえあります。歯を置くときには，しばしばある種の呪文が声に出して唱えられます。ベトナムでは，子どもたちは歯を家の屋根の上に投げたり（上の歯が抜けた場合），あるいは庭の方へ投げたりして（下の歯の場合），そしてネズミに向けて大声で，「おーい，ネズミ！　おーい，ネズミ！　お前の歯は長くてとがっているから，次の歯が抜けるまでできるだけ早く，ぼくの歯もお前の歯みたいにしておくれ」と叫ぶのだそうです。チェロキー族の子どもたちは，「ビーバーよ，ぼくのあごに新しい歯を入れておくれ」と唱えるそうです。ニュージーランドのマオリ族は歌を歌うのだそうです。

　　芽が出よ　芽よ
　　芽よ　もうすぐ出てこい
　　満月を見たら
　　もっと芽が出て
　　人間の歯にしてくれる
　　ネズミが持っているような

ネズミの歯みたいに
　人間の歯もしておくれ

　特に，歯が抜けたときの珍しい儀式を1つ挙げると，シュプレーヴァルトの
ヴェンド人たちの間で行われている儀式があります。彼らは子どもの抜けた歯
を両親そろって飲み込むのだそうです（母親は息子の歯を，父親は娘の歯を飲み込
むのだとか……まさに親ならではの管理です！）。

　驚くべき一致ではありますが，たいていの場合，素敵で丈夫な歯を与えてく
れと言い，（先祖や力強い動物などの）外部の力によって発達プロセスを補正し
ようとします。こうしたことを人類学者たちはしばしば「類感呪術（sympa-
thetic magic）*5」という言葉で表してきました。必要とする特質を持った対象の
名を呼んで（強くて突き出た歯を持つげっ歯類の名を呼び），それらの特質が必要
とする者に与えられるようにと頼むのです。（おそらく，私たちの文化において，
素敵で丈夫な歯に代えるという心配を減らしてくれるのは，X線という魔法を持ってい
る歯科医でしょう。歯科医は，少なくとも大人には，そうした方法を説明してくれま
す）。

　しかし，現代の医学でも，外科手術で扁桃腺が切除されたり，美容師により
髪が切られたり，自然に歯が抜けたりなど，子どもの身体イメージは身体の一
部を失うことへの対処を必要としています [7]。「あなたの一部」を失ったこ
とに対処するためには，でたらめに放り投げるのではなく，乳歯はある目的の
ために休息するのだ，とする方が何だか治癒的でありますし，カタルシス的で
あるとも言えるのではないでしょうか。それは葬式のアナロジーとも深いつな
がりがあります。歯はある種の葬式で見られる墓場のように，より高い超自然
の領域（歯の妖精という領域）へと委ねられていくのです。

　愛する人の喪失であろうと身体の一部の喪失であろうと，喪失に対処するこ
とにかかわる悲しみは，表現することを必要とします。儀式は別離を乗り越え，
新しい状況に対する不安や心配から解放されるための方法を与えてくれるので
す [8]。子どもたちも同様に，葬式のアナロジーを感じているようです。妖精
に歯を差し出すとき，リサは，裏庭にある死んだ金魚のお墓を思い出したそう
です（それはセレモニー的に，そしておそらく非常に適切に，シーフード・レストラン

第2章　成熟に向けての飛翔　　15

でもらった空のマッチ箱に入れられて埋められたのだとか)。

　埋葬する前に死体を棺に入れるのと同じように，妖精との交換を待つまでの間，通常，歯は特別な入れ物である歯の妖精ポーチに入れられます。この歯の妖精ポーチは，かなり最近になって導入されました。それはフロリダ州ウィンターパークに住むエリザベス・ブライアントによって，1974年に発明されたと言われていますが [9]，以来，広くそのやり方が踏襲されてきました。歯の妖精ポーチは，たいていかぎ針編み，刺繍，または手縫いのいずれかによる手作りのものです（私の息子は教会の工芸品見本市で購入した木箱を持っています。そこには歯が描かれ，箱自体も歯のような形をしています）。歯を入れるポケットのついた枕やポーチは，一般的に子どものために親族によって作られるか，あるいは場合によっては，どこかの女性が工芸品見本市に出品したものを購入して，子どもの手に渡されます。しばしば歯の妖精ポーチは，子どもの乳歯が抜ける前に，親族や両親の友達から子どもへの贈り物として入手されます。そうした贈り物は，歯の妖精の慣習を支持し，癒しの儀式を守ることを奨励するといった社会的影響力を持つものだといえるでしょう。

女性性と妖精

　ジミーは，歯の妖精はすごく小さな女の人ではないかと想像していました。そして，それは子どもの想像的体験の中でも共通認識といえるもののようです。歯の妖精を絵に描くように言われると，たいていの子どもたちはパステルカラーで羽根と杖を持った女の人の姿を描きます。

　文化的なシンボルは，系統的で相互関係的な意味を持つ傾向にあります。パステルカラーは，私たちが女性（または赤ちゃん）に対して連想する色です。妖精は男性でなく女性であり，妖精が父親だという話を聞いたことがある人は，いないのではないでしょうか。ちなみに，fairy という語は男性同性愛に対して使われることもあり，歯科医雑誌の漫画の中では歯の妖精を風刺するうえで使われます。それはまるで，妖精は本来的に女性だということを強調するかのようです。歯の妖精は，女性という性別を身につけることによって，（成熟した教養のある男性の世界が家の外にあるのとは対照的に）家や家庭，母親，幼年期といった領域に属すものとして同定されるのです。

16

パステルカラーは歯の妖精を描くのによく使われます。7歳の男の子の絵には、コインを手にした小さなお化けのような妖精が描かれています。

セラピー的、ヒーリング的な役割において、歯の妖精は男性的モードというよりも女性的モードで、歯が抜けた子どもに対処します。男性の治癒者（ヒーラー）とは対照的に、女性の場合には、異なる治癒アプローチの先例が古代より存在しています。歯科衛生士（hygienist）（主に女性）は、女神ヒュギエイア（Hygeia）[*6] からその名前や健康へのアプローチが取られています。それは賢明で活力のある持続的な自然的プロセスとしての健康の象徴でもあります。対照的に、男性の神であるアエスクラピウス（Aesculapius）[*7] は、病気への工学的介入を表しています。歯科学（dentistry）はアエスクラピウスにより近く、合理的に子どもの歯を抜く父親のような介入の仕方です。それでも、アエスクラピウスを崇拝する古代の男性医学グループの中にさえも、治療のために祈りを奉げる女性のメンバーがいたそうです [10]。こうした女性の存在は、養育、暖かさ、関与、直感的理解、関係性を表しており、子どもたちが歯の妖精に帰する性質そのものを表していると言えます。

通過儀礼

身体の一部としての乳歯は、力の喪失や脆弱性だけでなく、幼年期そのものの象徴でもあります。子どもにとって初めて歯が抜けるということは、幼年期

第 2 章　成熟に向けての飛翔　　17

に別れを告げ，「大人の歯」を得ることの象徴でもあります（そのため，ある女の子が語ったように「（大人の歯を得た後では）誰もその子のことを赤ちゃんと呼ぶことはできない」のです）。そう考えると，ピーターパン（決して成長しない架空の男の子）が乳歯を決して手放さなかった（そして，それにより年をとることを避けた）ことは，どれほどふさわしいことであったでしょうか。

　母親は，乳歯の喪失は子どもが成長する過程における重要な段階のひとつであり，通過儀礼と見なし得ることをよく理解しています。インタビューの中で，ある母親は現代のアメリカにおける歯の生えかわりと，ほかの重要な人生の移行との比較について語りました。それは例えば，歩行訓練，二輪車に乗る練習，幼稚園，思春期，ローマ・カトリックの最初の聖体拝領，[*8]運転免許証の取得などです。スミス夫人は，歯の妖精の慣習が彼女にとって何を表しているのかを話してくれました。

　　　通過儀礼ですよ（笑いながら）。私がこれ以上あなたに言えることは何もありません。すべての子どもたちが新しい歯を育てていくために，歯を失うのです。これ以上，どんなふさわしい言葉も私には見つかりません。だから，これは通過儀礼なのです。

　母親たちは繰り返し，歯が抜けることは公的なことであり，子どもたちが「成長し」，「年をとり」，やがてより自立した段階に入ること（「子どもが親の元を離れること」，「自立すること」）であると語りました。歯が生えかわるまでの間に見られる子どもの身体的外見の変化は，ブラウン夫人が言うように，母親にとって，子どもがもう十分に成長したという事実を無視できなくさせるものです。

　　　もしもあなたがどこかの子どもを見て，その子の歯が抜けていたら，それは本当に違って見えることでしょう。あるいは，2本の前歯を同時に失って，舌足らずな発音になっていたとしたら。話し方だって外見だって変わるのです。それから乳歯がなくなって，大人の歯に全部生え変わったとしたら。その子の見た目すべてが変わってくることでしょう……。私は

以前に大人の歯になった，歯が生え変わったわが子の写真を撮ろうとした
ことがあります。この子は今何てキュートなんだろう（と私は思いました）。
世界中の歯が生えかわった子どもの中で，彼ほどキュートな子どもってほ
かにいるのかしら？　こう感じるのは奇妙なことでしょうか？　でも私は
本当にそう思ったのです。私は以前に幼稚園で撮ったわが子の写真を見て，
ああ，この子がこのままでいてくれたらなあ，と思いました。どうかその
小さな歯がいつまでもそのままでありますようにって願ったんです。でも，
歯が抜けることに関して選択肢なんてないんです。歯は抜けてしまう。誰
もが避けては通れない道なんです。

　アメリカ社会では，歯の生えかわりは子どもが家庭から公教育へと移行する
のと同時に発生します。また，それらは読み書きの学習などほかの多くの変化
とも関連していて，実際に男の子や女の子が家庭から独立していくうえで役立
ちます。そうして，彼らは家庭の外の公共的な領域の中で，社会的スキルや認
知的スキルをより熟達させていくのです。歯が生えかわるということは，こう
した大きな変化に対して子どもの準備ができていることを意味します。幼稚園
の先生や小学校 1 年生の先生は，よく子どもたちの歯が抜けたときに，その出
来事をグラフにして教室に示し，祝い事として扱います。ある教育研究者は，
歯の生えかわりはその他の事柄の準備の程度とよく相関しているため，学校へ
の準備の程度を判断するうえで利用することが必要ではないかと指摘していま
す [11]。
　したがって，歯の喪失は，ある発達段階を脱して別の発達段階に入るという
自然な流れの象徴なのです。こうしたことはアメリカ社会において珍しいこと
ではありません。5 歳から 7 歳の間に歯が生えかわることで，彼らの社会的な
地位と期待が変化することは，文化の枠を超えて共通しています。中央アフリ
カのマラウィのンゴニ族は，「最初の歯が抜けて次の歯を獲得した子どもたち
は，次の発達段階へと到達したのだ」と信じています。ンゴニ族の子どもたち
は，歯の生えかわりが完成すると，無作法に対して責任を負うようになり，
「異なる人生を歩む準備ができている」と認識され，男の子は研修期間を過ご
す場所へと移るようになります [12]。

第 2 章　成熟に向けての飛翔　19

歯の喪失は，アルノルト・ファン・ヘネップ[*9]が，彼の今では古典とされる著書『通過儀礼』の中で考察したような移行を，まさに文字通り構成します。ファン・ヘネップの偉大な功績のひとつは，通過儀礼が３つの段階を経て機能する傾向にあることを見出した点です。すなわち，(1)地位または役割を移行前のままにしておくこと（新婦が彼女の父親から「新郎に引き渡される」ときのように）。(2)その人がもはや特定の彼や彼女ではないというあいまいな中間地点に入ることは，新しい地位を引き受けていないということ（「どっちつかず」であるというこのあいまいさを象徴するように，新婦は一部だけベールをかぶる）。(3)新しい地位を獲得したとき，その経過を完全なものにすること [13]。

　現代のアメリカ文化やンゴニ族，またはどこかほかの場所でも，子どもの歯が抜けると，これら３つの段階が**文字通り表現**されます。第１に，歯が抜けるという喪失体験は，子どもを赤ちゃんの時期から自然に**引き離します**（ちょうど切断の儀式が，多くの開始儀式の分離段階に伴うのと同じように）。第２に，子どもは自然に発生した**あいまいな**（歯がない）時期へと突入します。それは移行の時期とよく結び付けられ，（まさに文字通り）「目に見えない」性質を具現化した時期です（このあいまいな時期には，冗談やユーモア的なからかいがよく見られ，歯科医や母親たちに「みにくいアヒルの子」の時期とも呼ばれます）。第３に，永久歯が自然に生えてくることで，子どもの成長の性質がまさに文字通り**組み込まれます**。この３部構成の通過儀礼が，歯の生えかわりの身体的コードとして文字通り行われるのです。

　ファン・ヘネップによる人生危機の儀式に見られる３段階モデルは，異なる水準ではありますが，アメリカの歯の妖精の慣習（単一の歯の妖精による訪問）にも見られます。すなわち，(1)子どもは妖精に持っていってもらうために歯を枕の下に置く（幼年期のティンカーベルのような象徴）。(2)子どもは夢のような闇の中で眠りにつく（それは目に見えないこととあいまいさを効果的に与える）。(3)子どもは目覚めてお金の贈り物を見つける（大人の領域，大人の世界の象徴）。

　立て続けに歯が抜けると，歯の妖精は何度もやってくることになるため，実際のところその一連の作業の重みはなくなっていき，やがては影響力も失われていきます（この点において，歯の妖精の慣習はほかの文化における歯が抜けたときの儀式とは異なる面があります。共通するのは，最初に抜けた歯のみを儀式的に破棄す

ることです）。子どもたちは何年もかけて1本ずつ歯を失っていきます。歯科医が「混合歯列（mixed dentition）」と呼ぶものは，どっちつかずの状態が引き延ばされている期間のことを指すのです。

歯の妖精に対する子どもの信念もまた，歯の妖精を別の存在ではないかと疑い始め，場合によっては夜通し起き続けて本当の妖精が来たときに捕まえようとするなど，どっちつかずの期間を経過します。この段階の子どもたちは，合理的な確信と希望に満ちた信念との間で揺れ動く傾向があります。歯の妖精の実在を完全には信じていなかったある男の子は，自分の2本の歯を抜かなくてはならなくなったとき，歯の妖精に対する信仰を完全に取り戻しました。その発達のプロセスは，矛盾やどんでん返し，段階的な変化に満ちているのです。

しかし，子どもは次第に歯の妖精の存在を信じなくなり，やがてはきっぱりと信じることをやめます。信じない気持ちの出現は，それこそ母親たちから通過儀礼と呼ばれています。マーティン夫人は次のように語ってくれました。

　　魔術的な何かをまだ信じている子どもを見かけると，いつだって思うんです。まだ小さな子どもなんだなぁって。子どもが信じることをやめるようになると，彼らは小さな子ども時代に経験したどんな楽しいものであれ，すぐにかかわりを断つようになります。そこでようやく私は気づくんです。そう，彼らはそれを理解したのね，もう十分に賢いんだ，と。それは次の成長への足掛かりでもあるのです。

子どもたちが歯の妖精をもはや信じなくなると，彼らは事実上，大人が定義するような現実を受け入れ始めます。大人になったばかりの人間が行いがちな典型的な批判は，たいていこんな言葉です。「君はまだそれを信じているのかい。だったらまだ歯の妖精も信じているんじゃないのかい」。歯の妖精は比喩的な意味で，一種のリアリティ・チェックです。その人が「子どもじみたおとぎ話」の世界に住んでいるのか，それとも「合理的で成熟した」世界に住んでいるのかを探るためのチェックなのです。

一般的にアメリカの母親たちの多くは，子どもとの愛情こもった依存関係の絆を壊したいとは願いません。むしろ母親たちの希望は，子どもとの別れの速

第2章　成熟に向けての飛翔　**21**

度をできるだけ遅くすることであり，わが子が「あまり早く成長していないこと」を確認したいのです。私がインタビューをした週から息子が幼稚園に通い始めたというある母親は，息子の幼年期の喪失について涙ぐみながら語ってくれました。母親たちは，歯が抜けたことの「特別感」をわが子に感じてほしいと確かに願っています。しかし彼女たちは，歯の妖精を子どもが信じなくなること（歯が抜けること以上に完全な意味で幼年期の終わりを告げられること）に関しては，あまり心配していませんでした。インタビューの間，母親は歯の妖精をまだ信じているわが子が，自分の声が届く範囲にいないことを神経質に何度も確認しながら，ささやくような声で，儀式を演じる際の自分自身の欺瞞的な役割について話してくれました。アダムス夫人は上のきょうだいに対して，もし弟に歯の妖精の存在なんて嘘っぱちだと話したら，「ただちにあなたたちの首の骨を折るわよ」と警告したそうです。

　ある母親が考察したところによると，（大人）社会の厳しい現実は，子どもらしいつくりごとの世界（サンタクロース，イースターバニー，歯の妖精）が保たれている限りにおいては，かやの外にあるのだそうです。オコナー夫人は，なぜ彼女がまだわが子に子どもでいてほしいと願っているかを，子どもの立場から説明してくれました。「私は何も心配していないわ。（だって）子どもはいつだってそのつくりごとの世界を見ているんですから。やがて成長すると，現実を見るようになるでしょうけどね」。こうした感傷は，グリーン夫人のコメントにも見られました。

　　　私はサンタクロースのことを長いこと信じ続けているダニーのことが大好きでした。彼にはすべてのものを信じてほしいんです。私は彼に世界のすべてが美しいこと，すべてが素晴らしいこと，そしてそれらすべてが小さな子どもにとって起こり得ることだって信じてほしいんです。想像力をどんどん膨らませることは，子どもにとってとても重要なことだと思います。なぜって，彼らはやがて年をとり，現実に気づいていくのですから。

　子どもが信じているという状態を維持することは，母親に子どもの幼年期を延長させるための力を与えてくれます。つまり，歯の妖精としての役割を母親

歯の妖精の介在には，多くの場合，精霊的な，あるいは境界的な存在感が伴います。6歳の男の子は，部屋の入り口に浮かんだ，半透明のドレスを着た妖精を描きました。

自身が担うことは，子どもがまだ「私の翼の下」（以下に引用するホワイト夫人の言葉）にあることを，はっきりと保証することでもあるからです。

　私はまだ歯の妖精として知られています。……その意味では，彼らは私にとって子どものままなのです。たとえ彼らが自転車に乗って外に出かけたとしても，階段をかけ下りて友達に会いに行ったとしてもね。これは彼らを私の翼の下に保つ唯一のものなのです。私はまだ彼らのことを守って

第 2 章　成熟に向けての飛翔　23

います。……たとえ彼らが「僕はもう大きくなった。僕は自分の自転車で路地を通り抜けることだってできる」と思ったとしてもね。ものには順序があり、彼らはまだ子どもなんです。なぜって、彼らはまだそれを信じているのですから。いつかサンタクロースや歯の妖精について話さなければならない日が来ることはわかっています。そのときにはきっと、少しばかりの衝突も起こるでしょう。それは私が彼らを解き放つ呪文のようなもので、次への成長の兆しであって、そのときにおとぎ話や想像は終わってしまうのですから。「ママは子どもたちのクッションでありたいと願っていたんだ」「ママは子どもたちの人生すべてでクッションのようにありたいと願ってくれていたんだ」って。

歯の妖精について取材を受けた母親32名のうち22名は、子どもの最初に抜けた歯を回収した後に保管していました。その歯は記念品として、あるいは子どもの赤ちゃん時代を思い出させてくれるものとしての役割を果たしているのだそうです。これらの歯の記念品は、しばしば母親の宝石箱や赤ちゃんの本、またはジミーの手紙がそうであったように、財布の中にしまい込まれるなど、特別な価値を示す場所に置かれていました。これらの保管された歯は、ブロンズ製のベビーシューズや子どもの洗礼用のドレス、子どもの最初の散髪で切った髪などと同様に（あるいは、ある母親に見られたことですが、使用済みのおしゃぶりでさえも）、子どもの最初の人生の段階の象徴として意味づけられていました。母親たちの言葉から、彼女たちが子どもの最初の人生段階を完全に手放すことをためらっている様子が非常によく伝わってきました。

　　子どもたちは本当にすぐに変わっていくので、そのままの状態を保つことなんてできやしないわ。でも、子どもたちの歯や髪の束、それに似たほかのものをとっておくことだったらできる。

　　たまに、私は立ち止まって、少しそれ（自分の宝箱にしまい込まれた歯）とかその他のものを見たりするの。そこで気づいて、そしてやめる。いつも私は、それがとても小さいことに驚かされるのよ。たとえ気づかないよ

うにしたとしても，どうしてもそのことに気づいてしまうの。あなたも知っての通り，大人の歯って本当に大きいでしょ。でも，そこにあるものは本当に小さいんです。それはそれは小さい，小さい歯なのよ。もちろん，それらは小さい子どもたちのものですからね。うちの上の子どもも，もう13歳になるわ。だから，本当に成長したなぁって思うの。

　本質的に，歯の妖精の儀式はアメリカの母親たちが息子や娘の新しい年齢の段階を認めていくプロセスの速度を遅らせる象徴としての役割，いわば「バックギア」のような役割を与えてくれるようです。捨てる準備ができるまで，子どもの乳歯を保管し，歯の妖精に対する子どもの信念をしっかりと維持することで（子どもに真実を伝えることはタブーです），母親の目から見て，子どもを，あまり成長していないかのように見せかけるのです。

　しかし，子ども自身はその儀式をどのように見ているのでしょうか。歯の妖精は，子どもが歯の喪失を不快に感じつつも喜んで受け入れるための動機を与えてくれるものであり，**成長を後押し**する意味を持っています。子どもたちは自分の歯が歯の妖精によって適切に丁重に持ち去られ，天国と同じように「上の方」にある，あるいは空の上や遠いどこかにある，歯の妖精の天上の家へと預けられたのだと感じています。多くの子どもたちは妖精が歯を使って何か価値のあるもの，例えば，宝石や花，さらには星を作っていることを想像します。ある子どもは，妖精はその歯をもう一度使うために，新しい別の子どもに与えているのだと考えていました。

　また，子どもたちは，歯の妖精が自分たちの抜けた歯に対して，お金という形で公正な補償を与えてくれていると感じています。お金は成長に向けて，力を与えてくれる存在です。アメリカ社会では，お金は権力と独立を獲得するための象徴的な手段なのです。疑いようもなく，お金は発達初期に荘厳で超自然的な歯の妖精と結びつくことで，文化的に魅力的なものとなります。何人かの子どもたちは，贈り物のお金は歯の妖精が魔法の杖を使って作っているのだと信じていました。

　子どもたちはお金を持つということを，親という後見人に頼らないで購買力を持つこと，「欲しいものが何でも買える」方法を身につけることとして捉え

第 2 章　成熟に向けての飛翔　25

ていました。6歳のカーソンは，歯の妖精が訪れた後，「私は自分が新しい人間になったように感じたの……。なんだか7歳になったみたいだったわ」と語ってくれました。「歯が抜けた」という事実にもとづく理由のほかに，「年を重ねるとお金がもらえる」という理由もあります。8歳のジャンは，「僕は自分のお金を持ち歩くのが好きなんだ。自分が今よりもっと大きくなって，特別になったように感じられるんだ」と語り，ジェスチャーを交えながら，母親と妹にマクドナルドでおごるために歯の妖精のお金をためているという話をしてくれました。歯の妖精のお金が家に保管されている場合，子どもたちは走って現金の隠し場所へと行き，まるでスクルージのように指先で数えながら私に見せつける，ということをよくやってくれました。何人かの子どもたちは，「大学（成人期の最終的な訓練場）に行くために貯金する」銀行口座を持っていました。明らかに，子どもたちはお金を所有することによって独立し，権力を得た（独立して裕福になった）と感じていました。歯の妖精から受け取ったお金は，ある程度自立したことを意味する宝物であり，子どもは自分たちが年をとり，より大きくなったという感覚を高めます。歯の妖精の儀式にある成熟のアイコンは1つではありません。子どもは大人の歯を得ますが，同時に成長のシンボルとしてのお金も手に入れるのです。

　書くことは，別の形の成熟も意味します。すなわち，リテラシーです。子どもと歯の妖精との間の手紙のやりとりはよくあることです。手紙を書くことは，通常子どもが抜けた歯を置き忘れた時（ジミーのように）や，歯を維持することができるかどうかを歯の妖精に尋ねたいと思った時など，ある種の必然性をきっかけとして起こります。ときおり，母親あるいは歯の妖精の主導によって，そのやりとりは始まります（「最初の歯が抜けたね，おめでとう」「歯を磨き続けてね」など）。何人かの子どもたちは，特定の事実について歯の妖精に質問するために，歯の妖精との大規模な手紙のやりとりをし続けていました（「私たちの家にある本の中のあなたの写真に，あなた自身は似ていますか？　はい／いいえ」など）。ある2つの家庭では，こうした手紙のやりとりが非常に広範囲なものとなり，その返事をするために，（とても小さな紙に）署名をしたり手書きで答えたりするといった歯の妖精になりすます方法が開発されていきました。皮肉なことに，母親が娘や息子の信念を後押しするために手紙を使用したため，その間ずっと，

7歳の女の子が想像した歯の妖精は，天使みたいに翼や光輪，魔法の杖が付いていて，雲の近くを飛んでいるというものです。

子どもたちは大人の読み書きの技術を練習することになったのです。

　結果的に，それらは歯の妖精の儀式への逆説的な原動力となり，家族の適切な（まだ微妙で複雑な）儀式となりました。この通過儀礼内のいくつかの象徴的な要素，すなわち，お金，生えかわった歯，手紙のやりとり（およびそれに類するもの）は，子どもにとって成長を感じさせるアクセルとして機能しました。妖精に対する信念や乳歯といったほかの象徴的な要素は，母親が子どもの成長過程を遅くするために用いる，バランスを取るためのブレーキのようなものです。母親と子どもは，無意識のうちに押し引きを繰り返しながら，歯が抜けた子どもに帰せられるべき社会的な成熟の程度を決定していくのです。その結果

は段階的で柔軟で，相互に作用し，動的なものだと言えます。ファン・ヘネップによる3段階モデルの表面的な適用が示唆するように，成熟への飛翔は決して単純明快で，単一方向の，機械的なものではありません。それらは象徴的で，引っ張ったり持ち上げたりといった人間的な力でもあるのです。

　子どもがする体験に目を向けると，歯の妖精の儀式にはたくさんの意味が複雑に絡み合っていることがわかります。その慣習は，ある種の不快感を含む避けようのない身体的変化を子どもが受け入れていくうえでの手助けとなります。同時に，それはより年を重ねた，より自立した人間としての子どもの地位について家族が取り組むうえでの手助けともなります。妖精がお金を届けるということの象徴的な意味はきわめて逆説的であり，それは，子どもにとっては成長を感じさせるものですが，同時に母親にとっては，歯の妖精をまだ信じているのだから，わが子もまだ幼いのだと認識させてくれるものなのです。

　儀式は，家族関係その他に問題を抱える子どもたちにとっては手助けとなるため，セラピストたちに積極的に奨励されています [14]。子どもたちは（お話やぬいぐるみ，特別な枕カバーなど）就寝時に自分が心地よく感じられるような儀式を自然と行い，そして，親たちは喜んでそれに参加します [15]。多くの場合，想像的世界の体験は，こうした儀式の一部です。例えば，特別なテディベアの友達と一緒に寝て，また，枕カバーに描かれたスーパーヒーローが守ってくれることを期待して，夜のお祈りの言葉を口にしたりします。それらの儀式が，一人ひとりの子どもが取り組む体験をいかに容易にさせてくれるかを理解することは，歯の妖精のケースと同じくらい，複雑でダイナミックなことかもしれません。

　ファン・ヘネップの『通過儀礼』の序論において述べられているように，儀式の必要性は現代においても依然として明確にあります。

　　世俗化した都市の世界が，個人のある状態から別の状態への移行に伴う儀式化された表現というものの必要性を減少させたという証拠は，どこにも存在しない。……男性や女性になること（あるいは家族の関係になること），そして，年齢を重ねるといった危機的な問題は，新たな適応を達成できるように社会が個人への支援として提供する装置と直接的に関係しているの

だ [16]。

　歯の妖精は，取るに足らないものなどではありません。それどころか，それは現代の子どもたちの人生の重要な時期に現れて，癒しと可能性を与える（具体的かつ精神的な）贈り物を届けてくれる存在なのです。

＊1　ドナルド・ガードナーが作詞・作曲し，1948年に Spike Jones（スパイク・ジョーンズ）が出した "All Want for Christmas Is My Two Front Teeth" という歌。

＊2　アメリカのテレビ司会者，コメディアン，俳優。1962年から1992年まで約30年にわたって「ザ・トゥナイト・ショー・スターリング・ジョニー・カーソン」で司会を務めた。

＊3　オーストリアの心理学者，精神科医。精神分析の創始者として知られる。主な著書に『夢判断』『精神分析入門』など。

＊4　物事のある側面をより具体的なイメージを喚起する別の言葉で置き換える比喩表現のこと。隠喩，暗喩ともいう。

＊5　類似したもの同士は互いに影響しあうという「類似の法則」に基づく呪術のことを指し，文化人類学者のジェームズ・フレイザーによって定義された用語。

＊6　ギリシア神話に登場する健康の維持や衛生を司る女神。

＊7　ギリシア神話に登場する名医。

＊8　ローマ・カトリック教会でいう聖餐式。キリストの体となったとされるパンとぶどう酒を食すること。

＊9　フランスの文化人類学者，民俗学者。主な著書に『通過儀礼』など。

＊10　チャールズ・ディケンズの小説『クリスマス・キャロル』に登場する人物。初老の商人で，冷酷無比な守銭奴として描かれている。

第3章

クリスマスとイースター

現代に息づく季節ごとの通過儀礼

あなたにとってその日が明るく楽しい日となりますように
そしてすべてのひとにとってホワイト・クリスマスとなりますように
——アービング・バーリン「ホワイト・クリスマス」[*1]

　3月21日が過ぎたら
　銀色の月を見上げてみよう
　月がまんまるに満ちてきたら
　イースターはすぐそこに
　月がまんまるになったら
　イースターはもう目の前に
　その次の日曜日に
　いつの日も　いつの年も

——匿名，1918年

ちょうどいいタイミング

　サンタクロースとイースターバニーは，クリスマスとイースターという季節の祝日，あるいはより特別な意味で，通過儀礼と結びついています。クリスマスとイースターに間接的にでも参加したことがある人なら誰でも知っているように，これらの祝日は私たちに季節を示し，知らせてくれる，いわば，暦上のランドマークのような役目を果たしています [1]。クリスマスとイースターは私たちに時間の感覚を与える手助けをしてくれます。クリスマスはおおむね冬至の時期と一致しており，イースターは（気候的にはまだだとしても，社会的な意味において）春の訪れを示すものです。

　実際，現代のクリスマスとイースターのお祝いの歴史的起源をさかのぼると，これらの祭りの古代の起源は季節ごとの通過儀礼の中に見出すことができます。歴史学者たちは，現代のクリスマスの起源は，601年にローマ教皇グレゴリウスがアングロ・サクソン人に彼らの冬の祭りをキリスト教の祭りにするように

命じて改宗させたことにあるとしています。アングロ・サクソン人の地方のお祝いの起源は，古代ローマ人の農神祭（Roman Saturnalia：太陽の復活が確かなものとなる12月中旬のお祝い）と，サクソン人の降誕祭（Saxon Yule feast：神トール[*2]と冬至の太陽の復活を祝うもの），そして，ドルイド（Druids）の季節ごとの祝日[*3]にあるとされています [2]。これらの古代の儀礼は，どちらも太陽が空の最も低い位置へと到達し，再び昇り始める冬至と一致するときが選ばれました。こうした太陽にまつわる行事は，ときに「太陽の誕生日」とも呼ばれています [3]。W・ロイド・ワーナーが解明したように，冬至は夜，寒さ，休息，睡眠，不毛を表す時期において，中心的な位置を占めています。対照的に，春分の始まりの期間は，昼，光，暖かさ，活動や活力と結びついています [4]。

　ジェームズ・フレイザーは『金枝篇』の中で，（クリスマスのように）イースターを「任意の日」に設定したキリスト教会の意図について述べています。彼によると，イースターは，「古い信仰から異教徒たちを引き離すために，以前からある異教の祭りと一致させたもの」なのだそうです [5]。フレイザーが指摘したように，イースターは，豊穣の神の死と復活を表す春の祭りへと取って代わられました。今となっては日曜日に祝われているその祝日は，春分の日の後の最初の満月の次の日曜日（3月22日から4月25日の間のどこか）に位置付けられ，イースターというそのほかならぬ名前は，アングロ・サクソン人にとっての春の女神エオストレ（Eostre）に由来するとされています。エオストレ祭は春分の日に祝われていました [6]。野ウサギと卵はともに女神エオストレのシンボルであり [7]，「冬眠後の生命の復活」のシンボルでもあったのです [8]。イースターの名前は，北欧の言葉で春を意味するエオスター（Eostur）に由来しているという説もあります [9]。

　したがって，クリスマスとイースターは，現代の習わしであると同時に古代に由来を持つものであり，季節の変わり目を表し，知らせてくれる通過儀礼というべきものなのです。後に強調するように，クリスマスとイースターはファン・ヘネップ学派による通過儀礼に別の意味で寄与しています。サンタクロースとイースターバニーを信じる（のちに信じなくなる）子どもたちは，成長しながら通過儀礼を潜り抜けていくのです [10]。

現代のアメリカにおけるクリスマスの象徴的意味──歴史的・文化的背景

　現代のアメリカのクリスマスと，そして特に，神話的存在としてのサンタクロースは，民俗学的・歴史的な起源をたどると，それらは意味深いシンボルと結びついているというのが有力な見方です。

　現代のアメリカのクリスマスの儀式に見られる，クリスマスツリー，贈り物，サンタクロースというひとまとまりの慣習は，植民地時代を経た後の，実際には19世紀半ばに入ってからアメリカにおいて融合したものです [11]。17世紀から18世紀にかけて，アメリカ大陸に移住した人たちの大多数は，クリスマスをお祝いすることに反対でした [12]。清教徒たちはクリスマスを禁止し（イースターも同様に），12月25日に説教をした聖職者たちを投獄し，教会を装飾した教区の役員に罰金を科しました [13]。クエーカー，バプテスト，会衆派，そして長老派の教徒たちもまた，聖書はそのような儀式を定めていないという理由で，クリスマスの言説に批判的でした [14]。学者たちの中には，清教徒たちによるクリスマス反対運動は，皮肉にも，宗教的なシンボル（キリストの降誕，東方の三博士，羊飼い）に聖書にはない祝祭のシンボル（サンタクロースなど）を混ぜ込むという，クリスマスの最終的な世俗化に貢献したと指摘する者すらいます [15]。いずれにしても，ハットン・ウェブスターが巧みに表現しているように，「断食の日（fast day）」から「祭日（feast day）」へ，「聖なる日（holy day）」から「祝日（holiday）」へという移り変わりは，19世紀半ばからずっと続いたのです [16]。

　かつてはクリスマスのお祝いに反対していた宗派も数多くありましたが，19世紀の流れの中で，祝日として次第に受け入れられていきました。1800年代半ばの数十年間で，サンタクロースは現代のアメリカ風に進化を遂げ，クリスマスのお祝いの民俗学的側面を表す「有力なシンボル」へと変化していきました [17]。サンタクロースは，その笑い声から古代ローマのサトゥルヌスを連想させますし，魔法の力が入り混じった旅路は，トールのそれとよく似ていますが，その由来は19世紀に見られる，(1)アメリカのオランダ移民による聖ニコラスの祭り，(2)クレメント・クラーク・ムーアの詩『サンタクロースがやってきた』，そして(3)トーマス・ナストのイラストにあるとされています。

　オランダの主要な冬の祭りの守護聖人であった聖ニコラスは，4世紀にミラ

第3章　クリスマスとイースター　　33

に住みつき，9世紀には聖者の列に加えられました。彼の人生は，おぼれた船乗りを生き返らせる，飢餓の際には栄養が十分に取れるよう穀物の供給を大量にもたらすなど，さまざまな伝説的で素晴らしい偉業と結びついています[18]。聖ニコラスは亡くなった後，悲惨な状況下で奇跡をもたらす守護聖人として，ヨーロッパ中で知られるようになりました。彼による神との調停には，子どものいない夫婦に子どもが生まれるように手助けする，（聖ニコラスの祭日に行方不明になった）少年が1年後に両親のもとに奇跡的に戻ってくることに力を貸すなど，子どもに関することも含まれました。オランダ移民たちがニューヨークに移り住んだとき，彼らは聖ニコラスとその伝説を持ち込みました。聖ニコラスは「（ニューヨークの）海岸に到着した最初の移民船の船首像であった」とも言い伝えられています[19]。オランダ移民たちは聖ニコラスの祭日である12月6日の前夜に，祭りの一環として子どもの靴に贈り物を詰めるという慣習をアメリカに持ち込みました。ポスト宗教改革期に，カルヴァン派[*12]のウォーリック・シーベルトは，アメリカの清教徒たちがクリスマスを非難したのと同じくらいに，この慣習を厳しい口調で非難しました。

　　　子どもの靴にありとあらゆる甘いお菓子を詰め込むとは，愚かで無意味な慣習であり，ナンセンスだ。このほかにも，偶像のためにいったいどんな貢物をささげるのであろうか。このような慣習を行っている者たちが真の信仰心の何たるかを理解しているとはとうてい思えない[20]。

カルヴァン派のシーベルトが非難したにもかかわらず，12月6日はオランダ人がアメリカに到着した日であったため，その日はシンタクラース（Sinter Klaas：オランダ人の「聖ニコラス」に起源がある）の栄誉を称える日とされました。シンタクラースという名前は，アメリカの東海岸でイギリス人の入植者たちによる大きな影響のもと，次第にサンタクロース（Santa Claus）へと英語化されていきました[21]。アメリカという人種のるつぼの中で，聖ニコラスの祭日は異文化間の交流を経て，以下に記すように，クリスマスの前夜または新しい年の前夜へと時を移していったのです。

1820年以降，アメリカの人々は，12月5日，24日，31日に不思議な贈り物を持って子どもたちのもとを訪れる，大衆的な「聖人」の物語に夢中になった。彼は馬に乗ったり，荷馬車に乗ったり，もしくは歩いたりして旅をした。いくつかの報告書では，彼は煙突からやってきて，よい子の靴や靴下の中にプレゼントを残し，子どもたちの悪い部分と交換するとされている [22]。

クリスマスの研究者のジェームズ・バーネットは，クレメント・クラーク・ムーアの1822年の詩『サンタクロースがやってきた』が，伝統的な聖ニコラスと他の民俗学的なモチーフ（エルフ，*13 ブラウニー，*14 そりやトナカイなど）とを融合させ，サンタクロースのポピュラーな概念を明確にしたとして，その功績を認めています。ムーアがクリスマスの前の日に，彼の6歳の息子に読み聞かせるために詩を書いたとき，彼は叙任された聖職者であり，ニューヨークの総合神学校の教授職にありました。結局，その写しはムーア博士の許可なくニューヨークの『トロイ・センチネル』紙へと送られ，以下の前書きとともに匿名で印刷されたのでした。

私たちは，飽きることを知らない子どもたちの支援者である人物についての以下の文章が，誰によって書かれたものかを知りません。家庭的だけれど愉快でもある，両親の優しさが擬人化されたもの，その名はサンタクロース。彼の衣装とその装備品。彼はクリスマスの恵みを積んで，この幸せな土地の炉辺に訪ねて回ることを願っています。けれども，たとえ誰が訪れてきたとしても，私たちはそのことに感謝を示しましょう [23]。

詩は最初の10年間で（1824年の2つの年鑑を含んで）12回再発行されましたが，にもかかわらず，ムーアは1848年まで詩の原作者として認められていませんでした [24]。

ムーアの詩の発行後，多くのアメリカの芸術家たちは，サンタクロースの新しい外見的な姿について，さまざまなバージョンのものを描き始めました [25]。例えば，1870年にフレデリック（Fredericks）によって描かれた絵では，

サンタクロースは白いゆったりとしたローブを身にまとい，厳格な表情をし，そしてヒイラギの花輪を被ったドルイドの聖職者に似せて描かれていました。しかし，「太っていてバラ色の頬をした外見という現代のサンタクロースの主な出所」は，漫画家トーマス・ナストによるものです [26]。1863年から1886年まで，ナストが『ハーパーズ・ウィークリー』誌に連載していた漫画に登場するサンタクロースは，ムーアの詩の中にある太った小柄なエルフのような生き物の姿から，太った身体にひげを生やして，ファーを身にまとった陽気な人物へと進化し，それが現代では定番の姿となりました。「サンタクロースの仕事（Santa Claus his Works）」という絵の中で，ナストは，おもちゃを作り，子どもたちをひそかに探り，煙突のてっぺんで立ち止まり，魔法のそりで空を駆けめぐるといった，サンタクロースの1年間の過ごし方について描いたのです。ナストによるサンタクロース概念は，19世紀後半になると贈り物を持ってやってくる人として広く認められる典型的な姿となりました [27]。

　フィリップ・アリエスは，その著書『〈子供〉の誕生』の中で，聖ニコラスとサンタクロースの出現及びその大衆的な受容は，欧米における産業化の波とともに生じた，家庭でのお祝いの文化的役割の高まりと大集団によるお祝いの重要性の後退に起因するものと見なしています [28]。家庭でのお祝いは，現代の産業化の状況下における社会的なニーズであったとする見解は，ブライアン・サットン＝スミスによっても指摘されています。

　　300年前，家庭は人生，政治，宗教，教育，生殖の最大の中心地であった。今世紀に入ってから（産業革命以降），これらの機能のほとんどは，どこか他の場所，すなわち，工場，政党，教会，学校で行われるようになった。……したがって，家庭が危機的状況に陥ったことと，現代社会で多くの祝日が家族のメンバーであるという価値を高めるのに役立っていること，この双方が見出されたことは驚くべきことではない。特に感謝祭（Thanksgiving）とクリスマスには，私たちは現代の世界に見られる分裂的な影響から回復し，家庭を再び1つにまとめるという試みを得ることができる。祝日は，人生の様々な困難によって分裂した関係性を1つにまとめてくれるものなのである [29]。

もしもアメリカのサンタクロース概念が，19世紀のアメリカの産業化という時代の波の中で，そこにムーアとナストの創造力も加わることで具現化したのだとしたら，「家庭の社会機関としての重要性が低下したこの長い期間」にクリスマスが維持され，場合によっては推進もされ，20世紀を通して祝われ続けたことは，驚くべきことではありません [30]。もちろん，これはサンタクロース神話に固有の象徴的意味が，全体不変に維持されてきたことを意味するわけではありません。(1954年にバーネットが予期したように) 現代の子どもたちは，ムーアの詩の中には言及されていませんが，トナカイのルドルフが「クリスマス伝説の中のサンタクロースと融合」して，重要な要素のひとつとなっていることを知っています [31]。ルドルフの存在は，大衆文化の中にあるさまざまな要素が選択的に融合され，20世紀版のサンタクロースの印象へと進化したことを，私たちに教えてくれます。

　『ルドルフ　赤鼻のトナカイ』の物語は，1939年に通信販売会社モントゴメリー・ウォードの従業員によって書かれました [32]。ロバート・L・メイという名のこの従業員は，クリスマスの「動物の物語」の執筆を命じられ，そこで彼はみにくいアヒルの子をモチーフに物語をまとめようと決意しました。鼻で空を明るく照らすことができるため，サンタクロースに高く評価され，そりの先頭を引くことになったのです。みんなの笑い者であった赤い鼻のトナカイの話は販売促進用のチラシとなり，1939年に240万部が販売されました。そして，その話は1947年には商業ベースで紹介されることとなりました。ルドルフの歌は1949年にジョニー・マークスによって作曲され，急速に人気を高めました。ルドルフは子どもたちから多くの手紙を受け取り，サンタクロースの認知度に間接的に影響を与えたのでした。バーネットは次のように述べています。

　　メイの物語では，サンタクロースはムーアの詩に描かれた聖ニコラスとは異なり，闇夜の中で十分にものを見ることができず，(「子どもの名前」を読むために) 年若いトナカイの助けを必要とした。象徴的な観点でいえば，幼い子どもは力強い両親の援助を受けて，はじめて思いがけない力を発揮するものだ。……子どもたちが自らをルドルフに同一視している可能性は，その物語や歌，今となっては有名になったトナカイの絵画的表象の数々が

思いがけないほど長きにわたって人気を集めていることからも，説明がつくであろう [33]。

現代におけるクリスマスの文化的地位

　現代の社会学者たちは，クリスマスや贈り物について研究しています。そこでは，クリスマスに祝うことは，家族のきずなや社会との交流を確認するうえで役立つという機能主義的な見方がしばしば取られます。例えば，セオドア・キャプローとその共同研究者たちは，1970年代にインディアナ州のマンシーでロバート・リンドとヘレン・リンド夫妻による有名な「ミドルタウン（Middletown）」研究の再検討を行いました [34]。ミドルタウン研究の再検討における関心のひとつは，アメリカの一連の祝日や特別な行事と特定のシンボルや関連する行動との結びつきといった，現代の祝祭のサイクルについてでした。「明らかにミドルタウンで最も重要な祝日」であるとされているクリスマスは，2つの主要なテーマを含んでいるといわれています [35]。ひとつは，贈り物を介して社会とのきずなが維持されることであり，もうひとつは，子どものしつけというテーマのもと，「寛容であるがゆえに何も求めることがない」という祖父母像がサンタクロースによって擬人化されているということです [36]。

　キャプローのデータから明らかなように，親たちはまだ幼い子どもたち（家に住んでいる成人した子どもたちも含む）に，自分たちが受けてきた以上に，価値のある，たくさんの贈り物を与えようと考えています。キャプローと共同研究者たちは，「この不均衡は儀式全体の中心にある」と述べています。なぜなら，「見返りを求めない贈与というテーマは，祝祭の世俗的図像と宗教的図像との間のわずかなつながりのうちのひとつ（東方の三博士は子どもに見返りを求めない贈り物をもたらすために遠方からやってくる）」だからです [37]。もちろん，サンタクロース行事を通して，見返りを求めることのない子どもたちへの贈り物は極端に増えることとなりました。サンタクロースはしつけと気前の良さの典型であるといえます。彼は北極の寒く，辛い，極寒の世界に住んでいて，にもかかわらず，彼とその家庭は，温かさ，楽しさ，そして励ましを伝えてくれます。サンタクロースは彼の明るい妻とゆかいなエルフたちとともに，外の厳しい気

候とは対照的に，過酷さの中にあっても家庭の温かさを伝える存在なのです。

　現代のアメリカのクリスマスの慣習は，社会的なつながり（特に家族関係）を強め，子どもに対する愛情のこもった育児を称える，というのが社会学的な結論です。同様の結論は近年の他の研究者たちからももたらされています。経営学の学生たちやキリスト教福音派の教徒たちを対象とした調査を行ったエリザベス・ハーシュマンとプリシラ・ラバーバラは，「クリスマスは家族のお祝いであり，記念祭である」と結論づけています [38]。クリスマスのお祝いに固有の理念（すなわち，親族への愛は普遍的であり，子どもへの愛は個別的である）は，アメリカ文化に見られる女性性とも一致するテーマであり [39]，家族の私的空間とも一致するテーマです。興味深いことに，こうした意味づけのシステムは，近年の歴史における家族の方向性によってさらに進化したようです。ミドルタウンでの新聞の内容分析では，「1920年代から1970年代にかけて，クリスマスは次第に市民の祭りではなくなり，家庭の祭りへと変化した」ことを明らかにしています [40]。

　クリスマスを研究する学者たちのすべてが，クリスマスとそこでの贈り物が家族のきずなや社会との交わりを祝うものだというキャプローと共同研究者たちによる率直な結論に同意しているわけではありません。実際，ポジティブなテーマ（公共性の感覚や他者の幸福を求める気持ちなど）は研究を通して繰り返されていますが，ネガティブなテーマもまたクリスマスと結びつけられてきました。ラッセル・ベルクは，唯物的で，貪欲で，利己的といった裏の面がクリスマスの祭りにおける贈与には存在しており，サンタクロースは「唯物主義と快楽主義の神」なのだと論じています [41]。

　ハーシュマンとラバーバラは，クリスマスの贈与に見られる意味の二極性について指摘しています。意味の一方の極は，「神聖な対人的なつながり」です。具体的には，「あなたが彼らを気遣っているということを贈り物によって示そう」という気持ちや，「キリストの誕生の喜びと称賛を表現するために互いに贈り物をしよう」という思いが挙げられます。意味のもう一方の極は，「利己的で世俗的な関心」です。具体的には，「私は贈り物をもらうことは楽しむけれども，他人への贈り物を購入するという重荷や出費からは解放されたいので，それは控えたい」という見解などが挙げられます。ハーシュマンとラバーバラ

は次のように述べています。

　　多くの消費者たちは，親睦と親交のきずなをつくり出したり，寛容さと
　養育の感情を経験したり，彼らの心や魂，感覚などをオープンにしたりす
　ることができないでいる。それは，彼らの中にあるそうした側面が，長い
　間眠りについているためである。悲しいことに，現代人の独立性や個性が
　もたらした損失のひとつは，自らが宙ぶらりんになることへの不安や孤独
　なのかもしれない [42]。

　精神分析学派の書き手たちは，一部の家族にとっては，クリスマスと結びつ
くような理想的な家族の一体感に達することは困難だと主張します [43]。親
密な家族関係を保つことが困難な人たち（例えば，両親の離婚や死別という来歴を
持つ人たち）にとって，「ホリデー・シンドローム」は，人々を「ホリデー・
シーズンの意義を否定するにもかかわらず，感情的な要素や無意識的に動機付
けられた行動は残存している」という状態へと陥らせてしまうものなのです
[44]。レンゾ・セレノは，そうした大人たちは「自らの中に孤独を実感するこ
とに苛まれて」しまいがちであり，そのため，「大人の側の問題から，子ども
たちをストレス状態や厳しい規則のもとに引きずり込もうとする」のだと，サ
ンタクロースの慣習を厳しく非難しています [45]。クリスマスがネガティブ
な経験になりうるという見解を支持するために，精神分析学派の書き手たちに
よって書かれた，「クリスマス神経症（Christmas neuroses）」患者の病歴の事例
も示されているくらいです [46]。

　クリスマス（そしてサンタクロース）が家族の儀式の構成要素となりうる限り，
クリスマスの祝日の習わしと感情も，その人が生まれた特定の家庭環境の中に
埋め込まれます。あるケース，特に臨床的診断を受けているケースでは，その
環境が鬱や神経症を誘発しやすくなることが指摘されています。

　ジェームズ・ボサードとエリノア・ボルは，一般的に家族の儀式は，「比較
的信頼できる家族統合の指標である」との説を再調査しました [47]。その結
果，強い結びつきのある家族（組織としてスムーズに機能している家族，緊張感が
あるというよりも仲睦まじさがある家族）は，確立した儀式と伝統を持つ傾向があ

ることを明らかにしました。儀式は家族共通の価値を維持するのに役立ちます。言い換えると，家族の統合に貢献するのです。クリスマスの儀式的な習わし（家族の愛や子どものしつけを直接的に**象徴化**したもの）は，儀式と家族統合との結びつきについてのボサードとボルのケースでも，疑いようもなく確認されたのです。

　クリスマスの儀式は，現在において過去を想起させるような行為を繰り返すことになるため，過去から現在に向けて家族を結びつけるのに役立ちます。つまり，再現映像の繰り返しを通して，家族の経験を時間的に団結させるのです[48]。再現された行為から生じうる豊かな意味は，家族の儀式の仕事から取られた2つの逸話からも示されます。

　　ケイが3歳のときのクリスマス・イブの日，父親は彼女を膝の上に乗せて，クレメント・ムーアの有名な詩『サンタクロースがやってきた』を読んで聞かせてくれました。このような読み聞かせはクリスマス・イブになるたびに繰り返されました。ケイが5歳のとき，妹のジェーンが生まれました。すると，それから数年間，クリスマス・イブにその詩を読むことは，より儀式的な行事となりました。2人の娘が大きくなると，彼女たちはソファーで父親の両脇に座り，母親と他の親戚たちもそこに参加するようになりました。読み終わるとちょっとした食事が用意され，前年のクリスマスのときの出来事が話題にのぼりました。電気を消し，ろうそくを灯すことで，会話の余韻は長く続くようになりました。ケイとジェーンにとってクリスマス・イブの日に外出する理由など，どこにもありませんでした。恋人とのデートは，婚約が公表された後でさえもその日に行われることはありませんでした。一度ケイはその日にその詩を聞くために，ずっと行きたかった旅行の誘いを断ったことさえありました。ケイが結婚した後，彼女とその夫は，クリスマス・イブのイベントに参加するために彼女の実家を訪れるようになりました。こうした慣習は，ケイ夫妻とジェーン夫妻の両方において今でも続けられています。つい昨年も父親は，娘たちとその夫，3人の孫とその祖母のために，詩を読んだということです[49]。

クリスマスケーキ

（ハティ・デイビス，68歳）

あるお話をしましょう。……私たちが子どものころ，母さんは毎年大きなケーキを焼いてくれました。家の中で焼くことができなかったので，彼女はそれをパン屋に持っていき，そこで焼いてもらっていました。でも，このケーキを焼いたのは，やっぱり母さんでした。ある年のクリスマスの日，私たちは全員でこのケーキを囲んで座り，「誕生日おめでとう，親愛なるイエス様。あなたが今日生まれたことをとても誇らしく思います。誕生日おめでとう」と歌いました。私の母さんはまだ生きていますが，私たちは毎年これをやり続けています [50]。

もしもロイド・ワーナーが書いたように，家族が現代のアメリカの生活におけるシンボルであるとするならば，クリスマスは家族を祝うアメリカの中心的な祝祭ということになるでしょう [51]。家族に由来する儀式としてのクリスマスの重要性は，キャプローやその他の人たちによって，家族は現代のアメリカ社会の中で，最もリスクが高い場所であるという事実に尽きるとされてきました。なぜなら，その持続には（理性よりもむしろ）感情が最も必要とされる，そんな場所だからです [52]。ブライアン・サットン＝スミスは，『文化としてのおもちゃ』の中で，こうした見方を繰り返し述べています。

祝日は，社会の中で圧力や葛藤が最も大きく感じられている部分を，浮き彫りにする日なのかもしれない。かつて階級区分がかなり厳しかった頃，祭りは階級区分を逆転させるものであった。伝統的なマルディグラ（Mardi Gras）の日などがまさにそうで，その日に「貧しい」人たちは王様になったようなふりをし，しばしばより高い階級の人を侮辱し，傷つけたりした。しかし，階級区分がかつての祭りと同じようなやり方で，職業の逆転のもとで祝われた場合，また，祭りが特定の社会における主要な対立を明らかにするものであった場合，それは現代に見られるような，すべての祭りを家族の祭りへと変えるという方向性へと向かわざるを得なかったのかもしれない。家族は現代の社会形態の中では，絶滅危惧種と言ってよ

い。私たちは現代において家族の祭りを行うが，その理由はおそらく，家族がバラバラになることを恐れているからなのであろう [53]。

　家族を支えるという意味合いもおそらく部分的にあるからでしょうか，クリスマスは現代の生活との関連性から，「その発祥の地だけでなく，例えば日本のような他の地域の人々の間でも人気の高い祭り」です [54]。クリスマスの異文化間伝達は，象徴としてのクリスマスと現代の消費者文化や快楽主義的な浪費とが調和することで部分的に成り立っています。ベルクが述べたように，クリスマスは「利己主義，拝金主義，貪欲といったスクルージ的な価値を呼び起こすことなしに，……浪費，贅沢，快楽主義といったクラチット的な価値を保っている」のです [55]。クリスマスとは，快楽主義と無私無欲（特に子どもへの愛）とを物質的な贅沢さのもとで調和させたものなのです。表面的には，快楽主義（例えば，派手な服での豪華なパーティー）と寄付（子どもやほかの人々への慈悲の形で）とは逆説的な価値であるといえます。つまり，クリスマスは，甘やかしと犠牲の両方を同時に含んで成立しているのです。

現代のアメリカにおけるイースターの象徴的意味──歴史的・文化的背景

　現代のアメリカにおけるイースターの慣習の発展に関する歴史的な記述は，サンタクロースやクリスマスほど詳細なものではなく，決定的なものでもありません。バーネットは，イースターは1855年当時のアメリカですでに祝われていたと述べています [56]。彼は1868年に『ニューヨーク・デイリー・トリビューン』紙に掲載された次の記述を引用しています。

　　　イースターの祭りは，かつては私たちニッカーボッカー（Knicker-bocker）や清教徒の祖先たちにとって，ほとんど無関心のまま見過ごされてきましたが，ここ数年はいよいよ注目度が高まり，現在ではかつてと比べものにならないほど大きな関心を払って祝われています [57]。

　ロバート・マイヤーズは，初期の清教徒の入植者たちは，クリスマスのときと同様に，「イースターの式典を可能な限り控えめに」しようとしたと報告し

ています [58]。南北戦争の期間中,「長老派の人々によって導かれた」運動が始まり,「戦争で亡くなられた人たちに新たな希望を与える」ために,アメリカでイースターの式典を復活させたのだそうです [59]。祭りとして復活したイースターでは,イースターのウサギのために巣を作る,納屋や家の周りに巣を隠すといったドイツの伝統や,(もしも子どもがいい子にしていたら)「ウサギが巣の中にイースターエッグを置くかもしれないよ」と子どもたちに信じるように奨励するなど,いくつかのヨーロッパ仕込みの慣習が広まっていきました [60]。

イースターエッグとイースターバニーの両方,あるいはイースターは,キリスト教以前の遠い過去の象徴的な指示対象に由来すると広く伝えられてきました [61]。T・シャーパー・ノウルソンは,「古代のすべての国(エジプト人,ペルシャ人,ローマ人,ギリシア人,ガリア人など)が,卵を宇宙を表す意匠,すなわち,至高の神性の作品と見なしてきた」と指摘しています [62]。ヒンドゥー教の神話では,宇宙のはじまりのときに形成され,金と銀の2つの卵の殻を形成するために「バラバラに分裂」したとされる「世界の卵ワールドエッグ」についての言い伝えがあります [63]。新たな生命としての卵と,生命が芽生えた後に死を迎えた卵との間の,広く古くから伝えられてきた象徴的な結び付きは,卵が普遍的に利用可能な再生と復活の象徴であることを示唆するものです。古代エジプト,ペルシャ,ギリシア,ローマでは,人々は春の祭りのときに卵に色を塗って食べていたのだそうです。古代ペルシャ人は,春分の時に贈り物として卵を与えていました [64]。十字軍の宣教師たちや騎士たちが,西方に卵に色を塗る伝統をもたらしたという推察もなされています。いずれにしても,イースターエッグを含む慣習は,15世紀初めの西ヨーロッパですでに記録されています [65]。

イースターエッグの持ち主であるイースターバニーに関して言えば,野ウサギ(hare)やウサギ(rabbit)が常にイースターエッグの配達人としての役割を果たしてきたわけではないという点は,重要なことでしょう。ニューオールは次のように述べています。

　　　野ウサギは,……同様に卵をもたらす他の生き物にしばしば置き換えら

れる。ウェストファリア人たち[*19]は，イースターにキツネや鳥を広く代用してきた（あるいは実際のところ，そちらの方がより明白に選択されていたそうだ）。スイスの子どもたちは，卵をもたらすのはカッコウであると信じており，スティリア地方[*20]ではウサギの伝統は最近になって採用されたばかりで，彼らは赤い卵を産む鳥の巣も準備しているそうである。……他の人気のある鳥には，チロル地方[*21]のイースターチキンやイースターの朝に赤い卵を産むシュレスヴィヒ・ホルシュタイン州[*22]のオンドリなどがある [66]。

　それにしても，卵を運ぶウサギというのは何だか奇妙なものです。現代のアメリカでのイースターエッグの配達屋は，ドイツの野ウサギもしくはウサギに由来しているようです。より正確に言うと，歴史的にイースターと関連しているのは，ウサギではなく野ウサギの方です。野ウサギはまばたきをしたり目を閉じたりしない，夜行性の生き物であるとされており，ゆえに月と結びつくと考えられてきました。月はその位相の変化によってイースターにふさわしい日付を設定してくれる天体だからです。中央アジア，南アジア，東アジア，北アメリカ，中央アメリカ，南アフリカの人々の間で広く示されている信念に，ウサギもしくは野ウサギは，月に住んでいるというものがあります [67]。キリスト教の初期のころには，ウサギは死の象徴として葬儀（例えば，墓石）に使われる一般的なイメージが持たれてきました [68]。現代のイースターエッグが生命の源を表しているとしたら，イースターバニーは古くからの信念とつながる古めかしい宗教的価値を表しているといえるでしょう [69]。

現代におけるイースターの文化的地位
　クリスマスとイースターはどちらも宗教と世俗という二重の象徴的構造を持っていますが，その習わしに関する近年の調査によると，イースターのお祝いはクリスマスのお祝いほどには世俗的ではなく，商業化もされていないそうです [70]。イースターのお祝いには，色が塗られた卵やお菓子，花などでいっぱいのイースターバスケットや，小さい動物（子ガモ，ひよこ，ウサギ）などの贈り物が含まれます。それからイースターエッグハント（親が子どもに見つけてもらうように卵を隠します），イースター・ディナー（クリスマス・ディナーと

第 3 章　クリスマスとイースター　　45

は異なり，正しく規定されたメニューはありません），イースターバニーなどがあります。

イースターの贈り物は，クリスマスのように社会的なつながりを明確にしたり，しるしとなるようなものではありません。贈り物は「誰からでも誰に対しても与えられるもの」なのです [71]。イースターエッグハントでは，役割は区別されず，個人的でもありません。卵はとても間接的な方法で与えられるため，誰かが他の誰かとのつながりを確立したり確認したりするものでもないのです。

実際，イースターの慣習の中にはあいまいな部分がたくさんあります。（雌の）鳥ではなく，（雄の）ウサギから生まれることなどもまさにそうで，そもそも卵自体があいまいな存在です [72]。そして，ウサギはあいまいで謎めいた動物を表しています。セオドア・キャプローとマーガレット・ウィリアムソンが述べたように，ウサギは「ミドルタウン」で認識されている**すべての動物のカテゴリー，**すなわち，家庭で食べられないもの（ペット）カテゴリー，野生で食べられるものカテゴリー，家庭で食べられるものカテゴリー，そして野生で食べられないものカテゴリーという，いずれにも適合します [73]。中間的であいまいな存在であるその動物は，エドマンド・リーチが示したように，効力，神聖さ，そして，畏怖と崇拝の価値を備えていると信じられる傾向があります [74]。ウサギは（繁殖力はあるものの）性的ではなく，赤ちゃんの頃の姿は，ひよこやアヒルの子や子羊など以上に，大人になった姿と区別がつきにくいのも特徴です [75]。全体的に，イースターバニーは，イースターの意味体系とテーマ的に一致し，「自然の存在における社会的役割の混ざり合いやぼやけのさまを表す」のに適しているのです [76]。イースターはあいまいさを祝うものです。つまり，死は生の一部であり，復活は死の否定であるとの考えです。パステルカラーや新品の衣装，そして（新しい生命をかなり明確に表現した）卵を除いて，象徴としてのイースターにはあいまいな意味が多く含まれており，特定の部分よりも溶け合った全体に焦点を当てることが示唆されています。「ミドルタウン」の調査者は次のように述べています。

　　　その象徴と活動は，ミドルタウンが認識する文化的区別（ペットか家畜

か，男性か女性か，親か子か，生か死か）についての考えを伝えてくれる。それはすなわち，ミドルタウンの世界の見方全体にすべて沿うならば，最終的にそれらは区別される必要がないという考えである。……クリスマスは世界を分割し，それぞれの部分を同定する。しかし，イースターはそれを再構成し，何もかも区別することを差し控えるのだ [77]。

キャプローの調査チームによって提唱されたクリスマスとイースターのもうひとつの対比は，世俗的な儀式における子どもたちの役割です。クリスマスには，先に述べた子どもの養育というテーマに加えて，子どもの依存性が強調されます。子どもは本質的に，サンタクロースの儀式では消極的で，空っぽの靴下をぶら下げた後は，クリスマス・イブの夜に特別な注意を払われながらベッドへと押し込まれます。宗教的な図像でもまた，子どもは受動的で依存的な生き物として描かれます。依存する赤ちゃんイエスは，産着に包まれ，飼い葉桶に置かれます。これと対照的に，イースターの子どもたちは独立的で，外に出てイースターエッグハントの競争的行動に身を置き，（付け加えるなら）自分の卵に色を塗る行為へと駆り立てられます。キャプローは，イースターとクリスマスは，人間の生活の中の普遍的で根本的な矛盾（すなわち，子どもたちは長期間にわたるほぼ完全な依存の後，最終的には独立が必要とされる）を解決するために，逆の方法で試みられているのではないかと論じています [78]。

＊1　アメリカの作曲家，作詞家。主な曲に「ホワイト・クリスマス」「ゴッド・ブレス・アメリカ」「イースター・パレード」などがある。
＊2　北欧神話の雷神。
＊3　ケルト人社会における祭司のこと。宗教的指導のほか，政治的指導，公私の争いごとの調停と，ケルト社会に重要な役割を果たしていたとされる。
＊4　イングランド国教会の改革を唱えたキリスト教のプロテスタント（カルヴァン派）の大きなグループ。市民革命の担い手となった。
＊5　キリスト教プロテスタントの一派であるキリスト友会（フレンド派）に対する一般的な呼称。17世紀にイングランドで設立された宗教団体。
＊6　バプテスマ（浸礼での洗礼）を行う者の意味に由来しており，イングランド国教会の分離派思想から発生したキリスト教プロテスタントの一教派。個人の良心の自由を大事にする。

第3章　クリスマスとイースター　　47

＊7　キリスト教のプロテスタントの一教派。会衆制とよばれる教会員（会衆）の直
　　　接民主制に近い制度を採ることが特徴で，各個教会の独立自治を極めて重視す
　　　る。

＊8　キリスト教のプロテスタント，カルヴァン派の教派。長老教会，プレスビテリ
　　　アンとも訳される。

＊9　新約聖書に登場し，イエスの誕生時にやってきてこれを拝んだとされる人物。

＊10　英語ではサターン（Saturn）。農業の神。

＊11　ジンタ・クラース祭。前夜に贈り物をする習わしがある。

＊12　宗教改革の思想家ジャン・カルヴァンの教えを支持する宗派。改革派とも呼ば
　　　れる。その思想は聖書第一主義と予定説で，人の運命はあらかじめ決まってい
　　　ると考える立場をとる。

＊13　ゲルマン神話に起源を持ち，北ヨーロッパの民間伝承に登場する妖精または小
　　　妖精。

＊14　スコットランドや北部イングランドの民間伝承に見られる，家の精霊の一種。
　　　小妖精。

＊15　アメリカの社会学者であるリンド夫妻が1920-30年代に調査を行った典型的な
　　　アメリカ中産階級の文化を代表する都市の仮称。

＊16　聖書は誤りない神のことばであると信じる教会。自由主義神学に対抗して近現
　　　代に勃興した，聖書信仰を軸とする神学的・社会的に保守的な宗派。

＊17　ディケンズの『クリスマス・キャロル』に登場する人物。スクルージに薄給で
　　　雇われている事務員で，貧しいながらも暖かい家庭を築いている。

＊18　ニューヨークに初めて移住したオランダ人移民の子孫。ニューヨーク人。

＊19　ドイツ北西部のドルトムント，ミュンスター，ビーレフェルト，オスナブ
　　　リュックを中心とした地域に住む人々。

＊20　オーストリアとスロベニアにまたがる地方。

＊21　ヨーロッパ中部にある，オーストリアとイタリアにまたがるアルプス山脈東部
　　　の地域。

＊22　ドイツに16ある連邦州のひとつで，最北端に位置する。

第4章

クリスマスの精神
サンタクロースがやってくる

　子どものころ，私たちは両親の愛に頼るのと同じように，サンタクロースを数年にわたって当たり前のように信じるでしょう。サンタクロースが本当に大切にされるのはその後です。あなたが子どものころ，サンタクロースはあなたのもとに贈り物を持ってやってきます。あなたが年を重ねると，さらに多くのことをもたらしてくれるようになります。サンタクロースは他の伝説や想像上の生き物，または昔の聖人のように，本当にいてほしいと単純に願うものです。サンタクロースは私たちとともに進化し，魔法やワクワクや驚きなど，私たちが必要とするものを満たしてくれます。その魔法の粒は，煙突をくぐり抜けて，いつだって陽気に，体全体をすすまみれにして，私たちの目の前に現れるのです。

――メアリー・ヘイリー[*1]

　クリスマスの朝，妹のサラと僕は，2人で贈り物の包みを開けていた。全部開け終わったと思った後で，サラがツリーの後ろに小さな箱を見つけた。……中にはあの銀の鈴が入っていた！……僕は鈴を振ってみた。素敵な音がした。僕も妹も，これまで耳にしたことのないような音だった。

　でも母さんは「それ，だめじゃない」と言った。「うん，壊れているんだな」と父さんは言った。

　僕が鈴を振った時，その音は父さんにも母さんにも聞こえなかったのだ。

　昔，僕の友達はだいたいみんな，その鈴の音を聞くことができた。でも，年月が流れて，彼らの耳にはもう沈黙しか聞こえない。サラだってそうだ。彼女はクリスマスの朝に，その鈴を振ってみたのだが，もうあの美しい音は鳴り響かなかった。僕はすっかり大人になってしまったけれど，鈴の音はまだ耳に届く。心から信じていれば，その音はちゃんと聞こえるんだよ。

――クリス・ヴァン・オールズバーグ[*2]『急行「北極号」』
（村上春樹訳，河出書房新社）

子どもらしい信仰の（季節ごとの）再訪

　アメリカの文化の中でも，クリスマスは子ども向けの魅力と子どもを高ぶらせる驚きに満ちた祝日の代表格と言ってよいでしょう。例えば，ジェームス・マシュー・バリによる『ピーターパン』では，クリスマスは文字通り子どもを高ぶらせるものとして描かれています。ピーターパンは幼い子どもたちに飛ぶ方法を教えます。すると，子どもたちは「なんて素敵で素晴らしいアイデアなんだ」と思うのです。まさにクリスマスは，幼い子どもたちが「本当に飛べるなんて，なんて素敵なことなんだ」と思える，最初のひとときなのです。

　ある6歳の子どもが私に語ってくれたように，クリスマスは「子どものためのサプライズ」の日です。一般的に，子どもたちはクリスマスに見られる騒ぎと準備の多くが，自分たちの興味に沿って行われていることを知っています。サンタクロースとクリスマスは子どもたちに向けて行われるのです。しかし，クリスマスに対する子どもたちの見方を十分に把握するためには，別の意味で，クリスマスとは生活の中にある予測可能な事実のひとつであることを考慮しなくてはなりません。幼い子どもたちにとって，クリスマスにたくさんの贈り物や注目を受けることは，必ずしもおかしなことではありません。これは，わが子についてのフィールドノートをとり続けてきたリンド夫人にとっても，目を引く事実でした。

　　今年目を引いたことは，子どもたちが何も言わなかったということです。例えば，（私の6歳の娘は）私たちからドールハウスをもらい，その家で使う人形をサンタクロースからもらいました。ドールハウスを手に入れたことを，なぜサンタクロースが知っていたのかについて，疑問を口にすることはありませんでした。サンタクロースからの贈り物の量にも驚きませんでした。というのも，これまでの年と比べると，その量は少なかったからです。でも，彼女にとっては十分だったようです（私たちそれぞれからの大きな贈り物はあった）。まるでサンタクロースがやってきて，贈り物をくれて，それが人形であることをあらかじめ知っていたかのように，非常に淡々とした態度を彼女は取っていました。

50

言い換えると，子どもたちはクリスマスの慣習について，大人が思うほどに
は困惑したり驚いたりしないのかもしれません。子どもたちが通常思い描く世
界では，魔法や驚異的な能力は人生で出会うたくさんの事実のひとつにすぎな
いようです。何度か行ったインタビューの中で子どもたちと言葉を交わしたと
き，６歳のティナは，魔法の雪だるまや，夢見がちなトナカイ，魔法のミッ
キーマウス（彼女の心の中ではおそらく魔法のサンタクロースの友達なのかもしれな
い）について，世界は魅力でいっぱいだという風に，熱っぽく語ってくれまし
た。彼女はそれについて怖がったり驚いたりするよりも，ただ単にそれについ
て私に話してくれたのです。

クラーク　（クリスマスの飾りの中にある）その雪だるまは何をしているのか
　　　しら？
ティナ　彼はこんな風に帽子をかぶって，お辞儀をしているの。
クラーク　この雪だるまのどんなところが特別なの？
ティナ　たしか，これはフロスティ[*3]って言って，魔法の帽子を持っている
　　　の。
クラーク　雪だるまのフロスティは，魔法の帽子を持っているのね？
ティナ　そうよ。でね，もしも魔法の帽子をとっちゃうと，彼は凍ってし
　　　まうの。私はそうだって思うの。そうよ，彼は凍っちゃうわ。でも，
　　　もしも彼の頭の上に帽子をまたかぶせたら，彼は再び生き返るの……。
　　　私は，雪だるまが話せるって信じているわけじゃないわ。たぶん，北
　　　極でだったら，わからないけど……。サンタクロースが雪だるまを
　　　作って，彼が魔法をかけると，命が吹き込まれるのかもしれない……。
クラーク　あそこにあるのはルドルフかしら？（飾りを指さして）
ティナ　ううん，あれはただの年老いた鹿よ。
クラーク　何が違うの？
ティナ　あの鹿は赤い鼻，大きな赤い鼻を持っていないでしょ。……もし
　　　もすごく濃い霧があっても，ルドルフだったら赤い鼻を光らせて，サ
　　　ンタクロースに道を示すことができるのよ。
クラーク　なぜサンタクロースは霧の中で自分で道を見つけ出すことがで

第４章　クリスマスの精神　51

きないのかしら？

ティナ　だって，赤い鼻を持つトナカイはこの子だけだもの。他のトナカイだったら霧の中で倒れちゃうんじゃないかしら……。

クラーク　白雪姫と７人の小人の飾りもここに飾ってあるのね。……ディズニーのものがずいぶんたくさんあるわね。これらの飾りはクリスマスツリーにもとからついていたものなの？……

ティナ　だって，ミッキーはたぶん魔法の力を持つし，サンタクロースもたぶん魔法の力を持つわ。たぶん二人は仲が良くって，友達なんじゃないかしら。

　別のとき，ティナは母親の部屋でトナカイのひづめの跡を見たと話してくれました。「私は見たの。……ママの部屋で小さな輪っかを。それはトナカイがそこで跳ねた足跡のようだったわ」。それでも，それはとても純粋で単純な証拠に思われたようで，彼女がそれに対して怖さを感じているようには見えませんでした。

　たいていの場合，子どもたちは自分たちが信じるものをしっかりと受け止めています。どちらかと言えば，幻想的で神秘的なクリスマスとサンタクロースのイベントに（代わりに）目を見張っているのは大人たちの方でした。子どもたちがインタビューの最中に，クリスマスに起こることがどれだけ「驚異的な」ことで，「素晴らしい」ことなのか，コメントすることはまずありませんでした。むしろ，子どもたちに繰り返し「興奮」や「驚き」に満ちているというラベルを貼ったのは，大人たちの方でした。ある母親は次のように話してくれました。

　　私は，彼らが興奮する姿を見るのが楽しみなんです。彼らの目には喜びがあります。驚きがあります。興奮があります。……それは，誰かがそりに乗って世界中を飛び回るっていうアイデアに対してね。やってきて。少し休んで。そのアイデア，彼は本当に一日でそれをやってのけるというその事実。そのことを考えたら，もう圧倒されてしまうわ。

別の母親は次のように見ていました。

　大人の場合，それ（クリスマス）はさほど大きな意味を持ちません。けれども，あなたにもし子どもがいたとしたらどうかしら……。（聞かれないようにささやく）ちょうど昨日なんて，子どもたちはずっと起きたまま，すごく興奮していたのよ。……踊り回っていたし。サンタクロースが来るまで待てなかったのよ。だから私が子どもたちに，もう寝なさいって言って。それで今はこうして，あなたは子どもたちの元気な足音を聞いているってわけ（笑いながら）。子どもたちはとにかく興奮しているわ。子どもたちはもうここ（リビングルーム）に降りてきたいんじゃないかしら。だってそうでしょう，ただ目を覚まして降りてくるってだけじゃないようなことが，ここにはあるんだから。

　大人たちは毎年クリスマスになるたびに，子どもたちに目を丸くするような興奮と驚きを与えようとたくらみます。大人たちは幼い子どもたちの反応に目を光らせているのです。子どもたちが出来事全体をどうとらえているのか。怖がっているのではなく，感情的にフラットに，事実として受け止めているのか，あるいはそうではないのか。皮肉なことに，アメリカの慣習を子ども中心の方法で調査した結果，クリスマスは子どもたちにとって，言うほど大きな祝日ではないことが明らかにされました。むしろ，**クリスマスはその文化に属する他のメンバーたちが子どもたちに対して彼らを社会的に位置づけさせようとする祝日**なのです。それは，祖父母や両親，年上のきょうだいやその他の人たち（子どもたちに「クリスマスを行う」ための出費と努力に携わる者たち）にとっての，社会的な責任と特権の強化という意味を含んでいます。さらに言えば，子どもはアメリカの文化的意味づけの網の目の中で，驚き，信仰，核家族の継続の重要性や必要性などの特質を象徴するものです。目に見えない力に対する驚きや畏怖，不信の棚上げなど「子どもらしい」特質は，クリスマスに拡大し，モデル化されていったのです。

　大人の認識の中では，子どもたちがクリスマスに興奮するのは，超越的な世界をありのままに見ることができ，魔法やファンタジーを受け入れるために不

第4章　クリスマスの精神　　53

信を棚上げにするという子ども特有の能力があってこそ可能になると考えられがちです。近年の人気テレビ番組のタイトルが示しているように，現代のアメリカの年齢段階表において，幼年期は「素晴らしき日々[*4]」であるとされています。そのファンタジーと驚異のための能力は短命であり，神秘的な出来事がまだ起こり得ると信じられる人生の初期に限定的であると考えられているのです。「くるみ割り人形[*5]」のバレエやサンタクロース，そしてディズニーのキャラクターなど，ユレタイド（yuletide）[*6]の図像を特徴づけるものたちは，人生周期の初期段階におけるありとあらゆる驚異や驚嘆の感覚を強調し，魔法のような未知の世界を拡張してくれます。家族がクリスマスの儀式を通してわが子のためにこの段階を奨励するとき，親たちは多くの場合，驚異的で超越的な世界の重要性を，自分たちの手で象徴的に検証するようになります。そうしたことへの関心は，次の2人の母親の発言からも明らかです。

　　私は（サンタクロースが訪れることは）子どもたちにとってとても良いことだと考えています。ちょっとした魔法があると子どもたちが感じることは，悪いことではないと思います。……あちこちに何かしらの魔法があると彼らは信じているのです。付け加えると，私だってまだ，それがいると信じていますからね（笑いながら）。あなたも知っての通り，人生には，目に見える以上のものがあります。……それは神であったり，もうひとつの世界（plane）であったり。つまり，そう，私たちを超越して働く力が存在していると信じています。そう，私は信じているのです。……生まれ変わりというものがあって，私は今の私に達するまでに，別の人生を歩んできたんだと。それを何と呼ぶのかは別としてね。

　　子どもの頃の私にとって，毎日は魔法のようでした。だから，私が子どもたちに見てもらいたかったのは，その魔法なのです。……私たちがそれを取り戻せるかどうかはわかりません。……私は彼らに素朴さを持ち続けてほしいし，心から驚いてほしいと願っています。……（目に涙が込み上げてくる。クラーク「今，私はあなたがどんなにサンタクロースのことを信じているかを思い浮かべているところよ」）　ええ！……私と夫は，子どもを授かる前

から，いつもクリスマスの朝に2人一緒に大掛かりなサプライズをしていました。……木の下に突然たくさんのものがあるなんて，まさに魔法なのよ。

　空想的思考や魔術的現象についての信念と幼年期とを結びつけようとするアメリカ人の傾向は，それほど昔からあるわけではなく，20世紀の初頭まで遡ります。1932年にマーガレット・ミード[*7]は，アメリカでは「現代の科学的思考によって批判されてきた伝統的なアニミズム的題材が，いまだに子どものしつけにとってふさわしい題材と見なされている」一方で，マヌス島の文化では[*8]，「大人の文化が……一連の伝統的なアニミズム的概念を各世代の成長に合わせて提供していくのであって，子どもはアニミズム的構成体のバックグラウンドを最初から持っているわけではない」と述べています [1]。言い換えると，それぞれのグループで，ある特定の思考プロセスは，一方の年齢グループでは受け入れられていましたが，もう一方の年齢グループでは受け入れられていなかったのです。しかし，どのような思考プロセスが受け入れられるかというパターンは，文化によって異なりました。つまり，年齢に応じた信念構造は文化によって対照的だったのです。アメリカの子どもたちの間では通用したこと（驚異と魔法）が，マヌス島の子どもたちの間では通用しなかったのです。
　現代のアメリカでは，サンタクロースへの信念は，一般的に，大人たちによって幼年期限定のものとして期待されています。サンタクロースへの幻滅は，幼年期の通過儀礼のひとつと考えられ，親を悲しませたり心を痛めさせたりするステップのひとつとされています [2]。子どもがサンタクロースを信じなくなると，親はわが子が以前よりも「成熟した」人生の段階に到達したと感じるのです。人類学者のクロード・レヴィ＝ストロース[*9]は，ヨーロッパのサンタクロースであるファーザー・クリスマス（Father Christmas[*10]）の中に，これを認めています。

　　ファーザー・クリスマスは，まず何よりも，一方では小さな子どもたち，もう一方では青年や成人という具合に，立場の違いを表すものである。この観点で言えば，彼は人類学者たちが通過儀礼と参入儀礼（イニシエー

第4章　クリスマスの精神　55

ション）を理解するために研究してきた，膨大な信念と実践の一部である
と言える。実際，その内容はさまざまであるが，子どもたちは男性が（と
きに女性も）持つ（慎重に編まれた）ある種の信念の秘密に対して無知であ
ることを理由として，男性の集まりから排除される。そんな事態が存在し
ない社会はきわめてまれである。秘密は大人たちにとって都合のよい瞬間
に明かされ，そして若い世代が自分たちの集まりに参加することを認める，
そんな幻想があるのだ [3]。

　サンタクロースに対する不信（アメリカの子どもたちは一般的に，大人たちの暴
露によってではなく，自らの力でその結論にたどりつきます）は，幼年期において予
期される，また避けることのできない出来事のひとつです。不信への跳躍をす
でに遂げた年長のきょうだいたちは，より年少の子どもたちのために，サンタ
クロースの慣習を維持させる手助けとして，ときに大人たちの役割を引き受け
ます。例えば，今回の調査でも，もうサンタクロースを信じなくなったきょう
だいの１人は，クリスマス・イブのたびに屋根の上に登って「トナカイの鳴き
声」をたてていました。また，パーティーの一部で仮装してサンタクロースの
役を演じたり，サンタクロースへの手紙に対して返事を書いたり，靴下にもの
を詰める手伝いをしたことがある年長のきょうだいもいました。
　世界は（可能な限り）純粋で魔法で満たされているといった「シンプルな時
代」への 郷 愁 は，サンタクロース信仰を手放した名残として，しばしば大人
になってからも残り続けます。それは幼年期の黄金時代に対する郷愁であり，
疑いようもなく，自分自身が子どもを持ち，わが子のためにサンタクロースを
演じることでカタルシス的に解放されます。アメリカの大人たちは，発達的な
過去（つまり幼年期）と歴史的な過去（つまり，暖炉とそりの時代）の両方を理想
化します。カリアー・アンド・アイヴズへの郷愁や子ども中心の慣習が含まれ
ているクリスマスには，発達的な過去と歴史的な過去とが無邪気に表現されて
いるため，その理想化とも共鳴し，強化されていったのです。それはミル
チャ・エリアーデが黄金時代として描いた楽園のような世界への回帰を意味し
ています。

人間は神々の活発な実存を取り戻したいと願っている。同時に，人間は創造主の手によって生み出された，新鮮で純粋で力強い世界で生きたいと願っている。それは周期的に回帰するとされる，原初の完璧さに対する郷愁なのである。……神が存在する完璧な世界（新しい誕生はそれ自体が完璧です）で生きたいという願いは，楽園的な状況への郷愁と一致するのかもしれない [4]。

　情報を提供してくれた大人たちが行ったサンタクロースの慣習についての語りを見ると，こうした楽園的な感情が，大人たちを毎年のように回帰させてくれる神のような恩恵を与える者（benefactor）に対して深く浸透していることは明白です。

　子どもたちがなぜファンタジーに夢中になるのか，私は不思議で仕方がないんです。私自身もファンタジーが大好きです。あの子どもっぽい感じ，自分のために素晴らしい人が素晴らしいことをしてくれる，自分が欲しがるものが何だって手に入るという，あの子ども時代のコンセプトが大好きです。

　おそらく私たちは，心の底ではみんな子どもなのでしょうね。私にしろ，夫にしろ。……大人になりきることなんてないんです。だって，私たちはいつだっていろんなことに熱中しますから。私は時々，欲しいものをいつでも何でも与えてくれるような，そんな人がいたらいいなあって思います。

　誰もが，特に大人たちはこう言うでしょう。サンタクロースを信じていた頃，自分は純粋で若かったと。そして，誰もが戻りたいと願うのです。年をとることで失ってしまったものを手に入れたいのです。大人たちは言うでしょう。もしもある時点に戻ることができるとしたら，それはサンタクロースを信じていた時代だと。それが若さと……そして純粋さを取り戻す，唯一の方法なのです。その頃は何もストレスがなく，人生が輝いていた時代ですから。

科学的な実証主義と技術的唯物論とが大人のエートス[*13]（ethos）において支配

的である社会では，サンタクロースの物語（イースターバニーや歯の妖精，おとぎ話ですら）は，実際のところ，ある年齢に限定的な超自然的な民間信仰の文化的宝庫を形成しています [5]。大人の目から見れば，幼年期の神話はある年齢に限定的なこともあって，「ばかげた（mock）」神話学に見えます。子どもじみた神殿（juvenile pantheon）の中の「神々たち」は，素朴で社会化も不十分な幼い子どもたちにふさわしいものとして，文化的にラベル付けされているのです。大人たちは懐疑的でありながらも，子どもたちの信じる姿を見ることで，代理的に恩恵を得ることができるのです [6]。

　もしもサンタクロース信仰を手放すことが，成長過程における個人的で自己中心的な（つまり個人志向の）通過儀礼であるのだとしたら，サンタクロースの慣習も同じように社会中心的（つまり社会志向の）儀式であると言えるでしょう。社会志向的な観点で言えば，その慣習は子ども以外の人々の目を子どもへと向けさせるものであり，子どもと驚き，畏怖，素晴らしき黄金時代との象徴的な結び付きを想起させるものです。こうした体験は大人の日常世界からずいぶんかけ離れています。サンタクロースに対する幼年期の崇拝（cult）は，理性的な不信を棚上げし，不可知なもの，超越的なものに対して驚きを経験する人間の能力の宝庫です。したがって，サンタクロースは単に幼年期の崇拝であるだけでなく，大人と子どもの双方が豊かな象徴を通して触れ合うことのできる儀式でもあるのです。

サンタクロース

　子どもたちにとってクリスマスがどのようなものであるかを調査することは，（屋根の上や北極など）想像上の旅路へと出かけるようなものです。道中では，トナカイや空飛ぶそり，エルフたち，贈り物，そして，子どもへの寛容さを全体的な目的とした，赤い服を身にまとった神様のような人物など，そうしたものが子どもの前に提示されます。その「提示される」アイコンの中でも，サンタクロースによるおもちゃの贈り物は，子どもたちが出来事について語る際に，特に取り上げられる事柄と言えます。「クリスマスについて教えてちょうだい」と求められると，情報提供者である子どもたちは多くの場合，まず，自分がもらったおもちゃについて語るか，あるいはそれを私に見せてくれました。一般

的に，おもちゃやその他の贈り物は，その祝日についての話題の中心となりました。

> **クラーク**　クリスマスに起こることのすべてを私に教えてちょうだい。
> **ジェーン**（6歳）　たくさんの贈り物をもらって，サンタさんが来るよ。

> **クラーク**　クリスマスってどうしてあると思う？
> **ジョン**（6歳）　新しいおもちゃとか何かを手に入れるためだよ。

　子どもたちはもしも北極（彼らの宇宙論では，地球の上の方にあり，天国よりは下にある場所）に行ったら，サンタクロースやエルフたちと一緒におもちゃを作って暮らすのだと想像します。「もしも北極にいるサンタさんを訪ねに行ったら，何がしたい？」という質問を私はしてみました。

> **女の子**（7歳）　私はサンタさんと一緒に，自分のためにお人形を作りたいわ。本物みたいなかわいいお人形よ（うれしそうに笑いながら）。それが私のしたいことなの。
> **女の子**（6歳）　サンタさんのためにおもちゃを作って，彼を手助けしたい。
> **男の子**（7歳）　サンタさんと一緒に遊んで，エルフたちがおもちゃを作る手助けをしたいな。
> **男の子**（7歳）　ぼくはエルフたちを手助けする。（彼らの）仕事を手伝いたいんだ。

　ショッピングモールで見かけるサンタクロースに扮した人物は，間違いなく，クリスマスの要素としてのおもちゃやその他の贈り物の印象を際立たせます。私たちが調査のなかで観察したところ，サンタクロースに扮した人物はやってきた子どもたちに無料の贈り物（装飾用のステッカーが付いた厚紙のクリスマスツリー）を必ず渡していました。サンタクロースから欲しいプレゼントの「リスト」を言うように声を掛けられなかったのは，ごく少数の非常に幼い子どもた

第 4 章　クリスマスの精神　**59**

ちだけでした。言語能力が十分にある年齢の子どもたちは，「クリスマスに何が欲しいですか」と必ず聞かれていました。子どもたちがこの質問に対して自分なりの答えを持っていなかった場合，サンタクロースは性別によって限定したプレゼントの提案を子どもたちにしました（男の子には「トラックや車なんかはどう？」，女の子には「新しい人形とかはどう？」）。また，サンタクロースは子どもに，いつも持ち歩けるような動物のぬいぐるみをクリスマスに欲しくないかと尋ねました。

　子どもが欲しがるプレゼントを贈るというサンタクロースの役割は，明らかに，クリスマスの決まりごとの中でも中心的な表現です。マルセル・モース[*14]が社会を統合するプロセスとしての贈与を熟考して以来，贈与は人類学者たちによって社会的関係を結びつける表現行為として説明されてきました [7]。バリー・シュワルツは，ある特定の贈り物（たとえば，男の子にはおもちゃの車，女の子には人形）が性別による役割期待を象徴的に例示しているように，贈り物には贈り手から派生したアイデンティティを受け手に押し付けるという社会的な機能があると述べています。シュワルツの見解では，サンタクロースからの見返りを期待しない贈り物は，社会的統制を強引に押し付けるものです。

　　　子どもが贈り物を受け取り，そのお返しができなかったとき，彼らは自らの社会的地位の低さという代償を支払うことになる。親たちはその事実をよく認識している。……この原則は，すべての贈り物の贈り主のなかでももっとも偉大な存在であるサンタクロースの特徴を通して見ることほど，おそらくわかりやすいことはない。サンタクロースの監視する能力と，利益を与えたり返礼を差し控えたりする能力は，子どもたちを統制する手段として親によって毎年悪用されているのだ [8]。

　しかし，サンタクロースに扮した人物が一貫して子どもに何がほしいかを尋ねているという事実は，実際のところ，子どもはサンタクロースからプレゼントを受け取る過程において，必ずしも受け身ではないことを示しています。先に述べたように，親たちはサンタクロースからプレゼントを受け取るときの子どものこれ以上ないほどの喜びの様子や，驚いたり怖がったりする様子を見る

ことで，代償的な喜びを得ます。そのような代償的な興奮を与えるために，子どもは選び抜かれたプレゼントを（しぶしぶと受け入れなかったり，もっとひどい場合には拒んだりといったことをするのではなく）熱烈に歓迎しなければなりません。親はプレゼントを選ぶために子どもの様子を注意深く観察します。子どもはプレゼントに対して期待されるような反応を自分がして見せることで，サンタクロースが行うプレゼント選びを間接的に規定しているのです。たとえば，ある調査研究では，性別に沿ったおもちゃを好む子どもたちは，性別に沿わないおもちゃを好む子どもよりも，自分の好きなプレゼントを受け取る可能性が高いことが示されています [9]。

　その取引において子どもは決して無力ではありません。彼らは何百万通もの手紙を北極に向けて送っており（すべてが正式な郵便システムに則った手紙というわけではないですが），それはプレゼント選びの過程における彼らの実質的な影響力を証明するものです。実際，特定のプレゼントを要求する「サンタへの手紙」を儀式化された授業の課題として組み込んでいる学校もあります。2年生の子どもの母親であるエルウェルは，次のように述べています。

　　　学校では，生徒たちはみんな必ず（2年生で）サンタクロースに手紙を
　　書かなければなりません。……当時，（私の息子は）短い返事をもらいまし
　　た。年が上の子どもたちの中の1人が返事として手紙を書いてくれたので
　　す。息子はサンタクロースが自分の欲しいものを知ってくれたと満足して
　　いました。

　母親がサンタクロースに届けてもらうプレゼントを選ぶとき，子どもたちの手紙のリストに従わない場合もあります。しかし，マーシャル夫人がそうであったように，そうしたリストは慎重に扱われ，ときには準備に取り入れられたりもします。

　　　私たち（夫人と子ども）は座ってシアーズ・ウィッシュブック（the Sears
　　wish book）もしくはペニーズ・ウィッシュブック（the Penney's wish book）
　　というウィッシュブックを調べました。私たちは11月頃になると座って，

第4章　クリスマスの精神　　61

リストをつくるんです。……サンタクロースに会いにいくとき，彼（子ど
も）はそのリストを忘れていきました。だから，私が彼に欲しいものを思
い出させたんです。

　実際のところ，子どもたちはサンタクロースとの間の贈り物の取引において，
まったく受け身というわけではありません。サンタクロースへの食べ物や飲み
物としてクッキーやミルクを置いておくことは広く行われています [10]。サ
ンタクロースによる贈り物はこうした捧げ物によって返礼され，そして，こう
した返報性の要素（「これも贈り物の一種です」）は母親たちに歓迎されました。
多くの場合，トナカイもこうした捧げ物（ニンジンの贈り物や，たまにリンゴの贈
り物）の相手に含まれます。子どもが描いた絵など食べ物以外の贈り物も，サ
ンタクロースのために置いておかれることがあります。情報提供者たちのイン
タビューやフィールドノートが示唆するように，子どもたちはこの慣習の実施
に役立っていますし，サンタクロースへの捧げ物を親に思い出させたりもして
いるようです。要するに，子どもたちはこの儀式の維持と形成に積極的な役割
を果たしているのです。

　　彼ら（子どもたち）はいつも（サンタクロースのために）クッキーやホット
　　チョコレート，トナカイのためにニンジンを用意しています。（クラーク
　　「その伝統はどこから来たのでしょうか？」）クッキーは私の家系からですね。
　　ニンジンはきっと夫の家系からだと思います。そして，ホットチョコレー
　　トに決めたのは子どもたちでした。いつも牛乳を飲んでいるからだと思い
　　ます。

　　彼らはニンジンを置いていました。それが（トナカイ8頭に対して）8本
　　ではなく，6本しかないことをひどく心配していました（笑いながら）。私
　　はそのとき緑の葉がついたニンジンを束で買ったものですから（再び笑う）。
　　（6本しかないことを）ちゃんと見ていなかったんですよ。ええ，（私の息子
　　は）私にすごく怒っていました。

（私の娘は）「サンタさんにはバナナじゃなくてクッキー」を置くことを私たちに思い出させました。私たちは，彼（サンタクロース）は今，何かヘルシーなものを欲しがっているんじゃないかと考えて，いつもバナナをあげていましたからね。

　現代の家の多くは煙突がないという事実にもかかわらず，サンタクロースが煙突から降りてきて家の中に入ってくるという考えはまだ残されています。このことは，サンタクロースへの食べ物や飲み物は，可能な限り暖炉の近くに置かれるということを意味します。サンタクロースが降りてくる煙突と暖炉は，暖かさと居心地の良さ，保護された内なる聖域と家族が集まる場所（「家と暖炉」）を表します。エリアーデが述べたように，宇宙論的意味と儀式的機能は，一般的に煙突（「煙穴」）と関係しています。煙突は火の祭壇から立ち昇る煙，つまり，より高い場所とより低い場所とを結びつけるものを思い起こさせます[11]。クリスマスの場合，煙突の根元，つまり暖炉の部分は，紛れもなく家庭生活の領域です。暖炉は家族の領域内の重要な場所を占めており，炉棚は家族が「装飾的な祭壇（decorative shrine）」として重要なものを展示する場所となっています[12]。一方，煙突は暖炉を中心とした住居への入り口となっており，それは魔法のような伝統的なスタイルです。寒い日に火が温もりを与えてくれるのと同じように，サンタクロースの到着は家庭という環境の温もりと人間的なつながりの概念を強調しているのです（クリスマスソングのなかにある「焚火で焼かれる栗」や「煙突のそばに大切に吊るされた靴下」のイメージは，同様の意味を暗示しています）。

　もしもサンタクロースがもっと高い場所から降りてきたとしても，子どもたちが理解している神のような特質の数々と照らし合わせれば，驚くべきことではありません。何人かの子どもたちが気付いているように，サンタクロースによる各家庭への侵入方法はまさに魔法のようです。たとえば，ある5歳の子どもはポーション（霊薬）を使ったらできると説明しました。「不思議の国のアリスを思い出して。アリスがそのボトルに入ったポーション（霊薬）を飲むと，アリスは小さくなったでしょう？　きっとサンタクロースもそれと同じことができるよ」。

どんな主要なシンボルにも言えることですが（そして，サンタクロースはアメリカのユレタイドの祭りの主要なシンボルです），サンタクロースは子どもにとってさまざまな意味に満ちています。まず，サンタクロースが太っていることは（彼の寛容で陽気な態度とともに），楽しさ，裕福さ，豊かさを表しています。過剰な食事（突き詰めて言えば，あらゆる種類の過剰な豊かさ）は，クリスマスで慣習的に観察されることの一部であり，サンタクロースの外見に象徴的に見られます。ある子どもは，「サンタがもし少食だったら，それはサンタじゃないよ」（つまり，やせこけたサンタクロースは存在しない）と言い，続けて，サンタクロースはダイエットなんてできないだろうと主張しました。別の子どもの認識によると，サンタクロースは「毎日感謝祭のごちそう」を食べているのだそうです。子どもたちは，サンタクロース（ひいてはクリスマス）は日常生活をはるかに超える水準の楽しさを表すものと感じているようです。もちろん，これは，ロジャー・アブラハムが適切に要約したように，祭りの本質に固有のものであると言えます。

　　　祭りという言葉は，日常生活とこれらの高揚する時間との対比，そしてイベント自体の中にあるさまざまな部分の対比を通した，究極の体験を表す言葉だ。……誰もが過剰なまでに食べたり飲んだりすることを期待され，祭りに参加する人自体も，ふざけたり，たがが外れたりすることが期待される。……これらの動機はすべて，祭りを祝うことの中心にある，生命を最大限に伸ばすという増大（increase）の精神を強調するものである。増大を祝うことは，日常のふるまい方から生じたものであるが，やがて演じたり表現したりする中で大幅に変化していったものだとも言える [13]。

　クリスマスの過剰さ，つまり，食べたり，飲んだり，パーティーをしたり，物質的な贈り物を大々的に行ったり，そうした過剰さには，祭りの参加者（少なくとも大人）がその後秩序を回復し，通常の生活に戻ることに喜びを感じるという逆説的な効果をもたらします。ある母親が説明してくれたように，クリスマスには持続できないほどの過剰さがあるのです。

（クリスマスツリーや飾り物は）時期が来ればすぐにでも，大晦日とか元日にはもうしまわれます。そして，それでおしまいです。それで終わりなんです。……すべてを片付けると，すべてがいつも通りに戻ります（笑いながら）。ひどくないですか？　クリスマスが終わりになると，もうそれをおしまいにして，いつもと同じに戻りたくなるのです。すべて片付けてしまうんです。

　クリスマスの過剰さは，サンタクロースの物理的な大きさだけでなく，おそらくですが，子どもの祖父母の年齢にも暗示されています。祖父母は子どもに厳しくなどせず，甘やかしてくれる存在と広く捉えられているからです。ロジャー・アブラハムは祭りのイベントやシンボルの構成要素の考えられる対比として，サンタクロースの年老いた年齢と生まれたばかりのイエスやお祝いの対象となる子どもたちとの対比を指摘しています。
　もうひとつの対比は，サンタクロースの赤い服装に見られます。極寒で，凍てつくような，白色や灰色の，活気のない冬至の自然環境と，それに鮮やかに対抗する，よく目立つ，活気のある，燃えるような，暖かい色との対比です。ルドルフの赤い鼻が霧の中を見通すのに役立つのと同じように，サンタクロースも赤い衣装を身にまとうことで視覚的にはっきりと見ることができます。これは啓示の一形態であり，それによって神聖なものは驚くべき方法で「信じる人々の精神世界」に姿を現すのです [14]。別の言葉でいうと，サンタクロースの赤い衣装は，とらえどころのなさを可視化し，精神的もしくは超越的な力を際立てて主張するものなのです。赤は一時停止の標識，信号機，赤十字のロゴ，または消防車など，注意を引くようにデザインされています。その同じ効果はサンタクロースの衣装にも表れています。メアリー（7歳）が，なぜサンタクロースは緑色ではなく赤色を着るのかについて説明したときも，それは明白でした。

　　私は（サンタに）緑色は似合わないと思うわ。クリスマスカラーである赤色こそが似合うと思うの。……緑色はどうやったって彼には似合わない。……だって，見た目がおかしいもの（笑いながら）。何となくだけど。輝く

赤色だったら，彼を見つめながら「あ！　彼がいる！」と言うでしょ。でも，もし彼が緑色だったら，ただそこに座っているだけになっちゃうもの。……だから人々は彼をよく見ることができるわ。緑色だとただそこに座っているだけだけど，赤色だったら，ちょうどこんな風に言うんじゃないかしら。「あぁ，彼がいる！　やあ！」

　サンタクロースの赤い衣装は目を引きますが，他の多くの側面で，サンタクロースは秘密めいて，遠く離れていて，「目に見えず」，「こそこそして」，隠れている存在です。ひとつには，サンタクロースが夜に到来すること（そして「みんなが眠らないと彼は来ない」という定説があること）が，彼の到来に夢のような謎を与えるのに役立っています。スコット（7歳）は次のように話してくれました。

　　（彼が来るのは）みんなが眠っているときだよ。彼は謎のままでいたいんだ。誰にも見られたくないんだよ。彼はクリスマスの日に，みんなが贈り物をもらって，「ああ，サンタクロースが来たんだ」って驚くのを見たいんだと思うよ。もしも彼が昼間に現れたら，誰もが彼が来たことを知ってしまう。……僕は夜の方がいいと思うな。……驚きだってたくさんあるし。……秘密めいたもの（が好き）だし，それを解きたいんだ，自分の頭を使ってさ。

　ステファニー（9歳）は，サンタクロースの到来には目に見えないという要素，さらにはスピリチュアリティが関係しているのだと主張しました（ただし，サンタクロースが入ってくる場所は煙突ではなくドアを通り抜けるのだと考えていました）。

　　彼はどこでも通り抜けることができるのよ。彼は目に見えないし，幽霊みたいにあっちこっち通り抜けることができるの。彼はクリスマスの精霊なのよ。

7歳の女の子はサンタクロースの典型的な肖像画を提供してくれました。年老いた外見（灰色の髪とひげ）と，人々が彼をよく見ることができるように，目立つ赤い服の輪郭を描いています。

母親たちもまた，サンタクロースが夜に到来することは，サンタクロースのとらえどころのない超越性とも一致すると考えていました。

　彼（サンタクロース）は眠っているときにだけ子どもたちのもとにやってくるとされています。おそらく彼は……小さなエルフというか，夢のようなものなのでしょう。私は妖精のようなものではないかと思います。まるで物語から飛び出してきたような。なんだか謎めいた人物です。おそらく

第4章　クリスマスの精神　　67

彼は少し非現実的なもの，そんな風に思います。たぶんそれが，なぜ彼は
夜に訪れるのかに対する答えです。……それから夜は平和だし，静かで，
すべて穏やかであるということも理由かもしれません。確かに訪れるには
いい時間ですよね。

　　誰も彼を見る者がいないからこそ，夜に訪れるのです。もし出会ったら，
彼は消えてしまうでしょう。

サンタクロースの北極の住居は，遠く離れた秘密の場所にあり，荒涼とした，
人里離れた，人の手が届かない，遠い場所にあるという印象を与えるのに役
立っています。極寒の氷と雪の地に住むことで，サンタクロースは潜在的な侵
入者から雪で身を隠すことに成功しています。また，北極は子どもたちから
「話すことができる雪だるま」や「飛ぶことができるトナカイ」など不思議な
ものがたくさんいる，ある種の「冬のワンダーランド」として認識されていま
す。

　　クラーク　私たちは今，飛行機に乗っていると想像してみて。……じゃあ，
　　　　北極に着いたら教えてね。
　　マイク（7歳）　今着いたよ。
　　クラーク　そう。私たち，何が見える？
　　マイク　うーん，僕たちは白いものを見ている。
　　クラーク　白い，なんだろう？　ウェディングドレスか何かかな？　私た
　　　　ちが見ているこの白いものは何なのかしら？
　　マイク　雪だよ。
　　クラーク　雪かぁ。サンタクロースが住むところにはたくさんの雪があ
　　　　るってこと？
　　マイク　うん，そうだよ。
　　クラーク　なぜそうなのかしら？
　　マイク　誰も彼を見つけることができないからだよ。

68

通常の交通手段では北極にたどり着くことなどできません。6歳のライアン
はこう言いました。あそこは「凍っているし，遠く離れているから，ガソリン
がすぐになくなっちゃって，車で行くことはできないよ」。距離と雪はサンタ
クロースに隔離と分離のオーラを与えてくれます。

サンタクロースからの贈り物のラッピングは，すぐに明かされるベールの後
ろに隠された「サプライズ」の印象をさらに強めます。それを引きはがすこと
で刺激的な発見が得られます。目に見える以上のものがあることへの驚きは，
それ自体が喜びです。「贈り物はラッピングされるべきだよ。僕はサプライズ
が好きなんだ」と，ある男の子がその思いを口にしてくれました。モーリーン
（7歳）もその意見に同意しました。

　　ラッピングされている方がいいわ。……その方がもっと驚くもの。びっ
　　くりして「おっ！　おぉ！」（興奮して声のピッチが上がる）って思わせてく
　　れるもの。ただラッピングを引きはがせばいいのよ。「ねぇ，これ見て！
　　わぁ！　わぁ！」って。それで，すごく興奮するの。

民俗学者のロジャー・アブラハムは，装飾的なラッピングを行うという一般
的な決まりごとの中に暗黙的に込められた表象的な観点（少なくとも，その一側
面）について，次のように述べています。

　　祝日や祭りという言葉には，……最も典型的な種類のモノの力がそこに
　　凝縮されている。やがて爆発したり，切り刻まれたり，バラバラにされた
　　り，そうした象徴的なイメージと動きのレパートリーが保持されているの
　　だ。パレードは言うまでもなく，爆竹や風船，ラッピングされた贈り物，
　　宝箱，ピニャータ，七面鳥の詰め物，サンタクロースの詰め物袋など，そ
　　れらが祝日の最も強力で浸透したイメージとしてあるのは，単なる偶然で
　　はない。これらは一方で祝日の全体性の本質を体現しており，やがて訪れ
　　るエネルギーや資源の解放を，誰もがまさにそのときに共有することがで
　　きるように，破壊や切り刻み，爆発などが伴っているのだ [15]。

第4章　クリスマスの精神　69

民俗学者の理論はさておき，贈り物のラッピングは時間のかかるプロセスであるため，親たちの中にはそれを省こうとする者もいます。実際，ラッピングするかどうかは夫婦間の議論の対象となり，家族の儀式プロセスで問題とされる場合もあります。ときに，贈り物にラッピングなんて必要ないという実用的な主張が，「紙を引きちぎる」ことで儀式に意味が加わるのだという表現面での主張を上回ることさえあります。したがって，一方の配偶者の思い（「子どもたちが紙を引きちぎるのを見るのが楽しい」）に対して，もう一方の配偶者の思い（「ただ贈り物を並べるだけでよい」）の方が，ある家族においては優勢となる可能性だってあるのです。

　サンタクロースの遠く離れた住居，目に見えない夜間の到来，そして（ときに）贈り物のラッピングなどは，それらが経験的で目に見える世界からは切り離されていることを象徴しており，サンタクロースは超越的な（おそらく超自然的な）世界に属しているという暗示がそこには含まれています。神への信念と同様に，サンタクロースへの信念は，信じる者の側の不信の棚上げを必要とするような信頼行為です。神とサンタクロースとの間のアナロジーは，ある情報提供者のフィールドノートに記録された，親自身によるわが子の観察にも暗に示されました。

　　　その夜は（息子の）バイオリンレッスンから車で帰宅中でした。外は真っ暗です。（私の娘は）助手席に座っていました。神についてどんな話をしたのかは覚えていませんが，「神は木と大地と太陽をつくった」という話をしていたことは覚えています。「神様はその看板を作ったの？」（と私の娘が尋ねました）「いいえ……彼は花を作ったのよ」。……すると，（娘は）「私は神様やサンタクロースを信じないわ。どうしたら一度も死なずにいられるっていうの？」と言いました。

　幼年期の信じる者たちにとって，サンタクロースは不滅であるだけでなく全知であり，超自然的な行動（「魔法」）が可能であり，道徳的行動の執行者です。フィールドノートで母親が報告したように，全知などの神の特質は，子どもの日常的な行動の文脈でサンタクロースにも帰属させられます。

　6歳の男の子によるこの絵では，サンタクロースが訪れる家の三角形の形がクリスマスツリーの形を反映しています（下にプレゼントがあります）。冬の景色の中，ルドルフが先導するサンタクロースが空を飛んでいます。

　（息子の）祖母（彼女は暖炉の近くにある，リビングのソファベッドでよく眠ってしまいます）が「サンタクロースが来るとき，私は目を閉じて眠っているふりをするよ」と言いました。すると，（息子は）彼女のそうしたふりの行為をはっきりと非難するような口調で，「彼（サンタクロース）は（今の話を）聞くことができるんだよ。知ってるでしょ」と言いました。

　サンタクロース宛ての900番の電話番号があるとテレビでやっていました。お母さん（子どもの祖母）は一緒に（子どもたちと）アニメ映画をみながら「私たちは電話をする必要がないわね。サンタクロースは私たちの欲しいものを知っているんだから」と言いました。

インタビューの中で，別の母親は言いました。

　私たちは教会に行き，彼（息子）は CCD[*17] の授業を受けています。そこ

でカテキズム*18を教わっています。ご存知のように，宗教の授業です。そこで彼らは，神はすべてを見ており，あなたが何をしているか，いつしているかをすべて知っているのだと教えられます。もしも助けを必要としたら，神はそこにいて，あなたを見守ります。そして私は，以前にも彼にサンタクロースのことで話したことがあるのですが，善良であることについて，サンタクロースはもしもあなたがよい行いをしていなかったら，それも知っているのだと言いました。彼は少ししんみりとしていました。「まあ，そうだね，サンタクロースも一年中，僕を見守っているもんね」。それから言いました。「彼（サンタクロース）は神様みたいだね，彼は神様と同じことをするのかな？」。

　誰がインタビューを実施したとしても（7人の異なる調査員がこの一連の調査に参加しました），インタビュアーは子どもたちが神とサンタクロースとを直接結びつけていることに気づきました。他の研究者たちも，子どもたちがサンタクロースと神とを結びつけていることを見出しています。子どもの祈りに関するデビッド・エルキンドの研究では，ある5歳の女の子は，祈りを「神，ウサギ，犬，妖精と鹿，そしてサンタクロースと七面鳥とキジ，それからイエスとマリアとマリアの小さな赤ちゃんについてのもの」と定義しました [16]。ゴードン・オールポートは，彼の古典的な研究『個人と宗教』の中で，子どもたちがしばしばサンタクロースと神とを「同等」に見なしていることを認めています [17]。次の逸話によって示されているように，シンシア・スケイブもまた，サンタクロースと神とを結びつけることは子どもたちに共通であることを発見しました。

　　ある父親は，息子に「お父さんが本当はサンタクロースなの？」と尋ねられたことを語ってくれました。父親が「自分がサンタクロースだ」と認めると，その後しばらく男の子は考えて，「お父さんは歯の妖精でもあるの？」と尋ねてきました。再び父親は「自分が歯の妖精だ」と認めました。次に，息子は「お父さんはイースターバニーでもあるの？」と尋ねてきました。そして，父親が「そうだ」と言うと，息子は「（お父さんは）神様で

もあるの？」と尋ねてきました [18]。

　子どもたちの視点から見ると，サンタクロースの伝説はただの伝説ではありません。サンタクロースは子どもたちの道徳的な発達を奨励し（「彼はあなたが悪人か善人を知っています」），子どもの現世での幸福を気遣ってくれる超越的で高次な存在であり（「彼はそこにいて，いつも私のことを見守っている」），犠牲的な捧げ物を受け取ることができ（暖炉に残されたミルクとクッキー），「祈りをささげる人」が語りかけることもできる（「あなたが彼に欲しいものを伝えれば，彼はあなたの言うことを聞くことができる」），そんなスピリチュアルな現実なのです。子どもたちがサンタクロースを神と直接つなぐのも不思議ではありません。次の例を見てみましょう。

　　男の子（6歳）　神様は（サンタクロースの）魔法を作るんだ。

　　男の子（6歳）　彼（神様）は（サンタクロースの）隣に住んでいるんだよ。……僕は彼らが知り合い同士だと思う。……サンタクロースは空を飛んでいて，神様は何もすることがなくて外で花に水やりをしていた（うれしそうに笑いながら）。そして彼らは話すようになって，友達になった。

　　女の子（6歳）　（サンタクロースは）子どもたちが良いことも悪いこともしてきたことを知っているわ。私は，それは神様がサンタに教えているからだと思う。

　　男の子（7歳）　神様がサンタクロースに贈り物を持っていくようにと言ったんだ。そして，神様はイースターバニーには卵を持っていくようにと言ったんだ。

　サンタクロース，イースターバニー，歯の妖精といった子ども時代の神々は，似ているわけではありませんが，少なくとも神とのつながりは持っています。

第4章　クリスマスの精神　　**73**

しかし，親たち（特に，原理主義のキリスト教会に通う親たち）は自分の子どもが
こうした関係を作っていると知ったとき，そのアナロジーに不快感を示しがち
です。原理主義教会で育ち，今も自分の子どもたちと一緒に原理主義教会に参
加しているグラハム夫人は，サンタクロースと神のアナロジーのために，サン
タクロースの慣習について「複雑な感情」を抱いていました（私の調査では，歯
の妖精やイースターバニーに不快な感情を抱いている原理主義者の親たちにも会いまし
た。彼らの考えではそれらも「偽りの偶像（false idols）」であるという点で共通してい
ました）。

　　　すべての敬虔な資質，サンタクロースが持っているような特質の多くを
　　実際に持っている者と言えば，それは神をおいて他にいません。では，そ
　　の特質はどうやって可能になるのでしょうか。……誰かが自分はすべての
　　特質を持っていると言ったとしましょう。例えば，サンタクロース。そう，
　　彼は一晩でどこへだって行きます。では，どうやってその力を持つことが
　　できたのでしょう？……誰がそれを行う力を持っているのか？　そして，
　　誰がすべてを知る力を持っているのか？　その力を持つ者は神をおいて他
　　にいません。そう，……その力を持っている唯一の人物は神だけです。神
　　からそれを取り上げて，それを誰かに，例えば人間に渡したいとは思いま
　　せん。……サンタクロースはあなたにすべてを与えてくれるでしょう。し
　　かし，神はそうではありません。（サンタクロースは）すべての最高のもの
　　を与えてくれます。でも神は，……彼はたまに意地悪で，悪いこともしま
　　す。……あなたに教訓を教えるためにです。

サンタクロースが神と注目を争うのを避けるための教訓的な試みは，教区の
学校とエホバの証人のような特定の教会グループの組織的方針との両方で見出
すことができました。ジェシー（7歳）はカトリックの学校で，サンタクロー
スは聖ニック（聖ニコラス。11月6日を宗教の祝日としていくつかの家族によって祝
われる）のように神聖ではないと教わったと言いました。

　　　学校では聖ニックとサンタクロースは異なると教わったよ。……サンタ

クロースが生まれた時，「ホーホーホー（ho, ho, ho）」だった。でも，聖ニックが生まれた時は「ホーリー，ホーリー，ホーリー（holy, holy, holy）」だったって。

　しかし，同じインタビューの後半で，この女の子は自分の考えを変え，「サンタクロースは聖ニックと同じように神聖でカトリック教徒なのよ。彼はおもちゃを与えてくれたり，すべての子どもやみんなのためにいっぱい物をつくったりしてくれるんだから」と主張しました。このように，ジェシーにサンタと神聖なる聖ニックとを区別するように教える試みは，部分的にしか成功していませんでした。

　1955年12月22日号での一節が示すように，エホバの証人はサンタクロースの慣習を非難するキャンペーンを『目ざめよ！（Awake!）』という雑誌の中で長い間行ってきました。

　　　1年を通して，親たちは子どもたちが嘘をついたときに叱ります。それなのに，親たちはサンタクロースの嘘をけしかけているのです。そうした子どもたちの多くが成長して真実を学ぶとき，神も神話なんだと信じ始めたとしても不思議なことではないのではないでしょうか？　サンタクロースに幻滅してしまったある可哀そうな小さな同士が，「はい，だから僕はこの『イエス・キリスト』の事業も調査することにします！」と言ったとしても。クリスマスは危険なほど欺瞞的です。それはキリスト教を傷つけ，真の崇拝の原則を覆い隠すのです。

　しかし，幼年期の神話的想像への欲求は非常に強いため，子どもたちの心からサンタクロースを消し去ろうとする教訓的な試みは，必ずしもうまくいったわけではありませんでした。私の調査に参加してくれたキリスト教原理主義者の両親を持つ子どもたちは（ただ1人の例外を除いて），彼らの教会や両親の影響にもかかわらず，サンタクロースは存在すると主張しました。神話の中にある選択された局面が信じるに値するかどうかも，子どもたちは自分で自由に決めていました。ほとんどの子どもたちはサンタクロースのそりを率いた9番目

第4章　クリスマスの精神　　75

の赤い鼻のトナカイを信じており，ルドルフを「作り話」として拒絶する者はほとんどいませんでした。「外部の事実をコピーするのではなく，象徴的な形式を通じて意味を伝えるという機能を持つ宗教的想像力の働き」[19] が，各個人において特異な形式で取り入れられていくのは当然のことかもしれません。他の人（他の子ども，親，または宗教的な教師）のやり方を直接コピーするのではなく，子どもたちは神話を独自の方法で取り入れていくのです。神話が意味を維持するためには，個人は神話を活力として積極的に受け入れなければなりません。サンタクロースが真か偽かという問題は，最終的には，神話学的な現実の固定的で変化のない基礎を含意するため，その表現では不十分です。サンタクロースのリアリティは，信じる主体が受け入れるかどうかに左右されます。そして，受け入れるかどうかはその子ども次第であり，あるいはおそらく信じる大人次第なのです（何人かの大人たちは「スピリチュアル」な意味ではありますが，今でもサンタクロースを信じていると主張しました）。

　神もサンタクロースも厳密に言えば，「答えを出す」ことのできる存在ではありません。子どもたち（そして大人たち）がそれをどのように経験するかを考えると，それらは夢のようなミステリーと膨大な経験の領域に属しています。私たちの人類学的な研究が明らかにしたことは，サンタクロースに対する子どもの信念を現実とつくりごとについての未熟な推論の一例として扱う社会科学者たちや親たちは，何か重要なことを見逃しているのではないかという事実です。信仰は理性的な懐疑論なんかではなく，信仰こそが意味深い精神的な体験なのです。「イエス，バージニア」[*19] の社説を書いた記者から『三十四丁目の奇蹟』[*20] のような影響力のある映画の製作者に至るまで，ほとんどの大人たちが信仰の価値を支持する体験としてサンタクロースを幼い子どもたちに提供しています。現代の西洋世界において，少なくとも年に１度は，少なくとも幼い子どもたちの間では，その信仰は広まっているのです。

　もちろん，子どもたちはサンタクロースへの文字通りの信念を最終的には手放します。しかし，サンタクロースが存在しないことを証明したからといって，子どもたちからより高次の超越的な現実（おそらく文字通りには表現されない現実）を信じる力が失われることはありません。8歳のピーターは次のような考察をしています。

本当はいないって思っている人たちもいるよね。……サンタクロースのことをさ。北極に行った人たちもそこら中を歩き回って，サンタクロースなんてどこにもいないって言った。彼らはいたるところを探した。科学者たちだってそうさ。クリスマスには，贈り物は確かにそこにあるけれども，彼（サンタクロース）はいったいどこにいるのか，見当がつかなかったんだ。……彼らは北極の隅々まで探した。……僕は何冊かの本でそのことを見たよ。……たぶん，神がこうしたことをすべてやっていて，それって本物ってわけじゃないけど，サンタクロースなんだ。

　さらに言えば，サンタクロースのリアリティについての抽象的な理解は，通常，サンタクロースに対する文字通りの信念が失われた後も，子どもたちの中で維持されます。たとえば，ピーターの場合（当時9歳），目に見えない寛容さに外部の情報源が関与していました。

　　（僕が5歳のとき）鈴の音を聞いたことがないし，トナカイの足音も聞いたことがなかった。「ホーホーホー」っていう声も聞いたことがないよ。何も聞いたことがない。……でもサンタクロースは本当にいるんだって思っていた。……大きくなって，だんだんとそうした考えから抜け出し始めて，僕もそのことを忘れるようになった。……でも，（今）僕はまだサンタクロースをちょっとだけ信じてるんだ。……彼はそこにいるような気がするけど，もちろん僕は彼を見ることができない。……でも，彼は僕に何だか特別なものをくれるような気がするんだ。

　レイチェルの場合には，9歳のときに彼女のサンタクロース信念の抽象的な名残はより深く内面化されたようでした。

　　北極で彼を助けてくれる小さなエルフとともに住んでいる人たちというのは存在しないわ。……でも，クリスマスの時期には，なんだか幸せな気持ちになって，すべてが心地よくなるの。

もしもこうした子どもたちの声が心に響くとしたら，サンタクロースは子どもたちの一般的な信仰の力に脅威を与えるものではないことがわかるでしょう。想像的体験は，内向きで排他的ではなく，オープンマインドで有機的なものです。つまり，子どもはサンタクロースに対する文字通りの信念を失う可能性がありますが，神聖さと意味とを提供してくれるすべてのものを信じるといった，夢のような力は依然として維持されていくのです。人間の信仰の力は，シンボルの具体的な意味の喪失を乗り越えることができます。信仰は終わりのない物語であり，それはあまり具体的ではないけれども，文化的に成熟した形で存続することができるのです。

＊1　イギリスの女優，作家。
＊2　アメリカの児童文学作家，イラストレーター。
＊3　クリスマスソングの「フロスティ・ザ・スノーマン（雪だるまのフロスティ）」からきた名前。
＊4　1983年から1993年までアメリカで放送された人気テレビドラマ『素晴らしき日々』のこと。大人になった主人公が少年時代を回想しながら進んでいく物語。
＊5　ピョートル・チャイコフスキーの作曲したバレエ音楽。
＊6　サザンカのこと。ここではクリスマスを象徴的に意味する言葉として用いられている。
＊7　アメリカの文化人類学者。主な著書に『サモアの思春期』など。
＊8　パプアニューギニアのマヌス州にあるアドミラルティ諸島最大の島。
＊9　フランスの文化人類学者，民俗学者。主な著書に『悲しき熱帯』『野生の思考』などがある。
＊10　イギリスにおけるサンタクロースの呼び名。厳密には太陽の復活と春の訪れを祝う喜びを擬人化した妖精であるなどサンタクロースとは由来が異なる。
＊11　ナザニエル・カリアーとジェームズ・マリット・アイヴズによる版画制作会社。
＊12　ルーマニアの宗教学者・宗教史家，民族学者，歴史哲学者，作家。主に幻想文学および自伝小説で有名。
＊13　ある社会集団を支配する倫理的な心的態度や慣習のこと。
＊14　フランスの社会学者，文化人類学者。主な著書に『贈与論』がある。
＊15　アメリカの有名百貨店「シアーズ（Sears, Roebuck & Co.）」が出すクリスマスのカタログ。
＊16　アメリカの有名百貨店「J. C. ペニー（J.C.Penney）」が出すクリスマスのカタログ。
＊17　子ども向けに設計されたローマカトリック教会の宗教教育プログラムのこと。

＊18 キリスト教の教理をわかりやすく説明した要約ないし解説のこと。洗礼志願者に対してキリスト教の教えの初歩を手ほどきする。

＊19 1897年，バージニアという 8 歳の女の子が『ニューヨーク・サン』紙に「サンタクロースはいるのでしょうか？」という投書をした。それに「イエス，バージニア」と答える記事が掲載された。第 1 章冒頭のエピグラフも参照。

＊20 1947年に公開されたアメリカのクリスマス映画。その後も 4 回ほどリメイクされている。

第5章

ウサギの足跡を追う旅路
イースターバニーが飛び跳ねる

Omne vivum ex ovo（すべての生き物は卵から生まれる）
——ラテン語の格言

　サンタクロースからイースターバニーまでのステップは，短く軽快なものに映るかもしれませんが（ホーホーホーからホップホップホップへ），これら2つの空想上の存在を同一視することは誤りです。1つ例を挙げると，クリスマスとイースターは正反対の祝日を表しています。この点は有名なミドルタウン研究を行ったキャプローとその共同研究者たちによる著作の中でも示されています[1]。私たちが行った家族を対象とした調査でも，クリスマスとイースターは互いに根本的に対立していることが示唆されました。クリスマスは1年の中でも，暗くて光のない，沈黙の時期に行われます。祭りの参加者にとって，それは自然の豊かさという楽しみを欠いたものであり，（北極という同じように活気のない地域から）自然的ではなく文化的に作られ，持ち込まれたお祝いなのです。ユレタイドの祝日の文化的な根っこは，サンタクロースのおもちゃ工場に象徴されるように，最高潮ともいえる荒涼とした雰囲気は避けようがないのです。雪とモミの木は別としても（お祝いに携わる人の多くは，いずれにしてもそれを人工の模造品で代用することが多いのですが），その儀式は手つかずの自然を象徴するものではなく，作り物（おもちゃ，煙突，そり）や飼いならされた動物（トナカイ）に大きく依存しています。自然が持つ無秩序さや制御不能性は，クリスマスを特徴づけるテーマではありません。もしもクリスマスの装飾に雪が描かれているとしたら，それは嵐のようなものではなく，絵のように美しく理想化された「ホワイトクリスマス」なのです。明るく朗らかな人物というサンタクロース像は，自然ではなく文化によって決定された像なのです。

　対照的に，イースターは自然の輝きの時期に行われます。そこには明るい光，

色鮮やかな樹木，暖かみ，動物の繁殖などがあります。自然がもたらす，ありとあらゆる美しさや楽しさがあるため，例えばユリをあえて金メッキにする必要などありません。自然そのものが重要なシンボルであり，祭りの素材を提供してくれます。まず，ウサギ，つまりイースターバニーがいます。子どもたちもよく知っているように，イースターバニーは明るい色ではなく白色をしていて（自然そのものが色鮮やかなため，明るさが不必要なのかもしれません），森の中の自然豊かな環境，おそらくですが，洞穴のようなウサギの繁殖地の地下のどこかに住んでいます。次に，バスケットです。それは天然の素材（素朴な材質のもの）で織られ，中身も自然のもので満たされています。その中身には，動物や卵の形をしたお菓子，「草」（どこにでも生えていて，家庭全体にも広がっているするもの），卵などが含まれます。それらは自然に由来するもので，自然のものを壊さないようにするために，色を塗るときには人間の手を使って優しく取り扱われます。おもちゃがバスケットに入れられたとしても，それらは多くの場合，屋外での遊びに使用されるタイプのものです。例えば，凧，縄跳び，ビーチバケツ，おもちゃの芝刈り機，手押し車，歩道用のチョーク，さらに（場合によっては）自転車などがそこに含まれます。

　つまり，自然と文化とが対照的であるように，イースターもまたクリスマスと最も基本的なレベルで対照的なのです。人々は寒々しく暗い，自然の苦難があるにもかかわらず，クリスマスを祝います。実際には，自然の苦難から抜け出して，それを克服し，支配したという主張をするために祝うのです。イースターでは，春分のころの自然の素晴らしさが春という季節の到来の通過儀礼を要求するため，人々は祝うのだといえます。

　シェリー・オートナーが主張したように，自然エネルギーは出産の生理学と（したがって女性と）関連しています。それは，自然と子どもとの関連も含んだ，体系的な関係です。イースターが自然と調和しているように，子どももまた自然と調和しているのです [2]。

　　赤ちゃんや子どもそのものが自然の一部とみなされる理由は，簡単に理解することができる。赤ちゃんはまだ成熟しておらず，まったく社会的な存在ではない。動物と同様，彼らは直立して歩くことができず，何ら制御

することなく排泄し，会話もできない。少し年長の子どもでさえも，まだ完全には文化の統制下にないのだ。彼らはまだ社会的な義務や責任，道徳というものを完全には理解していない。つまり，彼らの語彙力と習得したスキルの範囲はごくわずかなものなのである。……ほとんどの文化では，青年のためのイニシエーション（参入）の儀式がある。……その目的は，完全に人間ではない状態から，社会や文化への完全な参加へと儀式的に子どもを移行させる点にある。……したがって，子どもは自然のものへと分類される可能性が高く，女性と子どもとの密接な関係で言えば，女性そのものもまた自然に近いものとして見なされる可能性がより高いのである。

　クリスマスは主要なアイコンが年配の男性であり，それは文化と調和するものです。したがって，（前章で述べたように）クリスマスは，それに異を唱える人々の意見はあるにせよ，実際には子どものための祝日ではないという主張は驚くべきことではありません。しかし，本章で示すように，イースターは明らかに子ども向けの祭りです。子どもたちはイースターの儀式を維持し，形成していくうえで特に積極的な役割を果たします。祭りの主要なアイコンであるイースターバニーは，原始的かつ前言語的な性質を持ち，抱きしめることのできる穏やかな性質を持っています。その贈り物は，口の中に広がるような満足を与えるものであり，大人よりも子どもにアピールするものです。子ども向けというイースターの伝統は，復活の物語であるイースターの大人の神話学を支持したり，関連付けたりしていません（対照的に，次章で述べるように，子どもたちは幼子であるイエス・キリストについての宗教的な物語とサンタクロースの善行とを意識的に結び付けています）。新たな生命を祝うものとしてのイースターは，その自然的なプロセスのために，ときに制御不能となるかもしれませんが，これから新しく生きていく子どもたちにとっての住まう場所（station）と調和し，幼い子どもたちの経験と調和する祝日でもあるのです。
　6歳のブライアンと8歳のリサの母親であるヨセフ夫人は，子どもたちのイースターの儀式の準備に対する母親たちの飽き飽きした態度を象徴的に示してくれました。彼女の娘はイースターの飾りつけをする時期が来ると，母親にそれを急かしたそうです。

今年はうちの娘が家の飾りつけをしたんですよ。娘は「いつイースターのものを（上から）降ろすの？」と聞いてきたわ。すると，うちの夫が娘のためにそれを降ろしてやったの。そしたら娘は「私が飾ってもいいでしょ？」と聞いてきたので，私は「もちろんよ」と答えてやりましたよ。

ヨセフ夫人はイースターエッグハントの計画[*1]に対しても，同様に無関心を示しました。彼女は子どもたちの祖父がその世話をし，もしも祖父がそれをしなかったら，彼女の妹が世話をしてくれるだろうと思っていたと述べました。しかしヨセフ夫人は，クリスマスに対しては全く異なるアプローチをとりました。彼女は子どもたちと積極的に話し合い，早くも10月になると準備を始めました。「クリスマス」は彼女の心の中で，「常にもっと大きな問題」のようでした。対照的に，彼女は「イースターはもうギブアップだわ。それはいつもと同じ日曜日みたいなものね。まあ，何とかなるんじゃないかしら」と言いました。

ヨセフ夫人の幼い息子ブライアンは，イースターの儀式にそれほど関心がありませんでした。しかし，彼のいとこの家で「小さな木に隠れていた」紫色の卵を見つけたときの「楽しさ」について私に話してくれたとき，彼はとてもうれしそうでした。彼はまた，「子どもたちのもとにお菓子を届けるために世界中を飛び回っているウサギ」を拒絶したりはしませんでした。もちろん，お菓子は子どもたちが単純に関心を示すもので，イースターバニーは僕を放っておかないよと言った時に，彼はそのことを暗に示しました。「大人になったらお菓子を食べなくなるからね」と彼は言いました。私が（贈り物として）受け取りを期待するのは，決してお菓子なんかではなく，「ボンネット（縁なし帽）」だろうと，彼は推測していました。

この典型的な家族に見られるように，イースターは子どもたちが積極的にお祝いの準備をする祝日です。大人は子どもたちに主導権を託しており，彼ら自身はどちらかというと受動的にかかわるのです。

イースターバニーのもとを訪れる

私のフィールドワークでは，クリスマスとイースターとの違いは，イースターバニーとサンタクロースのもとを訪れる子どもたちをショッピングモール

で観察したとき，最も顕著に確認されました。まず，イースターシーズンの明るい自然の光（天窓から発せられる光）は，そこら中をまばゆく照らしてくれます。これに対して，クリスマスシーズンの薄暗い光は，イースターの明るい光よりも青ざめています。自然な輝きのもとで，イースターバニーに扮した人物は，対照的に，それ自体がひとつの展示品であるかのような状態でそこにいました。サンタクロースの場合は，実際よりも巨大なおもちゃたちに囲まれて，玉座のような椅子に座っていましたが，イースターバニーの場合は，大きな木の幹の前に置かれたベンチに座っていました。「イースターバニーが住んでいるのよ」と言う子どもの声も聞こえてきます。その他の装飾も，自然に由来するような動植物で構成されており，濫の中には生きた動物たち（赤ちゃんアヒルと3匹のウサギ）がいて，子どもたちはなでたり抱いたりすることができるようになっていました。

　子どもたちは檻の中にいる生きた動物もイースターバニーに扮した人物も，両方とも避ける様子がありませんでした。親たちはイースターバニーと子どもたちが一緒にいる写真を撮るときも，ほとんど無理強いすることがありませんでした（またその必要もありませんでした）。子どもがためらった場合には，泣き出す前にイースターバニーの膝の上から引き離されました。イースターバニーのもとを訪れているとき，ずっと泣いていたのはたった1人の子ども（3か月の乳児）にすぎませんでした。

　この泣く様子が見られないという事実は，子どもがサンタクロースのもとを訪れ，サンタクロースの膝の上に座らされて涙ぐんでいる子どもたちが，親たちによって繰り返し「そこでじっとしていなさい」となだめられている姿とは，著しく対照的でした。ときおり，子どもたちは激しく泣きながら不快感を露わにしました。にもかかわらず，サンタクロースのもとで写真を撮らされるのです。全体として，サンタクロースのもとへの訪問は大人主導のイベントでしたが，イースターバニーのもとへの訪問は子ども主導のイベントでした。子どもたちはイースターバニーを突き放したりせず，むしろ走り寄って抱きしめる傾向がありました。実際何人かの子どもたちは，親はもう次の場所に向かおうとしているにもかかわらず，イースターバニーと一緒にいたがりました。あるビデオテープでの観察からは，次のような記録が得られています。

第5章　ウサギの足跡を追う旅路　85

2歳の男の子が親の付き添いなしにイースターバニーのもとへと歩いていき，その腕をバニーの方に伸ばしました。バニーは男の子の髪に手をやり，髪をくしゃっとさせました。男の子がバニーに抱きつくと，バニーは男の子を膝の上にのせました。そして，男の子は笑顔になりました。

母親　もういい？　準備はできた？　さあおいで，もう行くわよ。さあ。さあ行きましょう。イースターバニーにさよならして。バニーに「たくさんお菓子を持ってきてね」って言いなさい。

　イースターバニーと一緒にいたいという子どもの熱意と明白な願望は，ある1人のイースターバニーに扮した人物による雑誌記事でも確認されています。3歳から7歳の子どもが「私（バニー）に駆け寄ってきて，抱きしめ，着ぐるみの顔（false face）にキスをしました」とありました [3]。私が観察した子どもたちも，親から奨励されることなく，バニーのもとに走り寄り，抱きしめていました。ある2人のきょうだいは，母親のもとを離れて，少し遠くにいたバニーのところへと走って行きました。この子どもたちの行動に対して，母親はすごく怒っていました。彼女と話してみたところ，彼女がエホバの証人の教徒であることがわかりました。彼女は息子たちが抱きしめられたりする慣習に，文字通り反対しているのです。彼女の息子たちがバニーとかかわっているとわかった瞬間に，彼女はエホバの証人の仲間たちが自分のことをどう思うかを心配していました（彼女は私に対して，バニーについて話すときには「イースター」という言葉を使わないようにと頼んできました）。

　インタビューをしたとき，子どもたちはそのバニーに扮した人物のことを本物のイースターバニーとは思っていないようでした。本物のバニーは，大きさも姿もそんなに人間っぽくないからです。にもかかわらず，ショッピングモールでのバニーとの出会いは，まるで「毛皮の枕」のように心地よさを与えてくれると，子どもたちは言っていました。アンディー（6歳）は次のように言いました。

　　それは毛皮だよ。……その上に手を置いてみて。毛皮みたいに感じるでしょ。本物の毛皮だね。もし枕がなかったら，もし枕をなくしたら，ここ

子どもたちはイースターバニーを擬人化されたものではなく，むしろ動物として想像していました。この（7歳の女の子が描いた）典型的な白いバニーは服を着ておらず，「とても素早く飛び跳ねて」おり，こうした活発な感覚は，多くの大人が描いた商業的な描写とは著しく異なるものでした。

に頭を置くといいんだよ。

　イースターバニーに扮した人物が言葉を発しないという事実は，間違いなく，子どもたちからしてみると言語的発話能力の負荷がかかりません。そのため，イースターバニーはサンタクロースよりも，対話面でより対等な立場を子どもに与えてくれるようです。子どもたちは言葉でやりとりをするよりも，バニーのそばまで歩いて行って，強く引っ張ったり，抱きしめたりする傾向がありました。ビデオカメラで撮影したスタッフの1人は，子どもたちがバニーを軽く

第5章　ウサギの足跡を追う旅路　　87

たたいたり，つついたり，なでたりと自由に嬉しそうに行動していたため，バニーをぬいぐるみだと思っているのだろうかと疑問に思ったそうです。子どもとバニーとの間のやりとりは，一貫して身体的で原始的なものでした。抱きしめる，手遊びをする，たたく，いないいないばあをする，膝の上で跳ねる，手を握る，手を振る，投げキッスをする，体を揺する，くすぐるなどです。バニーに扮した人物は，子どもたちに別の非言語的行為を提供するために，塗り絵を用意していました。ときおり，バニーは塗り絵の入った箱を指さして，子どもにそれを取るようにとジェスチャーで伝えました。別の場合には，同伴するカメラマンが子どもに本を渡しました。しかし，塗り絵はしばしば忘れ去られました。子どもはイースターバニーと身体的に「遊ぶ」こと，あるいは愛情のこもった抱擁やたたき合いをすることに満足していました。ある情報提供者は，イースターバニーが「持ち上げて」抱きしめることのできる「ペット」のようなものだという考えを支持しました。

　着ぐるみのバニーが容易に心地よさや愛情の対象になったという事実は，いくつかの点で，イースターバニーに扮した人物が移行対象として扱われたことを示唆するものです。移行対象とは，子どもの毛布やテディベア，あるいはその他の「私ではない」所持品に相当するものを指します。それは愛情をこめて抱きしめられ，不安に対する防衛として，あるいは睡眠の手助けとして使用され，ストレスを感じるときに頼りにされるものです [4]。イースターバニーに扮した人物は，これらの役割をすべて果たしているわけではありませんが，実際に抱きしめたり，なでたりなど，それらは子どもたちに移行対象のように扱われました。

　興味深いことに，情報提供者の１人であるステュウォール夫人は，彼女の５歳の子どもの移行対象は，他ならぬウサギのぬいぐるみであると報告しました。

　　　私の５歳の子どもは，バニー（ウサギのぬいぐるみ）を持っています。子どものストレスがたまるとき，それは子どものそばにいてくれます。バニーは手術室に病院の服を着て現れました。……子どもは（扁桃腺の手術をするとき）バニーと一緒に病院に行きました。……そして，子どもはヘルニアを手術するときも，バニーと一緒に病院に行きました。幼稚園の初

日もそうです。彼はバニーを連れて行き，一番初めに見せて話をしました。このように，バニーは私の5歳の子どもにとって，彼の生活の中でも本当に一番大切なものなのです。ですから，これまでバニーに対してしてきたように，それ（イースターバニー）に対してもそうすることは本当にたやすいことなのでしょう。それは幼い子どもの想像力という観点で，とても容易に説明できるのです。

　この母親が考えたように，ウサギは移行対象の年頃の子どもたちにとって理想的な種であると言えます。なぜなら，「子どもが音を立てることなく，想像力を使って子どもの望むようにバニーをいさせたり，何かを言わせたり，何かをさせたりすることができる」からです。このことはまさに，私が観察した子どもたち（非常に幼い子どもも含む）がイースターバニーに扮した人物を抱きしめ，優しくなでる姿を見せたことから生じた印象です。

　アメリカの文化は経験志向的であり，想像的思考（imaginal thinking）にはいくつかの制限が与えられています。にもかかわらず，それは分別があって，物質的で，外在化する現実を超えるもの，「主観的に知覚されるものと客観的に知覚されるものとの間の中間領域」を含むものとされています [5]。アメリカの大衆文化の中の物語に目を向けると，想像的活動と結び付くもののひとつに，ウサギに関する物語があります。例えば，広く知られている『ビロードうさぎ[*2]』の物語を考えてみましょう。私たちに情報を提供してくれたある子どもがイースターバスケットの贈り物として受け取ったこの物語は，児童文学の一般的なモチーフともされている，生命を持ったおもちゃのバリエーションのひとつです。ビロードのウサギは幼い飼い主に愛されることで本物となり，森の中で暮らす生命を持ったウサギとなるのです。

　ウサギに関する共有されたファンタジーは，家族の儀式に関する文献でも報告されています。その好例として，ある父親と娘が作った「バニヤンバニー（Bunyan Bunny）」についての伝説があります。それは，水を飲むために飛び跳ねてきたウサギが，足を滑らせてナイアガラの滝の形成を引き起こしたという「スーパーバニー」のお話です。父親と娘は自分たちのパートナーシップを「ウサギクラブ」と呼び，そのサポートの下に「バニヤンバニー」についての

豊かなファンタジーをつくり上げたのです [6]。

　架空のウサギのもうひとつの有名な例は，メアリー・チェイスによる戯曲であり，映画にもなった『ハーヴェイ』です。この映画では，大人の主人公であるエルウッド・ダウドが，信じる者だけが見ることのできる白いウサギに出会います。エルウッドはハーヴェイとの出会いを次のように説明しています。

　　　僕が通りを歩いているとき，「こんばんは，ダウドさん」という声を聞いたんだ。振り向くと，街灯柱に寄りかかった，この大きな白いウサギがいた。いや，そのとき僕はそれについて何も不思議に思わなかった。なぜなら，僕がこの町に住んでいる限り，きみがこの町に住んでいたとしてもそうだろうけど，誰もが「あなたの名前なら知っていますよ」という事実に慣れていたからね。ごく自然に，僕はウサギと話を始めた。僕たちはそこで立ち話をして，最後に僕は「君は僕に対して強みを持っている。君は僕の名前を知っているけど，僕は君の名前を知らない」と言ったんだ。すると，ウサギは戻ってきて，「どんな名前が好きなんだい？」と聞いてきた。僕はちっとも考え込んだりしなかった。なぜって，ハーヴェイという名前が，いつだって僕のお気に入りの名前だったからね。だから僕は「ハーヴェイだ」と言った。すると，これがまったく興味深いことなんだよ。ウサギはこう言ったんだ。「なんて偶然だ！　僕の名前はまさにハーヴェイだよ」って [7]。

　バニヤンバニー，ビロードうさぎ，ハーヴェイは，主体（知覚者）が関与し，対象と接触することで，創造が決定的なものとなるという点で，移行対象の性質ともつながるものです。つまり，ある男の子の愛情がウサギのぬいぐるみに生命を与え，また，ある男の人の理想化された特性（ハーヴェイと名付けられた）が移行対象の中にもたらされたのです。この体験には，象徴的世界とそれと相互作用する個人の創造的な内的生活という２つが含まれています。ただし，ここには幻覚（hallucination）は関与していません。移行対象は個人の外部に在るものでも，個人の内部でつくられたものでもありません。この矛盾は未解決のままで，その対象は移行空間（transitional space）に存在するといわれています。

アメリカの大衆文化は，どうやらこの逆説的な（一部では魔法と言われるかもしれない）方法で，ウサギを移行対象として認識することを許可しているようです。ウサギはマジシャンによって帽子から引っ張り出され，幸運のお守りに変えることのできる足を持つこと，ルイス・キャロルの『不思議の国のアリス』の物語のように魔法のウサギの穴に降りていくと考えられてきたことなどを思い出してみてください [8]。

さらに，ウサギは「かわいい」動物であり，胎児期（妊娠の発覚から出産まで）と，「保育」期間と捉えられている初期の発達段階である乳幼児期と，よく結び付けられる動物です。すでに述べたように，幼児期は想像力や不信の棚上げ能力と関連する時期です。アメリカの赤ちゃん向けの商品や衣類は，ビアトリクス・ポターのピーターラビットのイラストや，ロイヤル・ドルトンの陶器のバニキンズ（Bunnykins）のイラストなど，ウサギの絵柄で飾られていることがよくあります。ウサギは6歳未満の子どもには適したハロウィーンの衣装ですが，もっと年長の子どもにとっては幼すぎると考えられています [9]。

ウサギが幼い子どもと関連付けられ，次に移行対象としての想像上の認識と関連付けられているのだとすれば，イースターバニーに扮した人物のもとを訪れる子どもたちが，この柔らかい毛皮のような生き物をすぐに受け入れたとしても不思議ではありません。イースターバニーに扮した人物は，子どもたちが自分に愛情を表現してくれることを次第に期待するようになり，「自分に向けて手を振ってくれるという行為と抱きしめてくれるという行為の回数を数えるようになった」と報告してくれました [10]。同様に，私が訪れたショッピングモールにいた着ぐるみのイースターバニー（女性。彼女が涼むために衣装を脱いでいる間，私もその「奥の部屋」に行けるほど親しくなった）は，（イースターバニーではなく）「普通の人」へと移行し，慣れ親しんだ抱擁や愛情を失うことに対して深い悲しみを表明していました。すべての証拠が示しているように，イースターバニーは子どもの視点から見ると，サンタクロースよりも親しみやすい人物です。逆に大人の視点から見ると，子どもに対してイースターバニーに近づくよう奨励することはまったく必要でなく，真剣に実行しようとする価値もないことです。自然と結びついており，言葉を話さないイースターバニーのもとを訪ねる慣習を最も積極的に行おうとしているのは，大人ではなく子ど

もの方なのです。この観察結果は，ノーマン・プレンティスらによって間接的に証明されています。彼らは，「親はサンタクロースほどには，イースターバニーの神話に関与していない」と述べています [11]。

イースターバニー──（超）自然的アイコン

アメリカの民間伝承と大衆文化には，バッグス・バニーやブレア・ラビット[*6]，映画キャラクターであるロジャー・ラビット[*8]，ピーターラビット，さらには蝶ネクタイを着用したプレイボーイのトレードマークなど，擬人化されたウサギたちがたくさんあります。しかし，イースターバニーは，子どもたちも述べているように人間のように擬人化されたものではありません（イースターバニーは常にそうとは限りませんが，男性として扱われることが多いため，男性の代名詞はウサギと関連して使われます）。対照的に，イースターバニーはトーテム[*9]的で，動物的なものです。まず，子どもたちの共通した見解によると，ショッピングモールでのイースターバニーに扮した人物がそうであるように，本物のイースターバニーは言葉を発しません。次に，子どもたちはイースターバニーが全般的に人間の服を着ていないことを確認します（服を着たウサギが大人の画家のイラストでよく描かれているにもかかわらずです）。さらに，バニーは直立して歩行するのではなく，ピョンピョンと飛び跳ねます。子どもたちはこのことに確信を持っているため，イースターバニーの役を演じるときには上下に飛び跳ねる傾向がありました。イースターバニーに提供する食べ物として，子どもたちはクッキーのような調理された食べ物ではなく，生のニンジン（「動物が食べるであろう」生の食べ物）を残しました。最後に，イースターバニーには，飼いならされたペットや，ピーターラビットやバッグス・バニーなどの擬人化されたウサギとは異なって，名前がありません。

全体として，イースターバニーと擬人化されたウサギ（人気のメディアのキャラクターであるロジャー・ラビットやバッグス・バニーなど）との対比は際立っていました。6歳のトムは，次のように考えていました。

（ロジャー・ラビットは）イースターバニーみたいには行動しないよ。……イースターバニーは話さないけど，彼は話すからね。それにイース

ターバニーはキスしないけど，それも彼はする。あと，イースターバニーにはリボンがないよ。ネクタイのやつ。イースターバニーはピョンピョンと飛び跳ねるけど，（バッグス・バニーは）歩くし。……バッグス・バニーは手袋をしているけど，イースターバニーはしてないよ。

ピーターラビットもまた，子どもたちによるとイースターバニーとは対照的でした。なぜならピーターラビットは，「他の人の庭から奪う」という人間がするような愚かさを条件としていたからです [12]。対照的に，イースターバニーは道徳的にまっすぐで寛容で，良い子どもたちへのごほうびにイースターバスケットを残したりします。

イースターバニーは，草木が生えているような，そしておそらく野菜も育っているような，素朴で自然な環境（映画『バンビ』の設定で見られるような原生林）に住んでいるとされています。この生い茂った環境の中で，イースターバニーは地下にあるウサギたちの群生地（洞穴や巣穴）に住んでいると繰り返し説明されてきました。ウサギたちの隠れた地下世界の家は，ウサギたちが普通の世界から引き離されていることを証明するものです（誰もウサギたちがそこにいることに気づきません）。イースターバニーとサンタクロースはどちらも，通常の社会的空間とは別の宇宙領域を占めていますが，注目すべきことは，これら2つの祝日の偶像は，正反対の領域に住んでいるとされることです。つまり，サンタクロースは「上」で生活し，イースターバニーは「下」で生活しています。したがって，エリアーデが大人の神話について示唆したように，上の世界と下の世界の両方が，子どもたちにとっての神聖な空間として有効な概念なのです [13]。

イースターバニーそのものが動物のような行動と地上の領域での原始的な性質を表しているのだとすれば，子どもと（ショッピングモールでの着ぐるみの人物に具現化された）イースターバニーとのやりとりも原始的で非言語なもので，その意味では文化的でないということも納得がいくでしょう。私に情報を提供してくれた子どもたちは，イースターバニーについて「かわいらしい」「抱きしめたくなる」「柔らかい」「ぬいぐるみみたい」「白くてふわふわして小さい」などと説明しました。イースターバニーによって呼び起こされる慰めや愛情深

第 5 章　ウサギの足跡を追う旅路　93

さの感覚（人々が俗っぽく言うところの「暖かく毛羽だった（warm fuzzys）」感覚）
は，ある1人の母親によって宗教から得られる慰めと比較されました。

> ウサギはとてもかわいいです。ウサギはとても柔らかくて毛皮でおおわ
> れています。そして大きなだらりとした耳を持っています。抱きしめたく
> なるような小さなものです。そして暖かくもあります。私はそれを教会と
> 関連付けて考えています。なぜなら，それは私たちが得ることのできる暖
> かい内なる感情だからです。それはイースターの日曜日で，復活すること
> で，あらゆる種類の良い要素があるとわかっているからです。ぬいぐるみ
> は暖かくてかわいいです。そして苦しいときや悲しいときを通して，それ
> らはいくつかの心地よさや安心感を提供してくれます。

したがって，イースターバニーの原初的な体験は，移行空間（移行対象が存
在する主観的でも客観的でもない中間空間）が大人の宗教的及び文化的経験を含む
成熟期を展開するというウィニコットの主張を支持するものです [14]。
　イースターバニーには，神話的想像力に必要な認知的側面（不信を棚上げする
能力）と移行現象に共通する感情的側面（慰めの感覚，感情的な聖域）とが含ま
れているということを考えると，イースターバニーは，宗教的体験の要素を最
も原始的なレベルに翻訳したものであるといえます。サンタクロースと同様に，
子どもたちはときおり，イースターバニーを神や聖人と関連付けていました。

> **男の子**（6歳）　彼（イースターバニー）は精霊のような……。なにかこう，
> 　　神様みたいな精霊だよ。
> **女の子**（7歳）　神様と一緒（に住んでいる）。
> **女の子**（7歳）　（彼は）聖ニコラス，聖パトリック，サンタクロースのこ
> 　　とを知っているわ。

イースターバニーはまた，子どもたちによると超自然的な性質を持っている
のだそうです。例えば，全知を含む魔法の力。イースターバニーは年齢的には
若いと認識されていますが，それは死なないからです。そして，特にある意味

94

この7歳の女の子によると，イースターバニーは地下にあるウサギの繁殖地（卵も置かれている）に住んでいます。

で超越的な存在なのだとされています。イースターバニーは静かで恥ずかしがり屋で，ひっそりとしていて，思いのままに姿を消したり，普通の人の目では確認できないくらい素早く跳ぶことができます。そうした性質は，バニーが通常の意味で実体のある，物質的なものではないことを示唆しています。ワタムス夫人も述べたように，イースターバニーは「スピリチュアルな」ものなのです。

　バニーが私たちの家にやってくるとしたら，それはスピリチュアルなものです。なぜって，バニーは目に見えないのですから。そして，あなたがちゃんと眠らなかったら，バニーはやってきません。……子どもたちがバニーをどのように見ているのか，私は知りません。ですが，私はバニーをスピリチュアルなものだと考えています。だって，これらすべてのものをみんなの家に運んでくれる，この大事な本当に小さなウサギ（ジェスチャーで実際のウサギの大きさを表す）を，あなたは他にどのように考えることができるっていうのですか。それは明白にはわかりません。……すべて

第5章　ウサギの足跡を追う旅路　95

のことを見たり触れたりする必要はないのです。神のように，見たり触れたりしないものだってあります。子どもたちはお店に行って，バニーを見て，バニーの膝の上に座ります。きっとそうすることが現実感（realness）をもたらすのでしょう。バニーは子どもたちが眠りについているときに現れますから，彼らはバニーを見ることができません。でも，それでいいのです。それが正しいことなのです。教会には衣装を着た人たちがいて，子どもたちはそれが本当には聖ニコラスでも誰でもないことを知っているでしょうけど，でも，彼らはそれに従うのです。

　また別の子どもの母親であるウェイン夫人は，イースターバニーの具体的なシンボルを，それが表す超越的な意味とは区別することの重要性を強調しました。

　　　　個人的には，サンタクロースやイースターバニーのようなものがファンタジーや物語にすぎないことをたとえ知っていたとしても，そのシンボリズムやそれによって同時に象徴されるものは信じられると思います。……魂，感情，すべてのものの背後にある愛，それらすべてが真実です。そして，子どもたちはそれらを区別することを学ぶ必要があると思うのです。

　子どもたちは文字通り，具体的なシンボルを信じることをやめることができますが，それでも「それによって象徴されると想定されるもの」を信じ続けることはできます。この矛盾は，シンボルの文字通りの現実というものが消え去った後でも，シンボルの超越的な意味は現実のままであり続けることができる，ということを指しています。それは，想像的な祝日の存在（imaginal holiday beings）による発達上の贈り物なのです。
　不思議なことに，実際のイースターバニーとの身体的な接触がないにもかかわらず，子どもたちはときおりバニーの現実の証拠を目撃したと報告しました。その目撃した子どもたちによるいくつかのケースでは，イースターバニーの直接的な幻影が含まれていました。7歳のマイクは，彼自身による幻のような経験を母親に話してくれました。

イースターバニーは，7歳の女の子が描いたこの絵でかろうじて見えるウサギのように，精神的・超越的なものです。

　もしもあなたがうちの息子と話したときに，「イースターバニーは本当はいないのよ」と言ったとしたら，彼は「いいや，それは間違っている。だって僕はバニーを見たんだから」と言うだろうと思います。2年前，私たちは私の（母の）家にいました。そして，彼は「このことを信じないと思うけどさ，僕，イースターバニーを見たんだ」と言いました。そして，その話はだんだん大きくなっていきました。彼はその話をもっと（精巧に）つくり続けています。「それでね，バニーは振り向いて，僕に手を振って，ドアから出て行ったんだ」と彼は言います。そしてあるとき，彼は次のように話しました。「僕がバニーの首の後ろのところにジッパーがあるのを見たって思ったのを，お母さん知っているでしょ」。彼はそれを見たのです。そこにそれがあるのを。あなたが彼とどんな話をするのか，待ちきれませんよ。

第5章　ウサギの足跡を追う旅路

マイクによる語り話は、彼の母親が予想したよりもずいぶん落ち着いたものでした。

　　僕たちはイースターバニーを見ようとした。今年も彼を見ようとしたんだ。僕は去年、彼を見たよ。僕がちょうど起きて階下の方を見たとき、巨大なウサギの姿が見えたんだ。僕はそれを見て「オーマイゴッド！」って。それから僕は振り向いて、ほかの部屋を見て、それからもう1回そっちの方を見た。そしたらもうバニーはいなかった。（クラーク「そのウサギは誰だと思うの？」）イースターバニーだよ。

幼いマイクは、彼の目がイースターバニーを現実に目撃したという一方で、バニーがこんな風なやり方で子どもたちに自分の姿を現すことはめったにないのだということも同時に述べました。他の子どもたちは、足跡がイースターバスケットの上か、あるいは「あちこちに」残っていたと報告しました（個別のインタビューで確認されたように、これらの足跡はどちらも親がしたことではありませんでした）。ある6歳の子どもは、次のように報告してくれました。

　　ぼくたちはいつも（イースターバニーを）探していて、バニーがまだそこにいるかどうかを調べるんだ。（うれしそうな表情で）時々ね、あっちこっちに白い足跡を見つけるんだ。その足跡はドアからそのあたりまでずっとあった。家のまわりも、全部ね。

7歳の女の子もまた、足跡を見たようでした。

　　家にやってきたのは本当にバニーだったと思うわ。だって、いつもイースターの日になったら、午前0時にママとパパが起きているかどうかを確認しているんだもの。なぜって、ママとパパが起きているかもしれないからよ。2人はね、去年私にもうそんなことしないでって言ってたわ。でも、私は毎年確認しているの。2人はいつもベッドで寝てるわ。……去年もイースターバニーがやってきたってわかった。なぜって、目が覚めたとき

にバスケットに足跡があったもの。バスケットが足跡だらけになっていたから，ママはそのバスケットを捨てちゃったの。毎年，足跡があるのよ。

結局のところ，イースターバニーに関して子どもたちが思い描いた想像的性質を尊重することが重要です。マリオン・ミルナーが言うように，移行現象には「対象の客観的現実の発見と主体の客観的現実の発見の両方」という双方向の行程が含まれています[15]。ミルナーは，このように子どもの内側でも外側でもないところから訪れる移行的な実体として理解されるような子どもの特別なおもちゃが，子どもが成長するにしたがって宗教の文化的分野へと入っていくための「架け橋」となる，というウィニコットの主張に同意しています。この架け橋の重要な橋げたがイースターバニーなのです。イースターバニーは，最小限の親の励ましで子どもたちの信仰を活気づけ，それによって子ども自身もまた活気づけられていくのです。

イースターエッグハント
ある1人の母親がフィールドノートを記録している期間中に，その7歳の娘が，学校から俳句を詠む課題を出されました。イースターについて詠んだそうです。

イースター	Easter
緑で，カラフル	Green, colorful
探して，食べて，割って	Hunting, eating, breaking
卵探しの祝日だ	We hunt for eggs holiday.

彼女の詩は，母親がコメントの中で直接証言してくれたことを反映しています。つまり，卵を探すこと（そして卵に色を塗ること）は，子どもにとってイースターの重要な側面であり，多くの場合，それはお気に入りの部分とされています。「あなたの家ではイースターのときに何をしましたか？」と尋ねると，子どもたちは一般的に，「卵を探したよ」と言い，その活動を語ってくれました。ときおり，エッグハントは，イースターバニーが夜の間に隠したとされる

第5章　ウサギの足跡を追う旅路　**99**

固くゆでた卵に，子どもたち自身が色を塗ったものを使って行われます。その他の場合では，プラスチック製の卵の中にお金や小さなおもちゃ，またはお菓子が入ったものが使われもします。いくつかの家庭では，エッグハントは親が仕掛けて行われ，親は卵のありかに関するヒント（「そこは暖かい」，「そこは寒い」など）を与えたりします。多くの場合，卵は子どもの能力に応じて暗示されるようになっており，幼い子どもほど卵は見つけやすい場所に隠されます。それよりもっと幼い子どもの場合には，手助けとしてより多くのヒントが与えられたりもします。ときおり，卵にはそれを見つけてほしいと期待される子どもの名前が貼られたりもします。

　ある子どもは，エッグハントと「宝探し」とを比較しました。しかし，卵を探し出し見つけるというプロセスは，最後のごほうび以上にスリルのあることでした。卵を探し出すことはかくれんぼのように，探索の楽しい期待と発見の楽しい興奮をもたらします。ある母親が言ったように，子どもを「輝かせる」幸せな瞬間なのです。そして，このプロセスは，子どもの能力にうまく見合った挑戦の範囲内で行われており，フラストレーションを感じることなく達成感を得ることができます。要するに，卵を探し出すことには「フロー（flow）」体験の性質が含まれており，子どもを退屈させたり不安にさせたりすることなく，最適な関与状態を与えてくれるのです [16]。（卵が隠されている場所の）でたらめさという要素と個人の努力とが組み合わさることで結果も決まってきます。ブロック夫人が語った幼年期の儀式の記憶は，くじ引きの運と個人の自発性とが組み合わさったときの楽しさを思い起こさせるものでした。

　　　私が成長してからは，祖母はいつも小銭（ペニーやニッケルやダイムや25セント硬貨やドル札）を折りたたんで，……それをホイルに包んでいました。イースターエッグハントに行ったときには，中に何が入っているかはわかりませんでした。祖母は子どもたち全員に，卵1個につき1ドルをくれるとか，そんなことはしなかったのです。それは自分で探し当てなければなりませんでした。中に何が入っているかは運次第です。それが終わると，私たちは自分が手に入れたお金を全部集めて，いくつあるかを数えていました。……それはもう楽しかったです。

家族でのエッグハントはきょうだいの競争のはけ口を提供します。つまりこ
こでは，きょうだい間の競争が特定の制限内で形式化され，認められるのです。
子どもたちは「お兄ちゃんの卵全部見つけた」とか「お姉ちゃんが遅くまで寝
ていたから，ほとんど見つけちゃったよ」などと言って自慢することができる
のです。
　公的機関もまたイースターエッグハントを開催します。地区の公園では，こ
のようなイベントに対してさまざまなアプローチが取られています。ローア夫
人が述べたあるアプローチは，過剰なまでの貪欲さをあからさまに表していた
ため，彼女の目には失敗として映ったようです。

　　地区の公園でイースターエッグハントが行われました。実際そんなふう
　に呼ばれてはいましたけど，やったことと言えば，ただお菓子を投げるだ
　けのことでしたよ。それは過去2年間で2回ほど行われました。私は，そ
　れは本当にばかげたことだと思っているんです。私はこのコミュニティで
　育ちました。親たちは卵を，本物の卵を隠して，本物の卵に色を塗って，
　そしてそれを隠していました。それはとにかく素晴らしいものでした。
　（今では）200人もの子どもたちが参加しています。お菓子を芝生のところ
　に投げ入れて，子どもたちに競わせてるんです。本当にばかげているので，
　今年はそれがあるってことを（子どもたちに）伝えませんでした。

　このエッグハントは，真正性（authenticity）の暗黙のルールを満たしていま
せんでした。それはつまり，本物の卵を探すというだけでなく，卵は隠されて
いて，見つけるのにいくらかの努力が必要になるということです。同様に，ク
レイブン夫人も彼女のきょうだいの住むコミュニティに招待され，地区が主催
するイースターエッグハントに参加しました。そこでのエッグハントも，彼女
が抱く理想的なタイプには達していなかったようです。

　　それは10時に始まって，完全に終わったのは10時10分過ぎでした。彼ら
　はお菓子とプラスチック製の卵をそこの原っぱに投げ入れました。……5
　歳から7歳の子どもたちが原っぱにいて，ほかの子どもたちは何歳だかわ

第5章　ウサギの足跡を追う旅路　**101**

かりませんでした。けれども，大人たちが「はじめ！」と言うと子どもたちは散らばって，プラスチック製の卵を見つけたらイースターバニーのところに持っていって，そして，バスケットからおもちゃを選んでいました。……無駄なことでしたよ。欲張りだし，なんだか無駄なことでした。私の姪は……，お菓子を1つだけ拾って，それで終わりでした。（私の娘は）お菓子を2つ拾って，プラスチック製の卵も見つけて，それで終わり。……ほかの子どもたちは血気盛んでしたよ。……彼らはお菓子でいっぱいになった買い物袋を持っていました。そして，それはちょっと欲張りな感じに見えました。何が言いたいかわかるでしょう。

　コミュニティレベルでのイースターエッグハントには，物質の公平な分配というメタファーがふさわしいのです。公平さを期すためには，結果を手に入れるためには隠された卵を探すという努力が必要で，それは全力で卵を奪い合う競争ではないのです。そのプロセスでは，年齢層ごとに能力が異なることを考慮する必要があります。そして，大切なことは，できるだけ多くの宝物を手に入れることではなく，探すというプロセスそのものを楽しむことにあります。できるだけ多くの物質的利益を得るために環境を荒廃させるというかたちの貪欲さは，望ましくないものとして指摘されます。

　私が観察した，ある食料品店で行われたイースターエッグハントでは，ハントに内在する資源の分配というメタファーがより明確なものでした。この食料品店では，お菓子や商品のクーポンが入ったプラスチック製の卵が通路の商品の間に隠されていました。各通路で探す子どもたちの年齢は，すべて同じになるように編成されていました。ある通路では，列の先頭にいた男の子が通路の入り口の方で卵を取り始めました。彼の後ろにいた子どもたちも同じエリアを捜索して，もうちょっと先にあった卵を手に入れました。しかし，1人の賢い女の子がいて，その子は最初から通路の一番端の，他の子どもたちが卵を探していないところへと向かいました。その女の子は最初の男の子の2倍の数の卵を見つけていました。もう1人の女の子は，卵を手に入れていませんでしたが，店長が，彼女がただ突っ立っているだけで争いに加われていないのを見て，こっそりと卵を1つ渡していました。その大きな社会というアナロジーは，魅

力的なものに映りました。それは人混みのない場所，福祉を必要とする人がいる場所に行くことで，経済的利益が得られるという社会です。

　私が観察した別の公園地区のエッグハントでは，卵を探す子どもたちはみんな同じ年齢でした。最初に発表されたルールは，「押し合いへし合いは禁止。みんなに十分な量がありますから」というものでした。子どもたちは願いを叶える井戸（wishing wells）*12などの障害物の下を探して，プラスチック製の卵や賞品を探さなければなりませんでした。母親たちはこのエッグハントを「少しだけ個性的，探究的」で，「自分の道があって，そこで正しいことを探す」ものだと称賛しました。

　母親たちがイースターエッグハントに，最低限の富の奪い合い以上の意味を持たせたいと望んでいるのだとしたら，つまり，子どもたちが「自分の道」を積極的に探すことを望んでいるのだとしたら，イースターエッグに色を塗る習慣が家族の間で広く行われていることも理にかなっています。子どもたちが卵に色を塗るとき，それを行うのはたいてい子どもたちなので，自己統制や積極的な参加の感覚を得ることができます。カラフルに変化させるという自己表現の感覚が，この楽しさの背景にあります。2人の7歳の女の子は次のように言いました。

　　（イースターバニーは）私たちに自分の卵の色塗りをさせてくれるの。だから自分が望むどんな色でも選ぶことができるのよ。緑とか黄色，赤，ピンク，青で半分ずつ塗ることだってできるし，いろんな種類の色で塗ることもできるわ。

　　（ワクワクした声で）ねえ知ってる？　酢をスプーンで2杯入れてから色を入れないといけないのよ。それで水を入れてかき混ぜて，卵を入れないといけない。それから何するか知ってる？　私はね，いくつかの色を混ぜて茶色にしたの。それから何をするかわかる？　ピンクの卵と青い卵，緑と白の卵を混ぜてつくったの。

子どもたちは卵に色を塗る慣習を自らすすんで行っているということを，母

親たちはくり返し認めました。子どもたちは何度もその儀式を率先し，母親に
それをすることを思い出させていました。さらに，子どもたちはその他のこと
は抜きにして，とにかくその慣習を維持する主要な正当化の役割を果たしてい
ました。卵に色を塗ることを子どもたちがとても楽しみにしているため，母親
は個人的にはどちらかと言うとやる気がないにもかかわらず，この面倒なこと
に我慢して付き合っています。ある女性はインタビューの中で次のように述べ
ました。

　　（卵に色を塗らないってことは）許されませんでした。彼らが許してくれな
　いんですよ。ある年，私は小さなプラスチック製の卵を手に入れて，その
　中にお菓子を入れて隠そうとしたんですけど，彼らは許してくれませんで
　した。本物の卵でなくちゃいけないわけです。それはゆでられて，色を塗
　られている必要があるんです。
　　たぶん子どもたちは，それがイースターへの，祝日への貢献だと感じて
　いるのでしょう。私たち（母親）は，料理や掃除，そのほかのことに没頭
　しがちです。すると，子どもたちは（私たちに思い出させてくれるんです）
　……。（私の息子は）今年，卵に夢中でした。「どうして聖なる金曜日[*13]
　（Good Friday）に卵に色を塗らないの？　僕たちいつも聖なる金曜日にそ
　うしてるよ」って。卵に色を塗ることで，子どもたちは「自分がイース
　ターを引っ張っているんだ」「イースターのために何かをしているんだ」
　という感じになるのだと思います。これはいいことだと思っています。子
　どもたちが興味をなくす年頃になったら，私はそれをするのをやめるで
　しょう。自分からはそれをしません。……子どもの頃はやっていましたけ
　どね。……子どもたちのために，やっているだけです。実際，（息子が）ま
　だ小さかったころ，何が起こっているかに気づく前の最初の数年間は，卵
　の色塗りは行っていませんでした。息子が年齢を重ねて幼稚園に通うよう
　になるまで，それは行っていなかったのです。幼稚園に通うようになると，
　他の子どもたちが卵に色を塗っているのを知りました。それが，私たちが
　卵の色塗りをするようになったきっかけです。

卵に色を塗る慣習を維持する原動力は子どもたちです。彼らは食べるのが楽しいからそれをするのではありません。実際，卵は最後には食べられたりもせず，捨てられてしまうこともあるようです。子どもたちはその卵が，2つの家族の民族的慣習に従って，焼かれてパンにはさまれたのか，それとも一部のカトリック教徒の慣習に従って，教会で祝福されたのか，それがどちらであろうが気にしていません。むしろ，卵に色を塗ること自体を楽しんでいるのです。大人たちが認識しているような，卵を新しい生命や新しい始まりになぞらえることは，新しくて鮮やかなものを作ることが好きな子どもたちの興味ともぴったりと合っているのかもしれません。子どもたちは，生命を肯定するイースターの価値観を，彼らの本質の中で体現しています。彼らは成長して，（どんなにいい加減なものであっても）カラフルに自分自身を表現したいと願う存在ですし，まだ見ぬ宝物を探すことに興奮してワクワクする存在です。子どもたちにとって卵とは，皮をむいて何か面白いものを見つけたり，孵化させて中にひよこを見つけたりする対象のようです。子どもたちは次のように話してくれました。

　　男の子（6歳，イースターバニーの役になりきって話す）　僕が持っていた卵からひよこが生まれたよ。
　　女の子（7歳）　（卵は）鳥から出てくるものよ。ひよことか，動物から出てくるの。
　　女の子（7歳）　卵はそのままにしておくんじゃなくて，ゆでる必要があるわ。だって，ひよこが孵るかもしれないもの。

　卵は（イースターエッグハントのように）ベールに包まれた謎を明らかにし，新しい生命を宿したりします。実際，卵はとても特別なので，幼い情報提供者たちはときおり，イースターバニーが魔法のやり方（魔法のニワトリか，あるいはバニー自身が魔法で作ったのか）で卵を手に入れたと感じていました。
　いくつかのケースでは，子どもたちはイースターバニーに自分が色を塗った卵を贈り物として残していました。ある母親によるフィールドノートでは，娘（8歳）にとってそれはとても重要な行動であったため，バニーのために残し

ておいた卵がなくなったときには，ひどく取り乱したと報告してくれました。

　（私の娘は）イースターバニーに残しておくための卵を作りました。そし
　て，1990年4月14日（聖なる土曜日[*14]（Holy Saturday）），私たちはイースター
　バスケットを持って（祖母が通う近所の古い教会で）祝福をしました。私の
　弟の家の地下室には冷蔵庫がありますので，彼の家に私たちの家族のバス
　ケットを持って行き，それを予備の冷蔵庫に入れることにしました。さて，
　その夜，娘がイースターバニーのために作っておいた特別な卵が，なく
　なったことに気付いたんです。娘はかなり動揺しました。娘の気持ちを静
　めるために，私は（娘のいとこに）電話をして，イースターバニーへの
　メッセージとして，この卵は私の娘からのものであること，そのことを
　イースターバニーに伝えるように書いておいてって，彼女にお願いしまし
　た。

　いとこはイースターバニーに，卵が誰からのものであるかを知らせるための
メモを書いただけでなく，卵をなくした娘も，イースターバニーにその顚末を
説明するメモ（叔母の住所まで書いた完璧なメモ）を書きました。そこには，「あ
なたがもし先にこっちに来たとしたら，卵は私のおばさんの家のダイニング
ルームのテーブルの上のバスケットにありますので」とありました。母と娘の
両方が私に（保存してあった）メモを見せてくれ，捧げ物には物語を何度も熱心
に語らせるという意味があるのだと気づかされました。
　もしも生命が本当に卵にまでさかのぼるのだとしたら，子どもの活力は装飾
的な色塗りの行為を通して卵と結びくようになるわけで，それは確かなことだ
と言えるでしょう。ハート夫人（母親であり，勤務先のデイケア施設で卵の色塗り
を行っている）は次のように話してくれました。

　彼らの色の塗り方には……，そこには，たくさんの誇りがあります。
　……それは自分のものなのです。他ならぬ自分がつくったものなのです。
　ですから，その他愛のない，小さなものには，その子のアイデンティティ
　が詰まっているのです。

イースターバニーに卵をあげるとき，子どもは自分自身の活力とアイデン
ティティとを積極的に費やした個人的な捧げ物をすることになります。イース
ターバニーも特別な活力の象徴（自然や幼年期，超自然的な力の象徴）であり，子
どもからの贈り物を受け取ることで，それを承認するのです。言い換えれば，
儀式に参加する幼い子どもたちは，儀式に積極的に参加し，そうすることでそ
の見返りとしてその行為を肯定されるのです。

子どもが奨励する祭り

　子どもの積極的な関与は，卵を探すことであれ，色を塗ることであれ，イー
スターの文化的活動の際立った特徴です。親がそうするように勧めるから，子
どもも積極的に関与するというわけではありません（キャプローとウィリアムソ
ンも，イースターは子どもたちによる独立した祭りであると説明し，主張しています）
[17]。特定の文化的慣習を実行するように促すのは，親ではなくむしろ子ども
の方です。確かに，伝統はいくつかの家族の慣習に一役買っています。しかし，
卵に色を塗ったり装飾したり，イースターバニーに捧げ物を置いたり，教会に
また通い始めることを親たちに思い出させるのは，多くの場合，子どもたちの
方なのです。祭りの観察で見られた子どもたちのこうした積極的な影響力は，
より受動的な「社会化」の立場をとる多くの社会科学者たちの見解を直接的に
否定するものです。たとえば，子どもたちの民間伝承と仲間文化の専門家であ
るメアリー・ナップとハーバート・ナップの見解を見てみましょう。

　　　よく知られている祝日の多くがどのように祝われているのかについて，
　　子どもたちが語ることはほとんど，あるいはまったくないと言ってよい。
　　……クリスマスとイースターは，靴下をぶら下げる，ツリーの飾りつけを
　　する，新しい服を買う，卵を探すなど，民俗学的な慣習であふれているが，
　　大人たちはこれらの慣習がどのように守られているかを定義づけるだけな
　　のである［18］。

　私のインタビューの結果は，これとは逆に，イースターの慣習をどのように
実施するかについての決定的な影響力を，母親自身が子どもたちに委ねている

ことを示すものでした。次の2つの家族では，最年少の家族のメンバーの影響力がなければ，イースターの慣習はまったく守られなかったかもしれません。ひとつめの家族では，母親も父親もキリスト教徒ではありませんでした（父親はイスラム教徒，母親はバハーイ教徒）。しかし，6歳の娘からのプレッシャーによって，トップ夫人は世俗的なイースターの飾りつけに取り組むこととなりました。

　　窓にある切り抜き写真は，あなたも知っての通り，ウサギとかその類のものです。これは私がやらなくちゃならないことのひとつでした。なぜって，うちの娘がそれをとても信奉していたからです。彼女は，「ああ，これで全部のイースターの飾りがそろったわ。これでイースターの準備ができた。すごくいいイースターの準備にしなくっちゃ」と言って走り回っていました。

　夫のトップ氏が躊躇したにもかかわらず（彼にとってイースターは宗教的な祝日ではないため），トップ夫人は娘と息子が卵に色を塗り，イースターバニーからバスケットを届けてもらうことを許可しました。娘はバプテスト教会に併設されたデイケアセンターで，イースターについて学びました（そして，彼女の母親によれば，「イエスが死からよみがえった日として，その日を認識しました」）。母親は，「これらの小さな他愛のないこと」は娘が仲間たちの経験の輪から「除外」されないように，バランスを取りつつ観察していく価値のあることだと感じていました。

　別の家族では，母親のサーク夫人は自称，新生クリスチャン（born-again Christian）であり，その志を同じくするきょうだいや友達は，イースターバニーの慣習を「異教にルーツがあるから」と反対していました。しかし，サーク夫人も子どもたちの影響を受けて，バスケットを準備し，子どもたちに卵の色塗りをさせ，イースターバニーに扮した人物のもとを一緒に訪問しました。彼女は「イースターバニーが私の家にやってくる……このことを知って，少しがっかりする人もいるかもしれない」と気付いていました。それでも，「子どもたちのために」公立学校に通い，そこでウサギとバスケットを描いた飾りを

作り，これらの祭りを始めることを許可しました。サーク夫人は，子どもが大きくなってまで慣習を続けようとは思っていませんでしたが，彼女自身もこれらの慣習を楽しんでいるようでした。

　親が自発的にイースターバニーを遠ざけようとしていた家庭においてさえ，子どもたちは祭りの祝い方に影響を与えていました。たとえば，「イースターバニーに関しては，私たちは本当に大したことをしていません」との母親の語りもあるように，親はイースターバニーの重要性を軽視する傾向がありました。しかし，子どもたちは卵の色塗りをして，バニーが来るための準備をするよう母親たちに訴えました。子どもたちが学校で文化的な実践を経験した場合（例えば，イースターバニーが学校にやってきて，机をめちゃくちゃにして一面に草を残していった），こうした経験は家庭での実践に影響を与える可能性があります。ある母親は「素敵なアイデアだと思ったので，居間にいくらかの草を置いてみました」と話してくれました。こうしたパターンは，教会への出席にも広がりを見せました。たとえば，教区学校に在籍していたある家庭の娘は，教会に出席するように母親を説得したそうです（「ねえ，お母さん。今日は私を教会に連れていくべきよ。わかるでしょ」）。

　全体として，親はサンタクロースと比べると，イースターバニーに関しては，その神話的な構造に対してかかわりが少ないようです。イースターでは，ほとんどの家庭で，大人の宗教的な語りが子どもの神話の構造を覆い隠す傾向があります。イースターバニーは，復活という考えに関連していると，大人たちは感じていないのです。逆に，子どもたちはクリスマスの宗教的なお話と比べて，イースターに関連する宗教的な語りについてはさほど知識がありません。子どもと大人は，彼ら自身の異なる神話的慣習に従いながら，イースターのことを見ているようです。しかし，子どもたちは積極的な影響力を発揮して，自分たちの儀式（イースターエッグ，イースターバニー，バスケットなど）が見過ごされないようにしています。イースターの祭りを子どもらしいユニークな方法で祝おうとする子どもたちの意欲は，家族の儀式に無視できないほどの影響を与えているのです。

第 5 章　ウサギの足跡を追う旅路　　109

＊1　色とりどりのイースターエッグがちりばめられたり隠されたりし，それを子どもが拾い集める遊び。

＊2　イギリスの児童書。物語の主人公であるぬいぐるみのウサギが，所有者の愛を通じて本物（生きているウサギ）になることを願うという物語。

＊3　イギリスの絵本作家。ピーターラビットの生みの親として知られる。

＊4　イギリスの陶磁器メーカー。

＊5　保育園の食器や収集品の置物として製造された人気のセラミックデザイン。

＊6　ワーナー・ブラザースのアニメーション作品。ルーニー・テューンズに登場する架空のウサギ。

＊7　ジョーエル・チャンドラー・ハリスの作品「リーマスおじさん（Uncle Remus）」シリーズに登場する架空のウサギ。

＊8　1988年に公開されたアメリカのコメディ映画。本作に登場するウサギのキャラクターの名称。

＊9　特定の集団や人物，部族や血縁などと宗教的に結び付けられた野性の動物や植物などの象徴のこと。

＊10　イギリスの小児科医，精神科医，精神分析家。対象関係論で広く知られる。主な著書に『遊ぶことと現実』など。

＊11　アメリカの心理学者ミハイ・チクセントミハイによって提唱された概念。ものごとに完全に浸り切り，精神的に集中している状態を指す。

＊12　コインを投げ込むと願いごとをかなえてくれる井戸。

＊13　キリスト教用語で，復活祭前の金曜日のこと。イエス・キリストの受難と死を記念する日。

＊14　復活祭前の土曜日のこと。

第 6 章

商業，家族，人生との関連性
制度化される子どもの儀式

聖ニコラス・ミュージックは「赤い鼻のトナカイ」がレコーディング
され，販売されるたびに，4.5セントを得ています。ラジオはさらにいい
値段で，すべての放送局から曲が再生されるたびに18セントを得ていま
す。そして，20シーズンにわたって放送されたテレビ番組の収入も，ま
だ続いています。
　　　　　　　　　　——イレーナ・チャルマース，『グレートクリスマス年鑑』より

モールをかざろう，プラスチックのひいらぎで
　　　　　　　　　　　　　　　　——あるクリスマスカードの言葉

　これまで見てきたように，現代のアメリカにおいて幼年期は物質主義以外の
ものと結びついています。それどころか，幼い子どもたちはサンタクロース，
イースターバニー，歯の妖精などに象徴される，空想的な思考や神秘的で超越
的な信念の能力の持ち主とみなされています。さらに，幼年期は，家庭の外に
ある商業（およびお金）の領域ではなく，家庭や保育園の領域と密接に結びつ
けられる傾向にあります（歯の妖精が残したお金は，幼年期のしるしではなく，成熟
のしるしであることを思い出してください）。家族の制度では，子どもの社会的適
応や福祉のための儀式を非常に大切にしていますが，それは理性，大人，お金
と結びつくような商業の領域とは対極にあるものとされています。けれども，
本当にそうでしょうか？
　家族による儀式は家族の価値を反映し，維持させるものですが（家族の絆の
確認，子孫の育成など），家族のみで行えるわけではありません。皮肉なことに，
家族による儀式は，伝統的なやり方では危機に瀕している制度である家族を支
援する役割を果たしています。しかし，現代の家族は，儀式を実行するために
家族以外の商業的機関による支援に頼ることが多くなりました [1]。商業的機
関へのこうした依存の例は，情報提供者へのインタビューやフィールドノート

において数多く確認できました。もちろん，ショッピングモールにいるサンタクロースやイースターバニーに扮した人物もその証拠のひとつであることは言うまでもありません。食料品店の通路で行われるイースターエッグハントから，ショッピングモールで開催される慈善団体主催のおもちゃのコレクションに至るまで，商業領域は子どもの儀式において準神聖（quasi-sacred）な目的で利用されているのです。

（ファミリー）クリスマスツリー

　家族がクリスマスツリーやクリスマスツリー用のオーナメント[*1]を手に入れるとき，通常は商業施設を通して購入されます。歴史的に，クリスマスツリーは屋内に持ち込まれた自然を表しており，その常緑樹は荒涼とした冬の環境の中では例外的なものと言えます。現代では，利用客がツリーを自然の森林から伐採することはめったになく，都市部の植木屋から購入することがほとんどのようです。温暖な気候では，木は自然の寒い環境から遠く離れた場所へとトラックで運ばれ，コンクリートの駐車場にまぶしい太陽から保護するためのテントを張って置かれたりします。屋外からではなく，屋根裏から（または地下から）運び込まれ，人の手によって組み立てられる人工のツリーが使用されることもあります。

　消費者行動を研究している学者たちは，こうした市販品の中にも購入者にとって神聖な意味を持ちうるものがあることを指摘しています [2]。そして，クリスマスツリーはそのよい例として真っ先に思い浮かぶものです。商業的な根源を持つにもかかわらず，所有する人たちにとってそれは決して俗悪な製品ではないからです。

　ビクター・ターナーも指摘するように，装飾されたクリスマスツリーは，大人と子どもの両方にとって支配的なシンボルとして機能しています。支配的なシンボルには，儀式のプロセスの主要な特性を要約した，複数の意味が凝縮されています。儀式の特性には，「義務を望ましいものに変換する」，つまり，社会的に認められた活動に肯定的な光を当てるという役割があります [3]。したがって，クリスマスツリーは，家族の絆や家族による子どもの養育という，クリスマスに望ましいとされる社会的規範を象徴し，強化するものなのです。

クリスマスツリーの意味のひとつの側面として，「贈り物を積み上げる」場所として事前に定められた役割というものが挙げられます。家族で交換した贈り物やサンタクロースからの贈り物は，ツリーの下に置かれます。実際，クリスマスツリーは贈り物を置くための一種の目印あるいはガイドとして機能します（もちろん，クリスマスの贈り物は，それ自体が家族の絆，特に親から子どもへの愛情のこもった養育を肯定するものです [4]）。こうした観点のもとに，子どもたちはクリスマスツリーがいかに重要なものであるかを話してくれました。

女の子（6歳）　家にツリーを置くと，サンタはその下に贈り物を置くことができるのよ。

男の子（6歳）　サンタは煙突から滑り降りて，家の中のどこかへと導かれていくんだ。……それで，クリスマスツリーを見つけると，その下にたくさんの贈り物を置くのさ。

女の子（7歳）　（もし誰かがツリーを準備し忘れても）どこにクリスマスツリーが置かれてあったとしても，サンタはたぶんそこ（ツリーの下）に贈り物を置くと思うわ。

ショッピングモールにいるサンタクロースに扮した人物は，彼のもとを訪れた子どもたちの半数に対して，クリスマスツリーが「もう立てられているかどうか」を尋ねていたことが観察されました。クリスマスツリーが立てられて装飾されていなかったら，儀式を適切に行うことができません。先ほどのサンタクロースによる質問は，その家族が「クリスマスの準備をきちんと行っているかどうか」を確認するためのものなわけです。サンタクロースは，彼のもとを訪ねてきた子どもたちに対して，厚紙でできたクリスマスツリーとそれを飾るオーナメントをプレゼントしました。これは，サンタクロースがクリスマスツリーを重要視していることのさらなる象徴的な証拠と言えるでしょう。サンタクロースと子ども（この場合は3歳の男の子）との典型的なやりとりの中で，しばしばサンタクロースは飾りのついたツリーのことを褒め称えていました。

サンタ　クリスマスの準備はできているかい？　もうクリスマスツリーを

立てたかな？
子ども　うん。
サンタ　立てた！　そうかね！
子ども　飾りも付いているよ。
サンタ　ああ，それはよかった。

　クリスマスツリーは，まさにファミリーツリー（家系図）です。ツリーに飾られるオーナメントには，家族にかかわる深い意味が込められており，家族の形成と成長の歳月を経て，少しずつ収集されてきたものです。多くの場合，オーナメントは家族の中でも子どもたちによって手作りされ，誇らしく注意深く展示されていました。その他の例では，子どもたちには毎年オーナメントの贈り物がされ，彼らが成長し，独立して自分の家族を持つようになると，自分たちのオーナメントを持って家を出るという計画もありました。オーナメントには子どもの名前のイニシャルが入れられることもしばしばあります。ときおり，子どもの写真そのものがオーナメントの一部となることもありました。幼年期と関連する図像がオーナメントの一般的な主題となります。例えば，ミッキーマウスやその他のディズニーキャラクター，テディベア，ピエロ，木馬，おもちゃの兵隊，セサミストリートのキャラクターなどです（クリスマスツリーの周囲を走るために床に設置されるおもちゃの機関車は，同様に子ども向けのテーマとしてふさわしいものです）。いずれにしても，子どもたちはオーナメントという表現方法を通して，クリスマスツリーを飾り，それをファミリーツリーへと仕立て上げていくのです。

　ツリーを飾るオーナメントは，一度にまとめて手に入れるのではなく，積み重なった歴史を反映しています。ツリーは家族の継続性と時間的なつながりについての明確な認識を伝達してくれるのです。ある情報提供者による言葉は，母親たちの間で見られるこうした継続性と意味の感覚をうまく捉えたものでした。

　　私たちが持っているオーナメントには，そのすべてにある種の個人的な意味が込められています。家族の誰かが「これはここで買った，それはそ

114

こで買った」と言うことができる代物なのです。時々，私たちは休暇を
とって，オーナメントを買いに出かけました。……そこには家族の経験が
詰まっています。飾った分だけ，家族の思い出がたくさんよみがえってき
ます。……あの小さな青いブーツなんて，私が（うちの娘に）欲しいなぁ
と思っていたときに，ちょうど誰かが私にくれたのを今でも覚えています。
……そして，ほら，その向こうの「6」，黄色の「6」の数字があるでしょ。
あれは娘が6歳の誕生日のときに手に入れたものです。……ここには家族
のいろんな経験が詰まっています。だからこそ，よりいっそう特別なもの
なのです。

　私たちが持っているオーナメントはみんな，結婚したときに，外に出か
けてまとめて購入したものです。ツリーにただ貼り付けるようなものでは
ありません。私たちが持っているオーナメントはすべて，結婚した最初の
年に手に入れたものなのです。

　……私たちは毎年のように，日付が書かれたホールマーク[*2]のオーナメン
トや，娘が学校で作ってきたありとあらゆるオーナメントを飾ってきまし
た。……それらのオーナメントはすべて，誰かが，たぶん何か特別な理由
で，何らかの目的で私たちにくれたものです。それは私たちが買ってきて，
ツリーに貼り付けた，そうしたただのオーナメントの箱ではないんです。
特別なオーナメントなのです。……私たちが結婚してから，そして私たち
が（私の娘と）男の子を授かってからの何年にもわたって，私たちの人生
の一部を表していると思います。あなたにもわかるでしょう。ほら，そこ
にあるのは子どもたちにとって「赤ちゃんの最初のクリスマス」のオーナ
メントです。

　私たちはそれら（オーナメント）をまるで「最初の赤ちゃん」のように
受け取ります。私が小さい頃にもそうしたものをいくつか持っていて，私
の母がそれを少しずつ増やしてくれました。そしてその後，私たちは自分
の分を譲り受けました。……飼っていた小鳥のものもありますね。それは，

第6章　商業，家族，人生との関連性　115

私たちがその小鳥を購入した1979年のものです。小鳥はしばらくしていなくなりましたが，そこ（ツリー）にはまだそれが残っています。なぜって，それは他ならぬ私たちの小鳥のオーナメントですからね。それから，子どもたちが学校で作ってきたものだけでも，たぶん30個はありますよ。私たちはそれを大切に取っておいて，ツリーに飾ります。……それは一緒に過ごしてきたすべての年月を表しています。小さい頃の思い出や，子どもたちが学校でしてきたこと，そのすべてがその中に詰まっているのです。

　（ツリーが表すのは）思い出です。思い出なのです。夫と私が結婚した最初の年に作ったオーナメントがあります。……子どもたちも去年いくつか作りました。……また，人からもらったものもいくつかあります。外に出かけて行って，箱に入ったボールや飾りを買うことはありません。……彼ら（子どもたち）が生まれた時のものもあります。ご推察の通り，（それが）子どもたちの最初のクリスマスのオーナメントです。……私の夫は釣りが大好きなので，釣りに関係するオーナメントもあります。子どもたちが赤ちゃんだったときのオーナメントもあります。……子どもたちのいろんな時期の写真やオーナメントもあります。……（それについての私の感情は）ただのクリスマスです。……一種の感情的なものね。（目は涙でいっぱいになる）家庭。家族。愛。

　亡くなったペットを偲ぶことから，子どもの誕生や最初のクリスマスを思い出すことに至るまで，クリスマスツリーのオーナメントは，結局のところ装飾というよりも表現と言えるものです。まとめると，それらは家族の歴史とその団結の進展を全体的なシンボル（クリスマスツリー）に統合するのに役立つのです。

　ミハイ・チクセントミハイとユージン・ロックバーグ＝ハルトンは，クリスマスツリーのオーナメントを宝物と呼んでいた家族のことを紹介しています。今回の調査結果と一致するように，その家族の妻はオーナメントを「私の結婚生活のレビュー」と呼んでいました [5]。まるで家族の交わりと継続性が持つ暗黙的な意味を強調するかのように，父親は親族の記録（別の意味で「ファミ

リーツリー」と呼べるもの）を書き残していました。それはオーナメントで飾られた物理的なツリーと意識的に関連付けられたりしませんでしたが，書き残していたのです。

　家族の儀式を研究している学者たちは，この種の象徴的な活動は，初期の家族形成において家族に生じる変化など，家族の人生周期におけるさまざまな移行を手助けするものであると指摘しています [6]。象徴的な儀式は，ぬくもり，心地よさ，つながり，家族の支えなどの簡略化されたメタファーでもあります [7]。また，それは新しいメンバーを歓迎すること（「赤ちゃんの最初のクリスマス」のオーナメント）や，巣立つ人に別れを告げること（オーナメントのシェアを提示する），喪失を露わにすること（亡くなったメンバーを象徴する），その他無数の意味を伝達することで，変化に対応するのに役立ちます。

　2人が結婚すると，元いた家族とは異なる儀式システムをそれぞれが持ち込み，過去から現在にかけてその一部を放棄しながら，新しい家族の儀式をつくり上げていくこととなります。事実上，夫と妻が持つ異なる儀式システムはフィルターにかけられ，家族全体にとって重要と感じられたものを最大化していき，そして共通の儀式が選択的に練り上げられていきます。したがって，家族の形成は家族の儀式を通じて象徴的に展開されていくものであり，そのプロセスは以下に示す情報提供者たちによっても確認できます。

　たとえば，ある家族では，夫側の家族の慣習と同じように「本物の」クリスマスツリーを使った新しい儀式が発展していきましたが，妻の幼年期の人工的なツリーの記憶もまた，ある意味で儀式化されたジョークによって保持されていきました。つまり，夫と妻の両方の幼年期の家族の儀式の継続が維持されたわけです。

　　私が小さい頃，私の家にはアルミニウム製のツリーがありました。だから，どうしてアルミニウム製のツリーなのかについては，少なくとも私にとっては，さほど驚くべきことではありませんでした。その後，夫に出会ってから，彼に言われたんです。「おや，君の家はアルミニウム製のツリーなんだね」。結婚してからというもの，私たちの家ではずっと本物のツリーを使ってきました。今では私もそれに慣れました。それでも，彼は

第6章　商業，家族，人生との関連性　**117**

今でも私をからかって，「そうだ，僕らは偽物のツリーも手に入れた方が
いいかもしれないな」なんて言うのです。だから，私は「いえいえ，そん
なことないわ」って。「本物のツリーの方がいいわ」って言うの。「本物の
ツリーの方が絶対にいいんじゃないかしら」って。

クリスマスツリーに家族の団結というメタファーを見出せるのと同じように，
ツリーも家族の緊張や感情のメタファーを提供してくれます。ツリーそのもの
に，苛立ち，悲しみ，興奮，喜びなどの気持ちが込められているのです。たと
えば，どの種類の常緑樹を購入するかで争ったり，誰が特定のオーナメントを
ツリーに飾るかで争ったりすることを想像してみてください。あるいは，クリ
スマスの直前に父方の祖母の死を経験し，クリスマスツリーを立てること自体
をためらっている家族のことを想像してみてください。

　　　私はクリスマスツリーを立てるつもりさえもありませんでした。私の義
　　　母は亡くなったばかりで，私たちはあまり祝う気分ではなかったのです。
　　　だから私たちは（ツリーを）早くしまい込みました。

夫の母親が亡くなったときに人工的なクリスマスツリーを相続したという別
の情報提供者は，ツリーのそばに立っている親戚たちをビデオに記録していま
した（「ツリーの下」で家族を撮影する慣習は一般的なことです。それはツリーと家族
とのもうひとつのつながりなのです）。彼女がビデオで記録してからというもの，
そこにいた親戚のうち何人かが亡くなりました。クリスマスツリーは，彼女の
喪失感を和らげるのに役立ちました。

　　　夫の母は私たちが結婚する前に亡くなりました。……その時以来，私の
　　　父，彼のきょうだい，私の名付け親，そして私の祖母，彼の祖母など，た
　　　くさんの人たちが亡くなりました。毎年，私たちのビデオテープには，ツ
　　　リーとそのそばに誰かしらが記録されています。いいことよね。それはツ
　　　リーが私に思い出させるもののひとつなのです。ある年なんて，ツリーが
　　　父の上に倒れてきそうになったこともありました。ですから，私にはツ

118

リーの思い出がたくさんあるのです。

ガナナート・オベーセーカラは,「精神的,対人的,社会学的,文化的など,異なるレベルで同時に機能する象徴的な習わし (idiom) の力」に注目するよう呼びかけています [8]。多元的で商業志向の社会から集まった個人が,相互作用して共通の家族文化を形成し維持するとき,彼らは個人レベルと共有レベルの両方で意味を獲得していきます。象徴的な構造が個人的であると同時に社会的であるからこそ,共有された意味が維持され得るのです。クリスマスツリーは,家族生活の個人的なシンボルであると同時に,家族共有のシンボルでもあります。それは商業的な部門から購入されますが(ホールマークのオーナメントと同様に),その意味は持ち主によって与えられます。アメリカのクリスマスの儀式では,その儀式の象徴性は,過去の伝統による制約を受け継ぎながらも,同時にその維持に関しては,個人にとって意味のある継続的な力学に最終的に依存することは明らかです。大人だけでなく子どもも同様に,家族の儀式によって意味を維持していく,その方法に貢献しているのです。

キリスト降誕と(ファミリー)ツリー

クリスマスツリーと伝統的なキリスト降誕場面(赤ちゃんのイエス,両親のマリアとヨセフ,そしていくつかの家畜を描いたもの)についての洞察に満ちた比較において,シャーリー・パーク・ローリーは,キリスト降誕場面とクリスマスツリーの両方において,そこには最上部に星が典型的に描かれていることを指摘しています [9]。彼女の比較を説明するためには,言葉よりもイラストの方がわかりやすいでしょう。

さらに，ツリーまたはキリスト降誕場面の上部には，ときおり天使が星の代わりに描かれていることにも注意が必要です。天使と星はいずれも，家族の場面またはクリスマスツリー（ファミリーツリー）に注意を向け，「見守る」という宇宙的な保護の力を表しています。つまり，クリスマスの習わしは，核家族が宇宙による注意と保護のもとにあることを表現しているのです。

　クリスマスの宗教的な意味を一般的なこととして子どもたちに伝えようとするとき，親たちは，子どもたちが学ぶべき物語としてキリスト降誕を強調します（対照的に，復活の物語はあまり一般的に子どもたちが学ぶべき対象とされません）。子どもたちが衣装をまとってキリスト降誕の物語を再現するクリスマスのページェント[*3]は，日曜学校と教区学校において一般的なものです。したがって，子どもたちがキリスト降誕の完全な図像（イエス，マリア，ヨセフだけでなく，羊飼いや東方の三博士も）を取り込む機会は山ほどあると言えます。しかし，インタビューでは，多くの家庭に置かれている装飾的なキリスト降誕の像（クレーシュ・ド・ノエル）の特徴について説明するとき，子どもたちが核家族について話す内容は限られたものでした。イエスと彼の両親はすぐに特定されましたが，羊飼いと東方の三博士は，6歳や7歳の子どもにとってほとんど特定されることがありませんでした。チャーリー（6歳）のケースはその典型と言えます。彼はまだ赤ん坊であったイエスを育てるうえで，核家族が重要であるとの認識を明らかにしてくれました。

　　　クラーク　あなたの家の前には，何か絵（装飾）があったわよね。

　　　チャーリー　うん，そこにはイエスとヨセフとマリアがいるよ。

　　　クラーク　そこにあるのは赤ちゃんのイエスと，ヨセフとマリアね。彼ら
　　　　　　　はいったい何者なのかしら？

　　　チャーリー　イエスの親だよ。

　　　クラーク　どうして彼らはそこにいるのかしら？

　　　チャーリー　イエスはそのころ赤ちゃんだったからね。だから自分の面倒
　　　　　　　を見ることができないんだ。

　何度も繰り返し，子どもたちはクリスマスをイエスの誕生日であると表現し

ました。誕生日は，子どもの誕生を祝うための家族の儀式（贈り物を含む）を行う機会です（クリスマスのお祝いの一環として，いくつかの家族はろうそくのついたバースデーケーキを用意していましたが，それはクリスマスの本当の目的がイエスの誕生のお祝いであることを子どもたちに思い出させるものです）。誕生日の儀式は子どもたちにとって非常に印象深いもののようです。（『クリスマスキャロル』にもあるように）「誕生日の子ども」のために歌をうたった後，ケーキの上にろうそくをさし，火を点け（クリスマスの照明とは異なります），願いごとを口にして火を吹き消します（ある女の子は，それは神様に聞こえるように言っているのだと説明しました）。こうした手続きを子どもたちは容易に説明することができました。キリスト降誕がクリスマスに祝われることは，子どもの視点からすると，自分が代わりに誕生日を祝われているかのように最初は捉えられます。現代の子どもたちにとって贈り物をもらうことは，「イエスは天国にいる」から「バースデーケーキがない」し，贈り物ももらえない，だから，必然的に今を生きている自分たちに代理的に贈られるのだというわけです。

　そのように解釈すると，クリスマスは子どもの誕生をお祝いする祝日ということになります。そして，キリスト降誕を通して，マリアとヨセフによって象徴される核家族が，まだ無力で頼りない赤ん坊のイエスを世話するというその役割も，同時に祝われているのだと言えます。

　もしも親たちがクリスマスの贈り物の購入費用について（冗談半分で）不平を言ったとしたら（「サンタクロースがいなくなったら，たくさんのお金を節約できるのに」），その親たちは事実上，家族を養うという重荷（すなわち，キリスト降誕のメタファーを通して神聖な地位と目的を付与されたその重荷）を非難していることになります。キリスト降誕の場面は，わが子の誕生を記念した，あるいはわが子にとっての最初のクリスマスを記念したオーナメントが飾られたクリスマスツリーと同様に，核家族と，扶養対象である子どもを養うその役割とを象徴しています。クリスマスに子どもたちは特別な訪問者であるサンタクロースから代理的に贈り物を受け取り，それにより，キリスト誕生の奇跡と，子どもたち一人ひとりのかけがえのなさとが象徴的に同一視されるのです。子どもの誕生は，それ自体が，贈り物の提供に値する驚くべき奇跡的な出来事であると見なされるのです。

第6章　商業，家族，人生との関連性　　121

子どもが親に依存することは，現代のアメリカでは当たり前ではあるものの，それは際立って不均衡な関係でもあります。キャプローは次のように述べています。

　　　親は，……子どもを教育し，世話し，そして楽しませることに自分たちの総資産の大部分を捧げる。子どもが親に対して負う返報的な義務など軽いものだ。子どもは親に何らかの物質的な貢献をすることを，彼らの人生のどんな局面でも期待されたり要求されたりしない。もしも彼らが親に対して永続的な愛着を示さなかったとしても，法や世論にしたがって責任を負わされることはないのだ [10]。

　もちろん，（サンタクロースの訪問で生じる）子どもたちの「喜び」は，間接的にではありますが，子どものように不思議がったり興奮したりする楽しみという無形の見返りを親たちに与えてくれます。キリスト降誕の崇拝とサンタクロースの崇拝はどちらも，大人たちの注目を引き寄せ，子どもたちに対する責任を強化する役割を果たします。そして，これら２つの崇拝は，子どもとは驚異的な存在であり，見返りのない思いやりを施すに値し，畏敬の念を伴うものであると宣言しているようなものなのです。

ユレタイドの商業主義——物質的な宝物

　商業的に購入されたクリスマスツリーが，キリスト降誕の場面と同じように多くの点で神聖かつ個人的な感覚を得ることができるのと同様に，その他の商業領域からの人工物の数々も，儀式の参加者にとって象徴的で重要な意味を持つことがあります。ショッピングモールにいるサンタクロース，商業的に考案された赤い鼻のトナカイのルドルフ，ディズニーのキャラクターたち，シアーズのウィッシュ・ブックなど，そのすべてが家族のクリスマスの儀式にとって大切な体験として表されます。特定のデパート（シカゴのダウンタウンにあるマーシャルフィールド（Marshall Field）の店[*4]）でさえ，神聖なものとして重要性を帯びていき，家族にとって特別な意味を持つようになるといったことも起こりうるのです。都心の街にあまり足を踏み入れたことのない郊外の人たちは，

マーシャルフィールドの装飾された窓を見たり，お店のクリスマスツリーの下で昼食をとったり，そこにいるサンタクロースのもとを訪問したりするために，子どもたちをその街へとしばしば連れて行きました（親たちは時々，マーシャルフィールドのサンタクロースこそが唯一の「正真正銘」の本物のサンタクロースであると主張しました）。感謝祭の後の金曜日になると，7万5,000人もの買い物客がマーシャルフィールドへと降り立ちます（通常は2万から2万5,000人ほど）。このことは，クリスマスにマーシャルフィールドを訪れる慣習が実際に広まっていることを意味しています [11]。

　購入したクリスマスのイルミネーション（家の外壁を華やかに飾るもの）も，祭りの参加者が特別に資金を費やして意味を見出した物品のひとつです。1年で最も暗い時期を示す季節の通過儀礼として，クリスマスは光だけでなく興奮も必要とする時期に行われます。冬至は，暗闇と封鎖という自然の象徴であり，人工的な装飾は，その寒さと暗闇とを照らすことができるのです。

　クリスマスに購入した物品は，俗悪とはほど遠い，特別な意味が込められる傾向にあります。にもかかわらず，「クリスマスは商業化されすぎだ」という古くからの人たちの意見は，クリスマスの祭りに参加する大人たちによって，まるで呪文のように唱えられてきました。商売をする人たちがあまりにも早くクリスマス商品を宣伝しすぎることで，「季節の到来を急ぎすぎだ」なんていう不満も何度か聞かれました。サンタクロースからの贈り物の恵みについては，物質主義と強欲の教えという危険に子どもたちをさらすことになるのではないかと危惧する大人たちもいます。ある母親は，物質的な欲求には制限が必要であり，子どもたちが「求めるものをすべて手に入れる」ことは，良いことだとは思えないと繰り返し主張しました。

　消費者行動についての学者の一人であるラッセル・ベルクも同様に，サンタクロースは物質主義的価値観を教える者であると非難しました。

　　もしもサンタクロースが神であるならば，彼は物質主義の神であると言える。彼のかばんは宝の箱であり，彼がいっぱいにする靴下はこの宝箱のミニチュアレプリカのようなものだ。サンタクロースとそれに付随する季節の儀式（これらには，大家族の祝宴，オフィスパーティー，大晦日パーティー，

さらには『プレイボーイ』誌のクリスマス号の大規模な発行部数も含まれる）は，強欲，暴食，快楽主義を祝うものとなる。気前のよいサンタクロースから子どもたちへの一方的な贈り物は，世界は良いもので満ちており，ただそれに値する人でありさえすれば，物質的な願いごとは叶うという見方を助長するものだ。つまり，サンタクロースには，アメリカ社会の最も根深い価値観が反映されていると言える [12]。

　しかし，クリスマスの商業主義と折り合いをつけるためには，こうした矛盾も受け入れる必要があります。単純に言えば，クリスマスに子どもたちに贈り物のシャワーを浴びせるという物質的な方法こそが，クリスマスを物質主義の審判へと向かわせる原因となる行為です。クリスマスの時期の明らかな物質的消費の多さは，逆説的に，この消費すべてに対する非難を呼び起こします（ある試算によると，クリスマスの贈り物はアメリカで370億ドルの市場を構成しているそうです [13]）。

　この種の誇張されたパロディーは，祭りの雰囲気の典型と言えます。人類学者たちは，花火や仮面，幻想的な衣装などの象徴的なコンテンツが祭りの中で（そのようなコンテンツが無意味にパロディー化されるまで）増えていくことは，慣習の社会的な意味を一時停止させる役割を果たしているという考えを支持しています [14]。クリスマスの誇張された物質主義の逆説的なところは，それが大人たちによる物質主義への非難を引き起こしている点です。つまり，非物質的な価値を象徴的に表現した物質的な贈り物よりも，むしろ家族の絆や，幼年期，非物質的な驚異の価値の方がより好ましいのではないかという非難です。結局のところ，サンタクロースの過剰な贈り物は，大人にとってきわめて非物質的な意味を持つのです。

　子どもたちも，クリスマスで贈り物を得るとき，完全にスクルージ的なわけではありません。彼らはクリスマスから強欲以上のものを学びます。子どもとして愛を受け取ることで大人になってからも愛を与えることができるという多くの人が持つ信念と同じ精神で，子どもたちは時間の経過とともにクリスマスから寛容さを学ぶと言われています。情報を提供してくれた子どもたちが，家族のために贈り物を購入したり，クリスマスに貧しい家族のための募金活動に

参加したりした経験について話すとき，明らかに彼らはそうした与える行為を楽しんでいる様子でした。

　アメリカで最も商業的な場所のひとつであるショッピングモールでクリスマスの慣習を観察すると，クリスマスの商業主義が持つ逆説的な意味は，否定できるものではないことがわかります。私が観察したモールで見かけたサンタクロースに扮した人物は，子どもたちに無料の贈り物を自由に配るだけでなく，サンタクロースと一緒に撮った子どもの写真をその家族が購入したかどうかに関係なく，ありとあらゆる場所で，一見してごく自然な形でその他の寛容な行為も行っていました。さまざまなショッピングセンターで，無料のエンターテインメント（歌手や演奏家）や無料のお菓子（クッキー，ココア，サイダー），さらには無料の馬車（現代の自動車でごった返す道路に昔ながらのイメージで置かれたもの）が提供されていました。

　サンタクロースがモールに到着したグランドオープンのお祝いのひとつとして，海兵隊のバンドは「サンタが町にやってくる」を演奏し，子どもたちは赤と緑の風船を持って歩いていました。バンドは，「幼い子どもたちにおもちゃを（Toys for Tots）」というプログラムについて，その趣旨が書かれたポスターとチャリティーで配布するおもちゃを集めるための樽を使って宣伝していました。モールの商業施設では，活動の寛容さが（海兵隊員たちによって）宣伝されていました。バンドの前を歩いていると，モールの好意によって無料で配布されるクッキーとミルクを，長机の上に並べている若い男女を見かけました。4歳かそこらの小さな子どもが，同じくモールで配られていた風船を，そのクッキーを配っていた女性に渡し，寛容さを示して温かく微笑んでいました。すると，その女性はサンタクロースの帽子に見立てた紙の帽子をその子どもに渡していました。寛容さの交換なのです。

　ショッピングモールという明らかに商業的環境において，子どもは「サンタ役を演じる」ことによって風船を配ったり（この行為に対してサンタの帽子をふさわしく受け取ったり），慈善活動用のおもちゃの寄付の呼びかけに参加したりなど，寛容さのレッスンを受けることができます [15]。このグランドオープンのお祝いには，テレビにも出たことのある有名なピエロが登場して，子どもたちはそのサイン入りの写真を受け取ることができるほか，トリックのパフォー

第 6 章　商業，家族，人生との関連性　**125**

マンスをするエルフや，トナカイ，ホッキョクグマなど扮装したキャラクターたちも登場し，独特な雰囲気を作り出していました。モール全体の雰囲気はお祭り気分で，子ども向けで，たくさんの買い物をしに来たかのようにバッグを抱えている人はほとんどいませんでした。そこでは，寛容さは商業主義と同じくらい普及しているように見えました。

　宗教学の教授であるイラ・ゼップは，現代のアメリカにおけるショッピングモールには，「儀式の中心地」としての宗教的な側面があると主張しています[16]。ある意味では，大聖堂に似た「中心の空間」として設計されたモールは，「古代の聖地」の代わりとして，祭りのお祝いの中心地であり，コミュニティのたまり場でもあるのです。ゼップの見解がその詳細において正しいかどうかは別にして，彼がショッピングモールを中心に置くことによる逆説的で非商業的な用途に関して，深い洞察を持っていたことは確かです。文化の表現豊かなコンテンツは，現代のアメリカ社会では，大部分が商業化された構造を通して暗示されるものであり，まっすぐなレンズを通して読み取ることはほとんどできません。逆説的で神聖な意味は，大量生産された照明やプラスチック製のクリスマスツリーからデパートやショッピングモールに至るまで，一見すると商業的で物質主義的な存在の裏側に隠されているのです。

イースターの商業主義──商業と自然との出会い

　クリスマスと同様に，イースターの祭りもその儀式は商業的機関に依存しています。祭りのコンテンツの背後にある指示対象の多くは自然のものですが，それでもやはりそうなのです。イースターバニーに扮した人物だけでなく，イースターの日曜日になるとお菓子を購入したり，作り物の草や新しい服を購入したりします。

　イースターバニーを通して子どもたちにお菓子を届けることに関して，母親たちはあまり好ましく思っていませんでした。お菓子に関しては栄養面でそれを与える正当性が欠如しているためか，一部の母親たちは与えるお菓子の量を減らしたり，（ある例では）「冷凍庫にその一部を隠し」たり，砂糖を使っていないお菓子を与えたりしていました。にもかかわらず，お菓子は相変わらずイースターバニーによる恵みの主力となっています。お菓子は，たとえ何か別

126

のものに置き換えたとしても恋しくなってしまうような，口の中に広がる原始
的な楽しみを提供するものだと母親たちは感じていました（このような子どもた
ちによる予想される反応は，お菓子を詰めたバスケットを与える慣習に明白な影響を及
ぼしました）。ピープスのマシュマロ（動物の赤ちゃんを象徴化したひよこのお菓子）
やジェリービーンズ（卵の形をして成長を表す豆）など，いくつかの伝統的なお
菓子は，その象徴的な意味に貢献しています。

　興味深いことに，シカゴに住む何人かの大人たちは，「正統な（right）」（つま
り，自分たちの子ども時代から期待される伝統に準拠した）唯一のイースターのお菓
子は，シカゴのお菓子会社であるファニーメイ[*5]によって作られたものであると
考えていました。「私は1歳くらいから，ファニーメイのものと，あとは別の
何かをもらっていました」と，ある母親は私に言い，自分の子どもがもらった
ファニーメイ・ブランドのお菓子を試してみてほしいと身振りで伝えてくれま
した。明らかに，過去とのつながりの感覚は，特定のブランドのイースターの
お菓子を購入することで得ることができます（またはマーシャルフィールドのサ
ンタクロースのもとを訪ねるなど，クリスマスにふさわしいデパートを訪問することで
得られます）。それは先祖から伝わる家宝のようなものでは決してなく，ウサギ
の形をしたチョコレートのように傷みやすいアイテムであったとしても，ファ
ニーメイのものであれば，完全性と継続性の感覚を得ることができるのです。

　イースターバスケットのお菓子と一緒に，母親は市販された作り物の草を入
れました。この緑色の細かいセロハンでできた物質は，いたるところで見られ
ました（2人の母親だけが草ではなく，ティッシュペーパーを代わりに入れていまし
た）。しかし，母親たちはこうした草を「散らかって」問題があると感じてお
り，あまり好ましく思っていませんでした。この作り物の草を「あちこちにあ
る」と母親が説明するとき，その顔には何度も嫌悪感を表す表情が浮かびまし
た。草が明白に表す自然そのもの（「春」「緑」「成長」「屋外」）のように，草は制
御不能で，家庭の中に充満しがちでした。「ひどいセルロイド製の草」は，生
木のクリスマスツリーから落ちた先のとがった葉っぱのように，何度も掃除機
をかける必要がありました。しかし，「子どもたちはそれがそこにあることを
期待している」ため，また，伝統の感覚があるため，こうした散らかりはイー
スターの祭りを祝うことの一部として広く許容されてきました。

第6章　商業，家族，人生との関連性　**127**

このことはメアリー・ダグラスが『汚穢と禁忌』の中で，無秩序はパターンを台無しにする一方で，より制限が少なく，より強烈なパターンの素材を提供してくれる，と述べていたことを私たちに思い起させます [17]。イースターバスケットの中にあるセルロイド製の草は，自然の草の強烈な力を暗示しており，それがあることで自然の生き生きとした質感を得ることができるのです。グローア夫人は次のように述べています。

　　（草は）気分がいいですね。成長，太陽の光……。草がそこにあると思うだけで，気分が良くなります。それだけでなく，それが成長するのを見ることができます。それは，神について考えさせられます。……生命そのものも見させてくれるのです。それが草というものなのです。

　成長と生命の象徴でもある子どもたちがイースターバスケットの草で遊んで，「家中に草をまき散らす」と，家庭の中は生命で満ち溢れます。新しい生命は，セルロイドの表象によって家中に比喩的に広がります（子どもたちもそれに貢献します）。母親たちはこの汚染物質を嫌います。草は屋外の芝生では歓迎されますが，屋内では歓迎されません。しかし，新年の紙吹雪や結婚式のライスシャワー*6と同じように，イースターでまき散らされる草は，新たな始まりである春と，そしておそらく復活への活力を象徴しているのです。

　イースターのお祝いの一環として子どもたちに購入される新しい服も，新しい始まりとして重要なもののひとつです。その慣習は，母親自身の子ども時代の記憶として何度も思い出されました。新しい服は，一般的に更新の象徴であり，「これまでの行いを一掃する」または「新たなスタートを切る」方法です（春の大掃除も同様の意味を含んでいます）。子どもたち自身はイースターの一環として新しい服を購入することについてほとんど話題にしませんでしたが，母親たちにとってそれは重要な慣習です。暖かな季節が訪れ，過ぎ去りし冬の間に子どもたちが成長した，その結果として新しい服を買うということは，表現的な行為であると同時に，自然のプロセスに対する実際的な反応でもあるのです。産業化社会においてさえ，イースターは部分的に季節の通過儀礼です。自然が自らを再生し，初々しい動物が春に生まれる（イースターバニーはその代表例に

ふさわしい）という認識は，都市部に住む大人たちにおいても失われていません。市販の製品は，ある母親の言葉を借りれば，人が自然界との一体感を実現し，「母なる自然と融合する」のに役立ちます。アイリス夫人は次のように述べました。

　　ご存じのように，それは常に新しい始まりでした。新しい服……ただそれだけで，冬の低迷から逃れさせてくれるのです。それは守れなかった新年の抱負をなかったことにし，私たちに調子を取り戻させてくれます。母なる自然と一体化するのは人間の本性だと思います。それは，花が咲き，草木が芽吹き，小さな子羊たちがいるといった，私たちが気づくすべての新しい始まりなのです。人々もそれに参加したいと思っています。みんなが望んでいます。おそらく，あなたは神をより近くに感じることでしょう。大地をより近くに，母なる自然をより近くに。

食べることと集まること

　大家族で一堂に集まって食事をすることは，イースターとクリスマスの両方に共通するお祝いの形のひとつです。この集合的な食事の背後にある理想型は，アメリカの画家ノーマン・ロックウェルによる広く複製された絵画にも見ることができます。ダイニングルームのテーブルに家族が集まって，そこに白髪の祖母がみんなの注目を浴びながら七面鳥を運んでくるというものです。ロックウェルの絵画が暗示するのは，食事の集合性です。家族は団結の象徴として1羽の七面鳥を食べます（女性が調理し，男性の世帯主が切り分けます）。母親にとって，この集合的な食事は祝日の集まりの集大成です。ただし，食べ物は七面鳥である必要はありません。クリスマスに食べられる食べ物は，ハム，ラザニア，シーフード，ピザ，または特定の家族の伝統から集められたエスニック料理などです。イースターディナーは，ラム肉，ハム，七面鳥などの場合がよくあります。ピザ，ハム，ラザニア，ラム肉は，七面鳥に匹敵するメッセージを伝えることができる点にも注意が必要です。食べるという行為は家族の一体感を高めます。なぜなら，家族が1つの料理を共同でシェアするからです。

　こうした集まりには，核家族のメンバーだけでなく，通常はいとこ，叔母，

第6章　商業，家族，人生との関連性　　129

叔父，祖父母といった大家族も含まれます。クリスマスの会食には，歌ったり，贈り物を交換したり，一緒に昔話をしたり，トランプをしたり，（大人の間で）とりとめのない会話をしたりなどが含まれます。イースターにしてもクリスマスにしても，地理的な移動などで家族が離ればなれになってしまうケースが社会全体で数多く見られる時代にあって，こうした会食は情報提供者たちにとって，家族の絆を強め，「団結」をもたらすものであると感じられているようでした。

　こうした集まりでは団結が非常に重要であるため，家族が離婚などによる別離を経験した場合，離婚の当事者たちはこれらのお祝いの席に参加しないこともよくあることです。このような除外は常に計画されているわけではなく，時々ただ「起こってしまう」のです。妻側の家族は全員が集まりましたが，夫側の家族は，何度も離婚を経験した者がいたため集まりませんでした，なんてこともあります。ある母親はこう述べています。「私には離婚したばかりの弟がいます。なので，彼にはあまり会えていません。なぜかはわかりませんが，とにかく彼とは会えていないんです」。クリスマスとイースターでの家族の集まりは，家族の団結を意識的に象徴しているのです。

　サリー・ムーアとバーバラ・マイヤーホフは，儀式はメッセージを疑う余地のないものであるかのように伝えるのに適した形式であるため，きわめて疑わしいようなメッセージを伝える場合にもよく使用されるのだと指摘しています[18]。祝日のディナーは，家族の共有体験をさらに深めます。ある個人が個人を超えた象徴的な秩序の中に自らを位置づけるとき，家族は基準となる重要な機関となります。しかし，現代の大人たちは家族生活の予後を心配しています。イースターでもクリスマスでも，家族が集まって食事を共にすることは，大人の女性にとって重要な優先事項です。家族で集まっての食事は，多くの場合，大人へのインタビューで最初に言及された，クリスマスで最も印象的なイベントのひとつです。家族の絆は，変化する世界において安定性と伝統の感覚をもたらします。それは季節の変化とはほとんど無関係に，継続的にバランスをとることが求められるような「更新」が絶えず繰り返されるからなのです。

物質的な手段で，非物質的な目標を

　消費者は消費する対象を神聖化することによって，自分たちの生活に超越的な意味を生み出すのだ，と述べる人もいます [19]。儀式はそのような神聖化を生じさせる手段のひとつであり，本書での観察を通しても，そのことは明白に確認されました。祝日の象徴として使用される儀式の装置（クリスマスツリー，イースターのセルロイド製の草）は，強烈な意味を帯びることがあります。この意味の強さは，自然物の代用品がつくられた由来など，まるでなかったことにさせるほどです。特定のブランドのイースターのチョコレート，デパートのサンタクロース，祝日のディナーに提供される特定の料理なども，意味深い真正性を帯びることがあります。クリスマスの贈り物の急増が物質主義そのものをパロディー化しているように，その意味体系には，どんな商品であっても拒絶しない，強欲すらも取り込んでしまう力があるのです。

　マーケティングの担当者たちは，ときおり，神聖化された意味を持つブランド製品には「ハロー効果[*7]」があると言います。情報提供者たちによる個人的な体験を真剣に受け止めるならば，この天使とつながりを持つ言葉はまさにふさわしいものであり，皮肉でもなんでもないのです。たとえその存在やまわりのものがどれほど世俗的なものであろうと，超越的な性質は驚くほど抽象化させることができます。おそらく，クリスマスとイースターは特にそうしたものであるに違いありません。

＊1　クリスマスツリーを華やかに彩る飾り，装飾品のこと。

＊2　アメリカのグリーティングカードやギフト製品のブランド。

＊3　キリストの降誕をえがく劇のこと。「ページェント」とはもともと野外劇を意味する。

＊4　19世紀にシカゴで設立されたデパート。2005年にメイシーズ社に買収された。

＊5　アメリカの老舗チョコレートのブランド。

＊6　欧米では米（ライス）は幸福・多産の象徴であり，結婚式後の新郎新婦に米粒を投げて子宝を祈る慣習がある。

＊7　ハローとは天使の頭上などに描かれる光輪のこと。1つの突出した特質のために，評価者が評価対象の全体の評価を良い方へ（時には悪い方へ）一般化してしまうことを表す。

第7章

空想することと信じること
まとめにかえて

世俗的な時代にあって，子どもは最後の神聖なる対象となった。
——ジョセフ・エプスタイン

他の誰もがそうであるように，子どもたちにも他者性を享受する権利
があります。
——アラスター・レイド

夢が生まれる場所がある
計画されていない時間がある
そこはどんな地図にものっていない
あなたが心で見つけるもの
ネバーランド
——「ピーターパン」の歌（舞台バージョン）より

　本書では，サンタクロース，イースターバニー，歯の妖精など，実体のない
存在の訪問を扱っています。しかし，報告された体験は，訪問方法や結果が欠
如しているという意味で実体がないというわけではありません。第1に，サン
タクロース，イースターバニー，歯の妖精は，子どもたちによる文化への積極
的な参加を理解する上で重要なものです。子どもたちと会話をしたり，彼らを
観察したりすると，文化に属する幼い彼らがこうした儀式の力学に対して影響
力を持ち，貢献していることがわかります。子どもたちは単に大人たちによっ
て受動的に社会化されているわけではありません。特にイースターの場合，子
どもは積極的に文化的実践を形成しています。子どもは儀式の実践の中で文化
的権力の地位を占めており，大人から受動的に文化変容を受けているわけでは
ないのです。
　第2に，子どもたちとその子ども時代の神々（サンタクロース，イースターバ
ニー，歯の妖精）とのかかわりは，ダイナミックで複雑な心理的体験を明確に

133

してくれます。宗教的体験を含む神話的体験は，信頼（trust）と創造的関与を行いながら，不信を認知的に棚上げするという特別な能力によって可能になります。それぞれの信じる者たちは，他者から尊重されて創造的なゆとりを与えられると，想像的な遊び心と受容の純粋な力によって，神話上の人物を一時的に「生きた」状態にさせます。信じることにかかわる精神的かつ感情的な能力の，特別で，ときに逆説的な性質を理解することは，非常に重要なことです。想像的体験を，たとえば，子どもたちがファンタジーを現実として誤解するような状況として扱ってしまえば，子どもらしい信仰の何たるかを最もよく教わることのできるレッスンの機会を見逃してしまうことになるでしょう。

　この最終章では，文化的実践における子どもたちの積極的な役割と想像的体験の本質という，実に重要な 2 つの問題について，さらに深く掘り下げてみたいと思います。

積極的な文化貢献者としての子ども

　子ども文化の独創的な研究者であるマーガレット・ミードは，自伝の中で，自分の孫を連れてサンタクロースのもとを訪れたときのことを記しています。

　　　クリスマスの少し前に，あるテレビ番組で，デパートのサンタクロースを怖がって泣き叫びながら，膝の上に嫌々のせられた，悲惨な子どもたちの一群が映し出されていました。このテレビに映し出された場面を目撃した子どもたちにとって，それは恐怖とその処方箋と言えるものでした。それでも，キャサリンと私は，サンタクロースに会うためにヴァンニ（私の孫娘）を都心の街へと連れて行きました。デパートの下の階で，彼女は通路ではしゃいだり，バーゲンの服の山のそばで迷子になったり，彼女がはしゃぐのをやめさせようとする大人のあらゆる努力に対して，それをあざ笑うようにはしゃぎ回っていました。2 階へと行き，ロープで張られた親子たちの長い列に加わりました。子どもらは両親にじっとしているようにと言われ，そのため時間がたつに従って不安さが増しているようでした。いよいよサンタに近づくと，まるでテレビから指示でもされたかのように，多くの子どもが身をよじり，のけぞって，中には叫び声をあげる子さえも

いました。けれども，ヴァンニは満足そうにサンタの膝の上に座り，彼の
あごひげを「きれいに」整えました。……それは猫の毛や犬の毛，そして
他の子どもたちの滑らかな髪をなでたりするような感じでした [1]。

　ミードの孫娘がサンタクロースのもとを訪ねたときの描写は，彼女が活躍し
た時代に浸透していた子どもの社会化に関する考え方を反映したものであると
言えます。彼女は社会的学習モデルを適用して，子どもたちが「テレビによる
教授」を受けて「恐れや不安」を学習すると想定しています。したがって，こ
こでいう社会化とは，大人から与えられた文化を子どもたちが取り入れること
であるという一方向的なプロセスを意味しているのです。

　しかし，本書では，文化的実践における子どもの役割が一方向的なものでは
ないことを明らかにしています。子どもたちは 2 つの方法で文化の相互作用的
なプロセスに影響を与えます。第 1 に，子どもたちと特定の文化的価値観（自
然，驚異，畏怖など）との象徴的な結びつきは，儀式の実践の中で子どもたちに
暗黙の影響を与えます。第 2 に，子どもたちは自らの行動を通して文化的実践
に直接的な影響を与えます。子どもたちは家族内で祭りの観察を開始し（イー
スターの卵に色を塗ることなど），ときには既存の実践内容を修正したり，維持し
たりする役割を果たすのです。

　子どもたちによる象徴的な影響の広く知れ渡っている例として，想像的活動
が挙げられます。幼い子どもと想像的体験との結びつきは非常に基本的なもの
であるため，私たちの文化に属する人々の多くは，ファンタジーと想像的体験
の能力とを発達の進展において（逆方向に）密接に結びついたものとして見な
しています。言い換えれば，想像的活動は子どもを間違いなく「成長させる」
何かなのです。「空想の友達（imaginary companion）」と接点を持つ子どもは正
常であると考えられています。それは「本質的に魅力的な」行動に子どもを従
事させ [2]，環境を豊かにし [3]，生活に「前向きな役割」を提供するものと
見なされています [4]。しかし，社会規範に基づけば，子どもたちは年齢を重
ねるにしたがって，この想像的活動を放棄しなければなりません。大人が架空
のウサギと接点を持てば，通常は少なくとも精神疾患の疑いを持たれてしまい
ます（『ハーヴェイ』の劇で脚色されているように）[5]。

第 7 章　空想することと信じること　**135**

おそらく，アメリカの大人たちは想像的活動に従事する資格を（伝統的な宗教，文学やその他の芸術，夢，個人的な言論や思想を除いて）ほとんど持たないため，過ぎ去った時代の「素晴らしさ」と再び出会うために，子どもを通した代理的な体験に依存しようとします。母親たちはそうすることで目に見えない豊かさを見出すのです。そして，クリスマスは（ディズニーランドの巡礼や歯の妖精の訪問などもそうですが），そのような豊かさを得る理想的な機会です。サンタクロースは，子どもたちに理想的な贈り物を提供し，大人には驚異や休息の体験を（本質的に，代理的に）提供するといった「積荷信仰（カーゴ・カルト）[*1]」を表しています [6]。テイラー夫人へのインタビューからの抜粋には，こうした感情がよく表されています。

　　　子どもたちはとても興奮していて，彼らにとってすべてが魔法のようでした。……クリスマス，その興奮，子どもたちはまるで生き返ったかのようでした。……実際のところ，世界をありのままに見ていないとも言えるのですけどね（笑いながら）。子どもたちは素朴です。私は彼らを見ると，魔法とか，そんなことを思い描きます。ええ，彼らは仕事という現実や普段通りの生活という現実と向き合う必要がないのです。だから興奮したままでいられるのだと思います。

　しかし，大人たちが代理的な体験を求めて子どもたちの信じる心に頼ることで，儀式全体の中での子どもたちの役割が強まるということは，強調してしかるべきです。子どもたちがサンタクロースに対して冷ややかであったり，サンタクロースからの魔法の贈り物に心が動かされなかったりした場合，大人はクリスマスを理想化する試みに失望します（なぜなら，大人は子どもを同一視するからです）[7]。クリスマスに大人たちがする行動（贈り物を選ぶ，サンタクロースへの捧げ物の食べかすを用意するなど）に子どもたちがどう反応するかが儀式の成功を左右するのです。大人たちが望むような反応を子どもたちがしなかった場合，何度も修正が施されます。家族の儀式に関するある文献を例にとって考えてみましょう。情報提供者は51歳の人物です。

私は子どもたちがまだ小さかった頃，福音書や聖ルカのメッセージ，[*2]
『クリスマスのまえのばん』などを読みました。けれども，子どもたちは
あまり興味を示してくれませんでした。どういうわけか，かみ合わなかっ
たのです。そこで私たちは新しいやり方を始めることにしました。子ども
たちに与えるもののうち，少なくとも 1 つは手作りのものにすることにし
ました。私たちはそれをほんの数年前から始めました ［8］。

　クリスマスでは，子どもの認識と反応が家族の儀式や，さらにはサンタ
クロースの神話にも影響を与えます。たとえば，子どもたちは，真っ赤な鼻でサン
タクロースのそりを先導する赤鼻のトナカイのルドルフを神話化しています
が，これは大人が見落としがちなサンタクロース神話の要素のひとつです。ル
ドルフを除外することは，ほとんどの子どもたちにとって受け入れ難いこと
です。彼らはこの社会的適応力に乏しいヒーローをとてもリアルなものとして受
けとめているので，クリスマス・イブにはルドルフのためにニンジンやリンゴ
を用意したりします（ルドルフは，子どもの民間伝承によくあるモチーフ，『みにく
いアヒルの子』のモチーフに準拠しています。そのモチーフでは，社会に適応できない
というまさにその特性が，優れた才能や特殊性を生み出すことがわかります）。ルドル
フは映画『アーネスト，クリスマスを救え！』のストーリーから除外されまし[*3]
た。すると，これは事実なのですが，（私が観察した観客たちの中でも）特に幼い
映画ファンの子どもたちは声をあげて不平を言い始めたのです。幼い情報提供
者たちは，かつて空の上にサンタクロースのそりがあるのを目撃したときのこ
とを思い出し，「ルドルフも見たよ」と何度か主張しました。
　歯の妖精に対する子どもたちの信念は，子どもたちの信念を守りたい，子ど
もたちを幼く，依存したままの状態（「私の翼の下にいる」）にしておきたいと願
うアメリカの母親たちにとって，真剣に受け止められている問題です。そのよ
うな母親たちの思いにもかかわらず，子どもたちは歯の妖精の贈り物を自分た
ちに成熟と力を授けてくれるものと解釈します。歯の妖精の儀式は，母親たち
が思っているよりも相互作用的で，子どもたちに力を与えてくれます。なぜな
ら，子どもたちは母親と異なる（より「成熟」に焦点を当てた）レンズを通して
歯の妖精との取引を解釈するからです。乳歯が抜けて，お金を手に入れると，

第 7 章　空想することと信じること　　**137**

子どもたちは自分が1つ年を重ねたと感じます。母親たちはこのことがわかっていないため，「魔法の」妖精の儀式は子どもたちを幼いままでいさせてくれるものだと信じているのです。

イースターでは，子どもたちは想像的な考えと結びついているだけでなく，祭りにとって重要な基準値である，自然や成長とも結びついています。アメリカの子どもたち自身がイースターの慣習（特に卵の色塗りやハンティング）を熱心に受け入れているのは，まさに彼ら自身が生命と成長に共感しているからだという仮説を立てたくなります。おそらく，子どもたち自身が制御不能性のすべてを表すような自然の象徴であり，それゆえに，イースターとの結びつきは（自己との結びつきも含めて）調和的なのです。いずれにせよ，子どもたちは家族の儀式を開始させ，儀式にかかれる（または望ましくない変化に抵抗する）ことで，イースターの文化的実践を自主的に積極的に形成していくのです。

したがって，子どもたちは自分が何を信じ，どのように儀式を遂行するかについて独自の影響力を持っています。このことは，子どもたちが関与する文化のプロセスを理解するうえで，文化のプロセスの渦中にいる子どもたちの積極的な声を聞き，それを取り入れることの重要性を示唆するものです。こうしたことは，子どもの自主的な仲間文化の研究においては認識されてきたことですが [9]，従来のモデルでは，大人と子どもの文化的実践においては一方向的な社会化が機能していると多くの場合で考えられてきました。

文化の複雑さを完全に理解するためには，子どもと大人の双方の視点を評価して，それらをダイナミックに相互に関係づけていくことが重要です。共同で構築された文化的イベントで子どもと大人とが交流するとき，ミードの仮定とは反して，子どもの視点は大人の視点と一致していない可能性があります [10]。子どもを考慮に入れることは，人類学的な理解を豊かにするだけではありません。それは第1に社会のダイナミクス全体を理解することを可能にするのです [11]。

スザンヌ・ガスキンズとジョン・ルーシーは，ユカテコのマヤ族に同様の議論を適用しています。

　　　ほとんどの社会では，子どもが人口のかなりの部分を占めているが，彼

らの活動に対する説明は，ほとんどの人類学的な記述において重要な位置
を占めているとは言えない。……子どもとその発達の記述に完全に専念し
ようする人類学者でさえ，一般にこのパターンにしたがっている。子ども
の生活は，大人の形態へと向かう軌跡の観点から記述され，子どもは社会
組織や文化の生産において重要な役割や独自の役割を果たす存在とは考え
られない。ユカテコのマヤ族に対する私たちのフィールドワークでは，ユ
カテコの子どもたちが文化全体の構造と運営に実質的かつ独特に影響を与
えていることが明らかにされた。……ユカテコの社会組織のある特定の側
面は，子どもたちが文化にどのように参加しているかを調べなければ，正
しく理解することができなかったにちがいない [12]。

　アンソニー・F・C・ウォレスが言うところの，北米の「子どもたちの崇拝」
[13] と関わる本書の研究では，現代のアメリカの文化的文脈において子ども
たちが自主的に影響力を及ぼしていることを大胆に強調しています。イース
ター，クリスマス，歯の妖精の儀式，そして現代アメリカの数多くの文化的
イベントを理解するためには，間違いなく子どもの活動と視点を完全に取り入れ
て説明していく必要があるのです。

想像的体験の本質

　サンタクロース，歯の妖精，イースターバニーはもちろん夜にやってきます。
一般的に，子どもたちは夜に活動しない（実際のところ眠りについている）とい
う点を考えると，このタイミングは驚くべきことかもしれません。しかし，昔
から言われているように，眠りとは夢見る時間であり，いわば「心を解き放
つ」時間です。そして，夜は言いようのない不気味さ，夢のように謎めいた，
ひっそりとした，魔法の感覚が降り注ぐ時間です。

　眠りについた幼い子どもたちは，一見すると活動していないように見えます
が，3つの方法で行動を起こしています。第1に，これらの神話上の人物がそ
れぞれ訪れるようにするために，彼らは夢を見ながら眠り続けるという「行動
を起こす」必要があります。「起きている者には訪れない」というのが原則な
のです。第2に，特にサンタクロースやイースターバニーの場合，これまでの

第 7 章　空想することと信じること　　**139**

良い行いが贈り物を届けてもらう条件になる可能性があります。第3に，おそらく最も示唆に富むことですが，「信じる者にのみ訪れる」ということです。そのおなじみのフレーズ（広く浸透している考え）によって，子どもたちは明白な証拠があろうがなかろうが，目に見えない世界を受け入れる必要があるのです。

　何人かの母親は，子どもたちが目に見えない非論理的な真実を受け入れることができる，そのことが重要なのだと述べました。この能力は，超越的な世界にたどり着くためにも，宗教を信仰するためにも必要であると考えられています。

　　私は，それは素敵なことだと思います。……彼らが目に見えない何かを信じるうえではね。……もしもちゃんと論理的に考えたら，そんなことは起こり得ないってことがわかるでしょう。でも，それは素敵なことなんです。目に見えない何かや，これまでに一度も見たことのない何か……，それを信じることは楽しいことです。サンタクロースを見ると，彼らはそれが本物ではないとわかるでしょう。……でも，本当の本物はどこか遠くにいるんだって……。

　　証明できるとは限らないものを信じる必要があるということは，おそらく宗教的な側面と結びついています。そして，たぶん（イースターバニーは）ときには何も質問せずにただ物事を受け入れることも大事なのだと，子どもたちに教えてくれるものなのかもしれません。

　　親によっては，子どもたちに話すかもしれません。……それは本当はいないんだって。そして，私たちはあなたに本当にはいない何かを信じてほしいと願っているわけではないんだって。でも，そうしたら，彼らは自分たちで存在を証明できないような，他のどんなことだって信じないようになるのでしょうか？　祈りや神，他のすべてについてそうなるのでしょうか？……もしも親が，私たちはあなたにそんなものを信じてほしくない，だって本当じゃないんだからって言ったら，私たちが信じているその他の

ことはいったいどうなるのでしょうか？

　もちろん，母親たちが信仰に置く価値観は，すべての人に共有されているわけではありません。認知心理学者たちは，しばしば想像的な信念を，夢見がちな人が現実の世界を遠ざけて現実を歪める原始的な働き（論理的認識よりも劣るもの）である，というように扱います [14]。そうした心理学者たちは宗教的原理主義者たちと同様に，現実こそが唯一のものであり，現実が表すものは1つの正しい答えのみなのだという単純なプロセスを想定し，共有しています。たとえば，発達心理学の研究では，子どもが大人とは異なる現実の判断を下した場合（たとえば，ミッキーマウスやニンジャ・タートルズを「現実のもの」として扱った場合），それは現実を判断する適切な評価能力が欠如しているためであるとしばしば考えられてきました [15]。こうした見方によれば，大人は子どもと比べて単に現実を検出する能力に長けているだけということになります。それはすなわち，問題となるテクストまたは存在に直接的に準拠すると想定される現実なのです。

　しかし，ある特定の文化的な存在は本質的に現実であり，通常，大人はこの現実を検出するための正しい枠組みを一律に適用しています。そう仮定すると，現実とは社会的に構成されるものであり，そのプロセスには固定化されないダイナミックな性質があることを無視してしまうことになります。大人が架空のメディアのキャラクターを具体的な存在として扱うことはよく知られています。そうした存在は，エルヴィスからジューン・クリーバー[*4]に至るまで，メンター[*5]やロールモデルとして使用され，実際の大人の社会的関係にも影響を与えています [16]。テレビ番組で医師のマーカス・ウェルビー役[*6]を演じたロバート・ヤングは，週に約5,000通もの医学的アドバイスを求める手紙を受け取ったそうです [17]。私たち大人は（そして子どもたちも），現在進行形で共有される文化的現実が持続的に共同構築されていく，そのプロセスと深くかかわっているのです。

　加えて，文化は空想的，神話的，宗教的な対象について数多くの実例を提供してくれます。それらは単一に暗示されるような意味に反する，空想と現実とが融合した，あいまいで矛盾のある，視点の変化と多様性に富んだ，「硬直化

第7章　空想することと信じること　141

していない」テクストなのです [18]。幼い文化の一員である子どもたちは，そのようなとらえどころのない，多面的な存在から意味を見出す方法を学ぶ必要があります。

アメリカの子どもたちがサンタクロースや歯の妖精やイースターバニーに対する文字通りの信念を放棄していく，その通過儀礼は，まさにそうしたあいまいで硬直化していない存在をナビゲートする訓練の機会を彼らに提供するものです。子どもたちは，そうした対象にいくつもの表象が含まれていることや，「本物の」サンタクロース（またはイースターバニーや歯の妖精）が（通常の状況では）実際には目に見えず，明白な実体としての存在感すら欠如したものであることを徐々に知っていきます。言い換えれば，年長の子どもたちは，具体的なシンボルと，それらのシンボルの背後にある指示的で超越的な意味との違いを理解するのです。6歳か7歳の頃には，ほとんどの子どもたちがショッピングモールにいる扮装した人物を仮面をかぶった指示対象，つまり，本物のサンタクロースの単なる表象のうちのひとつとして扱うようになります。それらは誤解を招く存在や不誠実な存在としては見なされず，単にある演者がサンタクロースやイースターバニーであるかのように振る舞っているというケースにすぎないと見なされるのです。ジョーゼフ・キャンベル[*7]が記したように，文化は「その概念を越えていくことを私たちに教えてくれる」のです [19]。サンタクロースが（文字通りの現実ではなく）表象として扱われれば扱われるほど，（仮面ではなく）根底にある本質がさらに飛躍するのです。

この精神的飛躍に伴う微妙なパラドックスは，グレゴリー・ベイトソン[*8]によって論じられた遊びのパラドックスとも似ています [20]。ベイトソンは，シグナルはそこに伴うコミュニケーションを文脈化または「フレーム化」するメタコミュニケーション[*9]的なメッセージによってフレーム化されると仮定しました。ベイトソンの図式によると，一次プロセスの思考（primary-process thought：ベイトソンは宗教をそこに位置付けています）は，記号（sign）と指示対象（referent）の違い，地図（map）と土地（territory）の違いを否定します。そうすると，旗（flag）はそれ自体が死ぬ価値のあるものとなります。二次プロセスの思考（secondary-process thought）では，地図と土地は区別され，記号と指示対象は別々に扱われます。遊びの中では，最終的に（私が想像する想像上の

142

考えの中で）地図と土地は同一視され，なおかつ区別されるというパラドックスが働きます。「これは遊びである（This is play）」という理解によって相互作用が組み立てられるかどうかが，そこに含まれる内容を空想的現実とするのか，客観的現実とするのか，あるいは両方を同時に併せ持つものとするのかという心理的な構築に影響を与えるのです。遊びには，語り手から聞かされる「これは本当の話です。そういうことがあったかもしれません」という言明に必然的に伴う，ある種のパラドックスが含まれます。物語の本質的な真実が確認され，同時に文字通りの現実も手に入れられるのです。

　ある見方では，妖精のような存在を指し示すために**対象**（object）という言葉を使用することは，適切ではありません。**客観的現実**（objective reality）とは，それを経験している人の外部にある現実を意味します。もしも子どもたちが崇拝する存在をまったく対象であるとするのであれば，それは別の意味での対象，すなわち，客観的であると同時に主観的でもある移行対象なのだと言えるでしょう。

　D・W・ウィニコットは，（漫画『ピーナッツ』に出てくる）チャーリー・ブラウンの友人であるライナスが，彼の「安心毛布（security blanket）」と名付けた愛着のある事物や対象を指し示すのに，移行対象という用語を使用しました。テディベア，ぬいぐるみの人形，その他お気に入りの所有物などもそれに該当します。移行対象は体験の中間領域に属しており，内的現実と外的生活の両方に帰属するものです [21]。この移行空間は相互作用的で，非典型的で，操作可能で，変化に富んでいます。子どもは文化的シンボルを移行領域に組み込む際に，従うことも黙認することもなく，むしろ創造的にかかわりながら，そのシンボルを「異議申し立てをされることのない中間的な体験領域（neutral area of experience which will not be challenged）」へと組み込むのです [22]。ウィニコットの説明によると，芸術と宗教は，この中間的な「休息の場所」に位置します。それは内なる（個人的な）体験と外なる（共有された）体験とを関連付ける緊張から，心地よい「安らぎ」を与えるものです。現実性についての主張は，子ども時代の想像力に富んだ比喩的な遊びから導き出されるこの移行空間の中では意味をなしません。しかし，文化に属する人たちがその移行領域の内容に「ほどよい重なり合い（a degree of overlapping）」を見出したならば，その体験

は共有されるかもしれません [23]。たとえば，同じような信念（たとえば，来たるべき黙示録やエルヴィスの不死に対する共通の信念）を持つ人たちは，移行空間での社会的共有を体験するかもしれません。前章で見てきたように，家族もまた，子どもたちの想像的なごっこ遊び（make-believe）の中に準神聖な（または神聖な）存在を維持させようと，共謀的な儀式行為に参加することがあります [24]。たとえば，就寝時の儀式には，子どもと一緒に眠りにつく空想の友達が含まれる場合があります。クリスマスの儀式には，想像上の赤鼻のトナカイへの対応（トナカイのためにニンジンを残しておく）があります。おもちゃに生命を吹き込む子どもたちは，きょうだいや他の子どもたちと協力してそうすることがよくあります。幼いブロンテ姉妹（文学者になる前の）*11 は，活力のあるおもちゃの兵隊を共同で創作した精巧なアフリカを舞台とする冒険活劇に巻き込み，本や雑誌に記していました [25]。

　ウィニコットによる対人的な重なりの移行空間の概念では，移行対象期の「議論する余地のない価値観（incontestable value）」を持った妖精たちや祝日の精霊たちを尊重します。現実の検出という問題は，最終的にはそのような枠組みの中で言い換えられ，徹底的に見直されます。この問題には，現実そのものよりも，むしろ文化に属する人たちの「共通体験における重なり（overlap in the common experience）」が関係します。それは，それぞれの移行領域に含まれるものが一致しているか，異なっているか，あるいは一致と相違の両方を含んでいるかという問題なのです。

　移行空間は個人間で共有できますが，拘束するものではありません。この領域内の対象は，ユニークで遊び心があり，広い用途を持っています。移行対象も逆説的なあいまいさに染まりがちです。文化に属する人たちが移行対象にかかわるには，不信を相互に棚上げすること（mutual suspension of disbelief）が求められるのです。

　メタファーは，移行空間に関係する重要な概念的メカニズムであると私は考えています。メタファーによって暗示されるさりげない結びつきや共通の属性は，文字通りの明示的なものではなく，むしろ個人が見出すことができるという点で，拘束的ではなく創造的なものです [26]。メタファーは，ある人はシンボルの特定の側面（妖精は幼年期と結びつく）に焦点を当て，別の人はシンボ

ルの別の側面（妖精によってもたらされたお金は成長をもたらす）に焦点を当てるといった事態を許容します。メタファーは発達初期から使用される構成概念であり［27］，概念的かつ言語的であり［28］，ごっこ遊びで使用され，文化的シンボルの背後にある一般的なメカニズムなのです。

　シンボルが文字通りではなく比喩的に扱われる限り，シンボルは互いに「異議申し立て」を課すことなく共有することが可能です。

　メタファーとは別に，ナラティブ（物語）もまた，人を想像的体験により深く関与させるのに役立つ構造を持っています。ポール・プルイザーは，おとぎ話についての議論の中でそのことを言及しています。

　　　教訓的な物語や直接的な訓話とは異なり，おとぎ話には，子どもが自分のペースで必要なだけ読み直したり，言い直したりすることで，実存的な問題に対する自分自身の解決方法を見つけていけるような優雅さがある。物語のこの側面やあの側面が認識される。ゆえに，おとぎ話のテーマは熟考される必要があるのだ［29］。

　メタファーやナラティブといった構造は，個人に意味を付与する余地を与えるため，共有の移行空間を構築するのに役立ちます。凝縮された文化的シンボルは，多彩で逆説的な意味の豊かさを提供するという点で，共有される意味をより一層導き出すことが考えられます。特定の時点で個人に付与された意味は一意的に導き出されますが，意味の豊かさは想像力が関与した幅広い共有によって許容されるのです。

　ウィニコットの移行空間の理論によれば，感情的な要素である信頼（trust）もまた，「外界の現象と個人の現象に対して同時に成り立つシンボルの使用」を可能にし，リラックスした創造的な体験をするうえで不可欠なものです［30］。最終的には，神話的な体験は信頼の力によって可能になります（信頼の力がなければ，不信を棚上げにすることはできないのです）。他の理論家たちは，信頼は神への信仰の主要な先触れであると述べています。子どもと想像的対象との間の積極的な関与を可能にするのは信頼であり，それによって神話的な存在に活力を与えます［31］。別の言い方をすれば，想像的な対象に生命を与える

第 7 章　空想することと信じること　　**145**

のは子どもの熱心な，思い込みの強い信念です。もちろん，これは神話や儀式が単に受動的に受け入れられる（「社会化される」）のではなく，むしろ子どもによって積極的に構成されるという考えをさらに裏付けるものです。

　信頼の欠如により信仰がより困難になる場合，その原因は初期の家族関係にあると理論づけられています [32]。本書の中でインタビューしたある問題を抱えた家族は，家庭環境は信仰に必要な信頼に貢献する場合もあれば，それを損なわせる場合もあるという考えを裏付けるものでした。この家族，ハインツ家は，インタビューされた家族の中でも非典型的な家族でした。彼らの異質さはひときわ際立っていました。

　ハインツ家は労働者階級の地域に住んでおり，（おそらく，皮肉なことに）お菓子工場のすぐ近くに住んでいました。ハインツ夫人は移民の娘です（家族はドイツ系ポーランド人です）。ハインツ氏は高等教育を受けており，消防署で働いています。

　クリスマスの数日後に私が彼らを訪ねたとき，私は彼らの家がそのブロックにある他のどの家よりも際立っていることに気づきました。クリスマスの飾りは比較的控えめなもので，窓には雪の結晶の切り抜きがあり，ドアにはシンプルなリースが飾られていました。にもかかわらず，そのクリスマスの装飾は非常に目立っており，このホリデーシーズンに隣人たちを憂鬱にさせるものでした。なにしろ，建物の正面の大部分は，巨大な星条旗と米軍の戦争捕虜（POW）と行方不明兵士（MIA）を称える黒い旗で覆われていたからです。^{*12}

　ハインツ夫人は玄関で私を出迎え，私が台所のテーブルで彼女と話をしている間，彼女の2人の息子（6歳と11歳）は寝室で遊んでいました。これは問題を抱えた家族だとすぐにわかりました。ハインツ夫人は，自分の夫は「元アルコール依存症」なのだと語りました。彼女は，ハンク（6歳）が赤ちゃんだったころ，自分とハインツ氏は「結婚生活にいくつかの問題を抱えていた」と語りました。ある日，彼女はテレビである牧師の言葉を耳にしました。彼はこう言ったそうです。「もしも何か問題があれば，それを十字架のふもとに捧げなさい」。その時の衝撃を彼女は次のように語りました。「私は思わずこう言いました。『私はもうこれ以上耐えられないのです。私は自分の人生を台無しにしてしまった。そのことをあなたは知っているのですね。これで，（失ったもの

を）手に入れることができるのですね』と。それ以来，私の人生は劇的に変わりました」。

ハインツ夫人はカトリック教徒として育てられましたが，その伝統を通して内なる充実感を手に入れることはできませんでした。彼女はこう言いました。「カトリック教会，そこでは毎週日曜日にいつもと同じありふれたことが行われるだけで，私は内なる充実感を手に入れることがまったくできませんでした。そこでは陽気な古い歌が歌われていましたが，みんな死んでいるかのようでした」。それから，ハインツ夫人は「探し始めた」のだと語りました。「私は探し始め，聖書を読むことにしました。私はこれからいったいどこに向かえばよいのか？　そして，私は本当の聖書を教えてくれる，完全な福音主義の教会に入ったのです」。

ハインツ夫人は聖書の「教え」に触れて，聖書を証明された歴史的事実として，文字通り信じるようになりました。彼女にとって聖書の学習は，想像的で移行的なものというよりはむしろ，厳密な事実でした。実際，彼女の子どもたちは毎週日曜日に教会の日曜学校プログラムで「聖書クイズ」を行っていました。2人の男の子はクリスマスプレゼントに聖書を受け取っていました。

世俗的なクリスマスのいくつかの側面は，ハインツ夫人も受け入れてはいました。ライトアップされたクリスマスツリーは，彼女にとって永遠の命と「世界の光」を意味するものでした。そして，クリスマスの日になると大家族の集まりがあり（夫は仕事のスケジュールのために出席しませんでした），ビデオに合わせてみんなで歌もうたいました。しかし，彼女はサンタクロースに対して一線を引いていました。ハインツ氏は過去数年間，子どもたちをサンタクロースと会わせるためにショッピングセンターに連れていきましたが，ハインツ夫人はその訪問には関与していませんでした。彼女は，サンタクロースなんて嘘っぱちだと感じていました。さらに悪いことに，サンタクロースは「イエス様 (the Lord)」とクレジットされるべき贈り物と祝福に自分の名前をクレジットさせていると感じていました（「クリスマスは私たちがイエス様の誕生日を祝う日です。私たちはサンタクロースにあまり焦点を当てるべきではありません」）。彼女はサンタクロースのことを，ショッピングモールで塗り絵や小さなおもちゃを配るだけのただの男だと見なしていました。それ以上でもそれ以下でもなかったの

第7章　空想することと信じること　**147**

です。

　　そうよ。みんなが一番やりたいのは，贈り物を配る精霊としてサンタク
ロースを利用することだと思います。でも，あなたもよく考えればわかる
でしょうが，実際に与えられる精神はサンタクロースからもたらされたも
のではありません。与えられる精神はイエス様からもたらされたものなの
です。サンタクロースが本当の贈り物をするわけではありません。まあ，
彼は塗り絵とか小さなおもちゃとかを配りますが，本当の贈り物などでは
……。子どもたちは求めるでしょうけど，それはサンタクロースから得た
ものではないのです。子どもたちはそれがサンタクロースからのものでは
ないことを悟ります。それはもうショックなことだろうと思います。これ
まで何年もの間，子どもたちはサンタクロースについて学んできて，その
うえで彼が本物ではないことを知るのですから。だから，私はこう思うん
です。子どもたちが真実を知る準備ができたら，私はそのことを彼らに伝
えようと。

　ハインツ夫人の話を聞いていると，私は彼女が表象と表象されたものとを同
一視していることに気づきました。記号と指示対象との間に違いを見出してい
ないのです。そのような一次プロセスの思考（ベイトソンのモデルによる）は，
子どもを含めて，情報提供者たちのなかでもほとんど例のないパターンでした。
彼女にとって真実とは文字通りのことであり，何ら比喩的な意味を持たなかっ
たのです。ゆえに，彼女にとって受け入れられる象徴的な世界はただ1つ（イ
エス様）だったのです。他の方法で崇拝する人たち（仏教徒，ヒンドゥー教徒，
またはサンタクロースを信じる子どもたちなど）は，偶像崇拝，つまり彫像の崇拝に
従事しています。しかし，ハインツ夫人にとって，世界は真実と嘘とに分割さ
れ，真実は唯一のものであり，ゆえに，サンタクロースは嘘のカテゴリーへと
分類されました。したがって，ハンク（息子）がはっきりと質問をし始めたと
き，ほとんどの母親たちがそうであるように，言葉を濁したり回避したりせず
に，「ハンクに真実を伝えることに決めた」と彼女は言いました。

子どもが私に尋ねてきたとき……。私は思いました。嘘をつくつもりは
ないって。なぜって，彼に私を信頼してもらいたいからです。私が彼に嘘
をついているって，彼に思われたくない。それで私は彼に真実を話すこと
にしました。それ（サンタクロース）はいないのだと。私は彼に，私を信頼
してもらいたいだけです……。子どもが年を重ねて，私が彼に嘘をついた
んだと，思われたくないんです。私は気を使ったりしませんでした。私は
小さい頃に嘘をつかれていました。そして，気づいた時，私は打ちのめさ
れました。（クラーク「サンタクロースのことで？」）いえいえ，そうじゃあり
ません。でも，親がちょっとしたことをごまかすために何か小さな嘘をつ
く，そんなことってあるでしょう。すると，どうですか，その人のことを
信頼できますか？　どうです？　多少の傷は残るかもしれないわよね。

　ハインツ夫人はこれらの問題について非常に強い思いを持っていました。そ
のため，クリスマスについて話をするとき，ずっとサンタクロースを十字架の
ふもとの悲しい人物として描いたリーフレットを手元に置いていました。彼女
はこのうちの1冊を私の手の中に押し込みました。
　ハインツ夫人にとって，信頼（または，より適切に言えば，信頼の欠如）は重要
なジレンマでした。彼女は，真の信仰の探求が幼年期の親の愛情不足を克服す
る方法であると考えていました。なぜなら，それは彼女に欠けていた内なる力
や内なる安心感を与えてくれるものだからです。信頼が移行空間を可能にし，
移行対象から宗教的体験への架け橋になるという説は，ハインツ夫人の原理主
義にとってふさわしい説明のひな形を与えてくれるものでした。彼女は信頼を
失ってから，証明された真実を見出すまで（多少の絶望を伴いながら）苦労しま
した。不信を棚上げすることは，彼女にとってこれまで十分にこなしたことの
ある体験ではなかったのです。
　多くの精神分析家たち [33] と同様に，（しかし，ほとんどの母親たちとは対照的
に）ハインツ夫人はサンタクロースそのものを子どもの信頼を脅かす有害な嘘
であると感じていました。これらに対する彼女のメタファー（ウィニコットによ
る影響を受けたもの）は，子どもがサンタクロースを信じた後にそのサンタク
ロースを取り上げてしまうことは，子どものテディベアを取り上げるようなも

第7章　空想することと信じること　**149**

のだ，というものです。

　　それはまるで，誰か小さな子どもがテディベアを持っていて，しばらく
それと一緒に育ったのに，突然そのテディベアを取り上げて，「あら，こ
れはもうやめるべきだわ。これは現実のものじゃないのだから」と言うよ
うなものです。……あなたは私が言うことを理解できるはずよね？　つま
り，私が言いたいのは，それはある種の子どもたちにとっては，別の子ど
もたちにとってはそうじゃないかもしれないけど，すごくショックなこと
なんじゃないかってことなのよ。

　実際のところ，ハインツ夫人が想像的存在を突然奪われてしまった子どもた
ちに対して同情的であったことは，なんとも皮肉です。ハンクの説明によると，
サンタクロースは嘘なのだと言ったときの母親の姿が，明らかに突発的で衝撃
的なものだったからです。先ほどの母親のコメントをふまえて考えると，ハン
クが語ってくれた当時の描写は，私が予想していたよりもはるかに深刻なもの
でした。

　　ハンク　（満面な笑みと独りよがりな口調で）僕はサンタクロースが偽物だっ
　　　てことを知っているよ。
　　クラーク　あなたはそれを知っていることをとても誇らしく思っているよ
　　　うに見えるわね。ハンク，サンタクロースが偽物だってこと，どう
　　　やって知ったの？
　　ハンク　だって，僕のお母さんが２階にきて，お母さんが（クスクスと笑
　　　う）……言うのが怖いな。（少しためらってから，また話し始める。）お母
　　　さんがイエス様に尋ねたんだ。サンタクロースは偽物ですか，どう
　　　ですかって。そしたら，イエス様が言ったんだ。「言葉を変えてごらん
　　　なさい」って。それで，お母さんは言葉を変えてみたんだ。そしたら，
　　　それは「サタン（悪魔）だ」って。
　　クラーク　うーん，なぜあなたはそれを言うことが怖かったのですか？
　　ハンク　だって，イエス様について話すからだよ。

クラーク　あなたは「イエス様」と言うのが怖いのですか。

ハンク　いいや，ただ怖いだけだよ。それだけさ（笑いながら）。わかんない……。

クラーク　イエス様というのはどんな人ですか，それを私に説明してくれる？

ハンク　イエス様はすべてを知っているよ。彼はみんなが何をしているかを知っているし，何をすべきか，全部知っているよ。（いったん話すのをやめる。）そしていつ……，天国に行くか，地獄に行くかもね。

クラーク　うーん，ほとんどの人はどこに行くと思いますか？

ハンク　うーん，地獄だね。

クラーク　本当に？　どうしてそう思うの？

ハンク　だって，ほとんどの人は，悪いことをするからだよ。

　ハンクは続けて，サンタ（つまりサタン）には人々に悪いことをさせる力があると私に説明しました。母親からサンタとサタンのつながりについて聞かされてからというもの，ハンクは「サンタクロースは偽物だ」とみんなにこっそり言いふらしました。実際，彼の担任の先生はハインツ夫人に電話をかけ，ハンクの行動に懸念を表明したそうです。ある日，教室でハンクの先生が子どもたちに，パーティーで配るお菓子を入れる紙袋に，サンタクロースの絵を描くようにと頼んだところ，ハンクは拒否しました。「僕は先生のところに行って，こう言ったんだ。僕はサンタクロースを描くことはできませんって。だって，ママが言ったからって」。

　しかし，ハンクとのインタビュー中，彼は喜んでサンタクロースの絵を2回ほど描いてくれました。これは，ほとんどの人がサンタクロースについてどう思っているかを，私によりよく理解させようとするためのものでした。ハンクは，大人も子どもも通常サンタクロースを信じていると考えていました。彼はサンタクロースへの信念が年齢によって変化するとは思っていなかったので，自分の信念の欠如を（一部の子どもたちのように）成熟の証とは思っていませんでした。

　ハンクはサンタクロースの性格を「素敵」だと表現し，笑顔の気持ちの良い

第 7 章　空想することと信じること　　**151**

顔にしました。この描写は，サンタクロースは「悪い」人で，地獄に属しているんだ，と繰り返し述べたハンクの主張とは矛盾するものでしたが，その理由について，「彼は人々に自分が本物だと思わせようとしているんだ。彼は嘘をつくのが上手なんだ」と語りました。

皮肉なことに，ハンクはサンタクロース神話の別の側面（たとえば，ルドルフ）には精通していましたが，クリスマスが祝われる理由を説明したり，クリスマスの宗教的な物語について語ることはできませんでした。私が直接的に尋ねたときでも（「クリスマスは誰かの誕生日ですか？」），キリスト降誕について意識しているようなそぶりはまったく見られませんでした（「いいえ」と答えたのです）。日曜学校でクリスマスの話が出たことがあるかについても，彼は「忘れた」と言いました。

ハンクの様子は，サンタクロースの問題をめぐって葛藤しているという明らかな印象を私に与えるものでした。彼の母親は，サンタはサタンと同じ仲間なのだというメッセージを家庭に持ち込みましたが，これはハンクにとって，クリスマスの代わりの象徴的な描写となりうるものではありませんでした。クリスマスの何が好きかについて尋ねられたとき，ハンクは徹底的に物質主義でした。彼はプレゼントを気に入っていました。彼は，ショッピングセンターでサンタクロースがくれた実体のある贈り物（塗り絵）が気に入ったことを素直に認めました。しかし，彼にとってクリスマスは明らかに特別な意味を持つものではありませんでした。

ハインツ家のクリスマスの儀式は異常なものでした。注目すべきは，彼らの儀式では，信頼よりも恐怖の方が大きな役割を果たしていたということです。クリスマスの遊び心のある慣習がハンクの母親によって悪魔的なものとして断ち切られたとき，その過程でより深い何かもまた断ち切られたように見えました。彼女は「何を信じないか」を強調していましたが，それにより「何かを信じる」傾向が損なわれてしまったようでした。ハンクは，年齢にふさわしいクリスマスの伝統のどちらからも，つまり，キリスト降誕という大人向けの神話からも，サンタクロースという子ども向けの神話からも，慰めや喜びを得ていませんでした。

ハインツ夫人が信じることと信じないことのプロセスを移行対象であるテ

ディベアに喩えたという事実が，この家族が他の家族と大きく異なる経過をたどった理由を解釈するうえで鍵となりました。彼女は大人向けの神話（おそらく中身の薄い）を持っており，それを脅かすような子ども向けの神話に対してジェラシーを抱いたのです。そして，そのことがハインツ夫人にハンクの信頼の行く末を掌握することを決意させたのです。結局のところ，彼女は意図したこととは正反対のことを成し遂げました。自律的で，自由で，創造的に形作られた信頼がなければ，移行空間は，子ども向けであれ大人向けであれ，快適さを与えてくれるような神話の基礎を欠いてしまうのです。

　多元的な社会で暮らす私たちは，自分たちの想像的現実が広く支持されるかどうかにかかわらず，信じる力による恩恵を受けています。信じることにはお互いに受け入れることが伴います。一方では，信じる者同士の移行空間の共有を可能にするような共通の体験が存在する場合もあるでしょう。しかし，もう一方では，ハンクの信念に対するハインツ夫人の例で見られるように，人の想像的体験に対する異議申し立てが神話の想像力を完全に弱め，信じる力を殺してしまう場合だってありうるのです。

　私がインタビューしたほとんどの母親たちは，ハインツ夫人とまったく異なっていました。その主観的側面と客観的側面の両方を含む神話的想像力の逆説的な性質に対する評価は，情報提供者たちの間で共通に見られるものでした。その典型的な母親の例を引用すると次のようになります。

　　　３年生になると，……（私の娘は）サンタクロースについて私に尋ねるようになりました。そして，私は彼女に言いました。……「あなたが信じたいと思うものがすべてなのよ。あなたがサンタクロースはいると信じたいなら，それはいます。あなたがサンタクロースはいると信じたくないなら，それはいません。あなたが心の中に何を持っているか，あなたがどのように感じているか，それがすべてなのよ」と。そして，イースターバニーだって同じだと，私は彼女に説明しました。……そして私は言いました。……「神を信じない人もたくさんいます。あなたが信じたいと思うかどうかがすべてなのです。神はいると信じたいなら，神はいます。……サンタクロースはいると信じたいなら，それは本当にいるのです」と。そう

第７章　空想することと信じること　　**153**

して，彼女はそれを受け入れました。それが彼女の答えでした。彼女はそれ以上質問してきませんでした。

　母親たちは，概して，この研究の重要な結論のひとつとして浮かび上がるような，重要かつ必然的な原則を感じていました。それは，信じることを通して活力のある神話に暗黙的に含まれている聖なる領域の感覚を得るためには，主体と客体との間の逆説的な相互作用が不可欠であるということです。言い換えれば，子どもには（またはそのことに関しては大人も），自分のやり方で自分の信じることを見つけるためにゆとりが必要です。なぜなら，文化的シンボルが自明かつ公理的な信頼の源泉として，つまり，現実のものとして見なされるためには，そのプロセスには移行空間内での主体と客体との相互作用が必要とされるからです。

　文化に属する各個人の移行空間または想像的体験は，「内的現実と外的現実とを分離させつつも，相互に関連させるという永続的な人間的作業に従事する個人のための休息の場所」を提供します。それにより，神話と儀式が可能になるのです [34]。ある意味では，子どもたちは文化的なコンテンツに積極的に手を伸ばし，自分たちのものとして取り込むことのできる，自律的な文化の一員です。だからこそ，文化は活力と躍動感を持ち続けることができるのです。文化と子どもは相互的に構成されていくものなのです。

　本書を通して，子どもたちはたとえ年長者からどんなに教えられたとしても，いくつかの文化的なコンテンツ（たとえば，宗教的な物語の特定の側面）に抵抗し，いくつかの文化的革新（たとえば，ほとんどの子どもたちにとってルドルフ）を歓迎し，いくつかの文化的実践（たとえば，歯の妖精への手紙，イースターの卵の色塗り）を自ら進んでうまく取り入れようとすることが明らかになりました。

　子どもの儀式の成果物は，実際のところ，本質的に物質的なものなのかもしれません。それでも，これらの儀式の間で子どもたちが発揮する力は，最終的にはまったく物質的なものではなく，だからこそ貴重なのです。

　ピーターパンがかつて言ったように，新しく産まれた赤ちゃんの最初の笑いは，妖精の始まりをもたらします。しかし，子どもたちが信じ続けることをやめれば，その時点で妖精は死ぬのです。そのやり方さえ知れば，子どもたちは

自分たちで聖域と意味を見い出し，現実へと変える積極的な力を持つようにな
ります。想像的体験によって現実をつくり出す力を通して，子どもたちは自ら
儀式に影響を与えていきます。信じることと寛容さこそが発達プロセスの調和
において大切なことなのです。

＊1　いつか先祖の霊や神々が輸送船にたくさんの物資を積んで戻ってくると信じる
　　　信仰の一種。

＊2　信徒パウロと密接な関係があり第3の福音書の著者とされている聖人。

＊3　1988年のアメリカ合衆国のコメディ映画。年老いたサンタクロースの後継者を
　　　めぐりアーネストが奔走する物語。

＊4　エルヴィス・プレスリー。アメリカのミュージシャン，映画俳優。

＊5　1957年から1963年まで放送されたアメリカの人気テレビ番組『ビーバーちゃん
　　　(Leave It to Beaver)』に登場する母親の名前。

＊6　アメリカで放送された医療ドラマ『ドクター・ウェルビー』のこと。

＊7　アメリカの神話学者。主な著書に『神話の力』『千の顔をもつ英雄』など。

＊8　アメリカの人類学者。主な著書に『精神の生態学へ』など。

＊9　コミュニケーションについてのコミュニケーションのこと。

＊10　アメリカの漫画家チャールズ・M・シュルツによる漫画。主人公チャーリー・
　　　ブラウンと飼い犬スヌーピー，そしてその仲間たちの日常が描かれている。

＊11　イギリスのヴィクトリア時代を代表する小説家姉妹。シャーロット，エミリー，
　　　アンの3人を指す。シャーロットは『ジェーン・エア』，エミリーは『嵐が丘』，
　　　アンは『ワイルドフェル屋敷の人々』を発表し，イギリス文壇に多大な影響を
　　　与えた。

＊12　捕虜（POW：Prisoner of War）として捕まえられた，あるいは行方不明者
　　　（MIA：Missing in Action）とされたアメリカの軍人に関する市民の懸念の象
　　　徴としてデザインされた旗。

補　論
子ども人類学へ
方法論的考察

　人類学および発達心理学の訓練を受けた私は，研究のスポンサーやまわりの人たちから「子ども人類学者」という肩書で呼ばれるようになったとき，それを面白がっていました。そのような肩書を聞いて，複雑な文化的儀式を学ぶことをめざしている，身長が3フィートちょっとしかない（小さなサファリルックに身を包んだ）若々しい好奇心に満ちた自分の姿を想像して，思わず笑みがこぼれたことを覚えています。とはいえ，本当のことを言うと，「子ども人類学者」という称号はちょっとだけ魅力的です。もしもある子どもがそのような研究をしたら，おそらく，どんな優れた大人よりも子どもたちの尊敬を集めるのではないでしょうか。

　多くの場合，子どもの考えを研究するために使用される方法論的アプローチは，子どもを「未熟な」，すなわち「未完成な，途上な，まだ到達していない」[1] とラベル付けする傾向にある，そのことは明らかです。子どもはどのようにして特定の文化の一員になるのかという問題は，多くの場合，子どもはどのようにして文化を習得するのかという問題へと置き換えられていきました [2]。このアプローチは，どうしても大人中心のものへと偏りがちです。**発達**と**社会化**という用語はまさに，大人と比べて子どもに何が欠けているのか，そうしたことに焦点を当てる用語なのです。たとえば，歯の妖精やイースターバニーを現実にいるものとして考えるといった子どもの見方は，大人の見方に反するものとして，たいてい低く評価されます。サンタクロースの問題は，大人中心の方法で扱われた場合には，空想と現実をまだ区別できていないケースとなります。大人たちは（子どもについて研究している大人たちでさえも），子どもを真剣に受け止めるのではなく，しばしば子どもをあざ笑うのです。

　この大人中心主義の問題は，たとえば，子どもたちの現実理解を所与のものとして扱うかどうかなど，探究しようとする研究課題についての概念的思考に

もかかわります。大人中心主義を避けることは，方法論的な問題とも直結します。人類学者たちは，「情報提供者が定義する世界の『真実』を知りたいという純粋な欲求」[3] を維持しようと努めており，研究全体を通して，子どもの視点を受け入れるのに必要な警戒感を強く持っています。これには，大人が子どもとやりとりする際に一般的に見られる，ある種の支配的で規律的な行動をすすんで脇に置くことが含まれます [4]。また，子どもの自発的な談話方略に対して敏感であることや，会話において子どもに主導権をゆだねることなども含まれます。通常の大人と子どもの関係とは逆に，子どもによる案内を必要とする世間知らずの調査者なのだと見せかけるために，ときおりとぼけたふりをすることだって含まれるのです。

　この調査のために実施したインタビューでは，私たちは子どもたちの言語習慣や，子どもたちが互いに情報を共有する際に通常とるやり方に敏感になるように努めました。子どもの世界を引き出し，探究するうえで最も効果的である談話方略の種類には，子どもによって大きなばらつきがありました。それでも，ロールプレイング，お絵かき，小道具の使用，その他コミュニケーションをとるためのゲーム的な方略など，たくさんのもので満たされた子どもに対するインタビューの実施は，質疑応答を中心とした大人に対するインタビューの実施とは明らかに異なるものです。情報提供者に対するインタビューでは，その調査対象グループにとって違和感のある方法で質問を行ってしまうと，コミュニケーション上の失敗が生じる可能性があります。これは文化の違いや年齢層の違いにも当てはまることです [5]。

　たとえば，私は幼い子どもたちと話すときに小道具や絵を使うことを好みますが，それは私たちの社会において，何か物を用いながら話すことが子どもと仲良くなるうえでよい方法だからです。そうした理由から，おもちゃ（素材の小道具）や何らかの遊びの活動を子どもたちと共有するようにしていました。歯のない子どものパペット人形は，歯を失うことが子どもにとってどのようなものかをうまく探るために使用しました。「ウサギの耳」は，子どもがイースターバニーのふるまいを演じたり表現したりするときに，多くの子どもたち（あるいは私）が着用しました。サンタクロースやさまざまなイースターのウサギっぽいものの切り抜き写真は，子どもの目から見てどれが正しくてどれが間

158

違いなのかを探るために使用しました。これらの刺激が，子どもたちがイースターバニーについての自らの認識を伝えるうえでどれほど役に立ったかを示す例として，以下のエピソードを紹介しましょう。これは，情報を提供してくれた7歳の女の子がウサギの耳を着用して，その間に130もの会話のターンが続き，そのとき得られたロールプレイングのエピソードから抜粋したものです。

　　クラーク　それでは，イースターバニーのつもりになってみて。あなたは今，穴の中にいて，そこには草があります。（遊びのような身振りで，動きを説明しながら）こうして草をかき分けて，穴に向かって大きな声で言うわよ。「ねえ，イースターバニー！　教えて，あなたは一日中，その穴の中で何をしているの？」

　　少女　私は働いているのよ。

　　クラーク　あなたの仕事は何？　どんな仕事をしているの？

　　少女　私は卵に色を付けているの。

　　クラーク　ねえ，イースターバニー，どこで卵を手に入れているの？

　　少女　うちで飼っているニワトリからよ。

　　クラーク　ニワトリがいるんだ。ねえ，イースターバニー，私はいつもあなたが子どものためにどうやって卵をたくさん用意しているのか，知りたいなぁって思っていたの。それはどんな風にして始めたの？　もう長いことやっているの，それともまだ短いの？

　　少女　長い間よ。

　　クラーク　あなたは何歳なの？

　　少女　100歳よ。

　　クラーク　……あなたはたくさんの卵に色を塗っているわよね。きっと大変な作業に違いないわ。卵に色を塗るのを手伝ってくれる人はいないの？

　　少女　いないの。

　　クラーク　全部自分で。

　　少女　そうよ。でも，卵を産むのはうちのニワトリだけだから。

補　論　子ども人類学へ　　159

情報提供者に対するインタビューにこのような空想的な志向性を取り入れる理由は，そのくらいの年齢の子どもたちが本来行っているコミュニケーション・システムと互換性のあるコミュニケーションの文脈（この場合は，子どもの役割遊び）を提供するためです。遊び心のあるインタビュー形式は，子どもの視点に対してオープンになるという目標を達成するための方法なのです。

　しかし，おそらく小道具やゲームよりも重要なのは，子どもの声に耳を傾けるという姿勢でしょう。大人の聞き手の考えに従わせるかたちでインタビューを行うのではなく，子どもの考えを取り入れ，それをさらに追求するような積極的な傾聴の一形態として，インタビューそのものを扱うことです。言い換えれば，子どもなりの基準をしっかりと考慮に入れることです。研究では，構造化または半構造化されたアンケートを使用するのではなく，焦点を絞ったインタビューの原理を採用しました。焦点を絞ったインタビューは，聞き手が重要と考え定義したものに基づいて答えてもらうのではなく，インタビューされる子どもたち自身が重要と定義したものを表現できるようにすることを目指しました [6]。最終的に，状況の定義を確認するために，個人の主観的な経験に焦点を当てることをねらいとしたインタビュー・ガイドを作成しました。その非指示的アプローチにより，今回の研究では，子どもなりの定義と状況の理解を尊重し，理解することをガイドの原則とした，子ども中心主義研究と呼びうるものとなりました。

　子どもを研究する人類学者として，私は子どもたちが大人という目的地へと向かう途上にいるというだけでなく，実際にすでにどこかにいて，それは非常に興味深い場所にいるということを発見しました。子どもたちは私たち大人に多くのことを教えてくれます。特に，大人の側である私たちは，主に2つの教訓を学ぶことができました。第1に，インタビューにおいて，私たちは適切なやり方で幼い子どもたちの関心に従事する方法を学ばなければなりません（これまで見てきたように，遊び心のある方法や小道具はうまく機能します）。第2に，子どもたちの視点は私たちの視点と異なる場合があるため，私たち大人は自分たちの質問に対して応答が得られたとき，その話に十分に耳を傾ける方法を学ばなければなりません。

具体的な研究の詳細

　本書の分析に含まれるフィールドワークは，1985年の9月と12月に始まり，私と他の6名の研究者たち [7] は5歳から10歳までの子ども61名（郊外に住む中流階級の家庭の子ども）を対象に，クリスマスとサンタクロースについてインタビューを行いました。サンプルは年齢と性別でバランスよくとられました。インタビューの半分は1985年9月に行われ，残りの半分は1985年12月に行われました。これらの最初の情報提供者へのインタビューは，明るい日差しが入るアパートの非公的な一室で行われました。

　その後のインタビューは，すべてシンディ・クラークによって情報提供者の自宅で行われました。1988年の8月から10月にかけて，32の家庭が歯の妖精の儀式についてインタビューを受けました。各家庭では，母親が電話による募集調査を通じて，インタビューの対象となる子どもが過去2週間以内に歯が抜ける経験をしていることを語ってくれました。シカゴ地域の家庭は中産階級から労働者階級まで及び，都市部と郊外の両方の世帯が含まれていました（エホバの証人を信仰するある家庭では，歯の妖精の儀式は彼らの宗教的な教義に従って，まったく行われていませんでした。このことは注目すべきことです。この例外的な家族では，親は子どもの歯が抜けるごとに，子どもに1ドルを直接支払うという慣習を行っていました）。母と子へのインタビューは個別的かつ非公開で行われました（それぞれの声が聞こえることはありませんでした）。サンプルには男子15名と女子17名が含まれており，5，6，7，8歳の各年齢の子どもが含まれるようにバランスよく行われました。

　1989年から1990年にかけて，シカゴの大都市圏でさらに3回の人類学的なデータ収集が行われました。最初の調査では，クリスマスとイースターの直後に各家庭で母親と子どもへのインタビューが行われました。サンプルには，40名の子ども（クリスマスに関して男子10名，女子10名，イースターに関して男子10名，女子10名）と母親が含まれていました。同じように，母と子へのインタビューは個別的かつ非公開で行われました。サンプルは年齢によってバランスがとられ，6歳と7歳の子どもが含まれていました。

　1989年から1990年にかけて行われた2回目の調査では，シカゴ郊外のショッピングモールでのビデオ撮影による観察が行われました。これは，子どもたち

がサンタクロースやイースターバニーのもとを「訪問」し，商業的に写真を撮ってもらうことのできる場所でした。子どもたちの訪問をビデオ撮影するために，サンタクロースやイースターバニーの衣装を着た人員を雇い，訓練し，配置している会社の協力も得ました。調査を行った単一のショッピングモールの場所は，シカゴの労働者階級が主に住む郊外にあり，人種的に多様な人たちが頻繁に訪れる場所でした。私が主任調査員として，ビデオ撮影を行ったばかりの家族からインフォームドコンセントを得ている間，その間のビデオ撮影は部分的にプロのカメラマンによる手助けを得ました。ビデオテープは，ウィリアム・コルサロが仲間文化の研究で使用したプロトコルに従って書き起こしました [8]。関心のある特定の行動（叫び声など）は，ビデオテープの書き起こしから体系的にコード化しました。

1989年から1990年にかけて行われた3回目の調査では，調査に参加してくれた母親たちにサンタクロース，イースターバニー，歯の妖精に対する子どもたちの行動をフィールドノートに記録し提出するように依頼しました。1989年12月1日から1990年5月31日まで，6名の母親がフィールドノートを記録してくれました。これらの記録者のうち4名は研究経験があり，そのうちの何名かは研究職で働いていました。母親の半数は少なくとも修士号を取得していました。記録が始まった時点で，全員に少なくとも1名の6歳から7歳の子どもがいました。

母親に子どもたちの行動の観察を記録するように依頼する手順は，子どもたちの怒りの表出に関するフローレンス・グッドイナフの1931年の研究ですでに前例がありました [9]。この方法は最近，マーク・カミングスらによっても使用されています [10]。使用された手法の中でも，母親のフィールドノートは，おそらく古典的な人類学者と情報提供者との長期間にわたる関係に非常に近いものであると言えます。母親は6か月もの間データを記録してくれました。これらのフィールドノートは，サンタクロースやイースターバニーへの子どもたちのかかわりが，祝日のひと時のみの出来事ではないことを繰り返し示してくれます。贈り物がすぐにはもらえないようなときでも，子どもたちはこれら祝日の象徴に対して感情豊かにかかわっていました。

私は昨年（1988年），娘が寝ている間にサンタさんがくれたという名目で，人形を娘に渡しました。彼女は（サンタさんのことを思い描きながら）思わずこう言いました。「愛しているわ，サンタさん」。私がどうしてそう言ったのかを尋ねると，「だって，サンタさんはこんな素敵なプレゼントをくれたんですもの」と言いました。

[母親のフィールドノート，1990年1月18日]

　今日，（私の息子）が（歯を磨いているときに）次のようなことを言った。

息子（5歳） ママ，知ってる？　サンタさんのそりって空を飛べて楽しいんでしょ？

母 そうでしょうね。

息子 トナカイといっしょに飛ぶんだよ。そりに一度でいいから乗ってみたいなぁ。

母 私も乗ってみたいわ。それはきっと素晴らしいでしょうね。

息子 そうに決まってるよ。

[母親のフィールドノート，1990年1月29日]

　時々，母親は，従来の人類学における情報提供者がそうであったように，起こった出来事についての（書面上の）解釈を私に提供してくれました。ある母親は7歳の息子との会話を録音していました。

息子 ママ，知ってる？　プロトンパック[*1]の新しいやつが手に入るんだよ。

母 なんなの？　プロトンパックって。

息子 僕がサンタに頼んだものだよ。

　まさに始まりがあって終わりのない会話でした。サンタは子どもの望むものを与えてくれると，彼がまだ信じているということを説明するためだけに書きました。

　母親たちによって書かれたフィールドノートは，調査対象となる慣習に母親たちがどれだけ個人的にかかわっているかも反映しているようです。サンタク

ロースやイースターバニーにほとんど関与していないか，あるいはそれを支持していなかった母親は，サンタクロースやイースターバニーの慣習を支持している母親とは対照的に，フィールドノートをあまり書いてきませんでした。後者のグループのノートは，より長く，より詳細で，より多くのコメントで満たされる傾向がありました。長期にわたる情報提供者は，部外者とばかりかかわったり，自分たちの慣習から距離を置いてコメントしたりなど，「周辺的」な個人になりがちであるという従来の人類学的なフィールドワークの結果とは異なり，今回の研究は情報提供者たちにとって非常に有意味な文化内部の調査であったようです。自分たちの文化内部で質問者のためにフィールドノートを書き続けるように頼まれたこれらの人たちは，自分たち自身が調査対象となる慣習に深くかかわっている場合，より詳細な情報を提供してくれる傾向にありました。

　情報提供者へのインタビュー，母親のフィールドノート，直接観察など，データ収集のすべての形式を重ね合わせたのは，私個人による2次解釈です。私自身も（幼い子どもを育てるアメリカの母親の1人として）研究対象となる文化の内側で暮らす人たちの一員であると同時に，その職業上の習性により，アメリカの子ども文化の熟達した翻訳者でもありました。ナターシャ・ファインが，大人は子どもの文化について実際よりも多くのことを知っていると思い込みがちである [11] と断言していることを私はよく承知しています。成熟した大人たちは，過去に子ども時代を潜り抜けたことで何を学んできたかについて，自分自身を過大に評価してしまうものです。子ども中心の研究は，大人というものがいかに誤解しやすく，いかに奇妙な回想の仕方をするかを私に何度も思い出させてくれます。私はそうして何度も襟を正すよう求められた経験を持っているのです。

　子ども中心の研究は2度目の子ども時代への直接的な回帰を約束するものではありません。子どもたちは実際のところ「他者」にすぎず，その子なりの歴史的時間をつくり出すし，その子なりの初めての体験をしています [12]。子どもたちのことを研究すると，より年長でより賢明であると思われる人たちが長い間忘れていた体験に対する深い認識（そして，再構成された理解）が呼び覚まされます。本書とその解釈が大人の読者たちに提示するのは，まさにそうし

た精神なのです。

＊1　映画『ゴーストバスターズ』（1984年公開のアメリカ作品）に登場する，ゴーストを封じ込める装置。

原　注

第1章

[1] Judith Boss, "Is Santa Corrupting Our Children?" *Free Inquiry* 11, no. 4 (1991): 27.

[2] Robert Coles, *The Spiritual Life of Children* (Boston: Houghton Mifflin, 1990). ［ロバート・コールズ著，桜内篤子訳『子どもの神秘生活——生と死，神・宇宙をめぐる証言』工作舎，1997］

[3] D. W. Winnicott, *Playing and Reality* (London: Tavistock Publications, 1971). ［D・W・ウィニコット著，橋本雅雄・大矢泰士訳『遊ぶことと現実　改訳』岩崎学術出版社，2015］

[4] J. M. Barrie, *Peter Pan* (New York: Henry Holt, 1987), 25. ［J・M・バリ著，厨川圭子訳『ピーターパン』岩波少年文庫，2000］

[5] Paul Veyne, *Did the Greeks Believe in Their Myths?* (Chicago: University of Chicago Press, 1988). ［ポール・ヴェーヌ著，大津真作訳『ギリシア人は神話を信じたか——世界を構成する想像力にかんする試論』法政大学出版局，1985］

第2章

[1] Theodore Ziolkowski, "The Telltale Teeth: Psychodontia to Sociodontia," *PMLA* 91 (1976): 9-22.

[2] H. S. Darlington, "The Tooth-Losing Dream," *Psychoanalytic Review* 29 (1942): 71-79; Jackson Steward Lincoln, *The Dream in Primitive Cultures* (London: Cresset Press, 1935; New York: Johnson Reprint Corp., 1970).

[3] Sandor Lorand, "On the Meaning of Losing Teeth in Dreams," *Psychoanalytic Quarterly* 17 (1948): 529-30; Sandor Lorand and Sandor Feldman, "The Symbolism of Teeth in Dreams," *International Journal of Psychoanalysis* 36 (1955): 145-61; Jerome Schneck, "Loss of Teeth in Dreams Symbolizing Fear of Aging," *Perceptual and Motor Shills* 24 (1967): 792, and "Total Loss of Teeth in Dreams," *American Journal of Psychiatry* 112 (1956): 939.

[4] Sigmund Freud, *The Interpretation of Dreams,* trans. James Strachey (New York: Avon Books, 1965). ［ジグムント・フロイト著，高橋義孝訳『夢判断（上・下）』新潮文庫，1969］

[5] William Carter, Bernard Butterworth, and Joseph Carter, *Ethnodentistry and Dental Folklore* (Kansas City, KS: Dental Folklore Books of Kansas City, 1987), 77.

[6] "Attitude toward and Special Treatment of Developmental Events," Human Relations Area Files, Topical Classification no. 856.

[7] Joyce Robertson, "A Mother's Observations of the Tonsillectomy of Her Four Year Old Daughter (with Commentary by Anna Freud)," *Psychoanalytic Study of the Child* 11 (1956): 410–33.

[8] T. J. Scheff, *Catharsis in Healing, Ritual, and Drama* (Berkeley and Los Angeles: University of California Press, 1979).

[9] Rosemary Wells, "The Tooth Fairy, Part II," *Cal Magazine*, February 1980, 18–24.

[10] Sudir Kakar, *Shamans, Mystics, and Doctors* (Boston: Beacon Press, 1982).

[11] John Silvestro, "Second Dentition and School Readiness," *New York State Dental Journal* 43, no. 3 (1977): 155–58.

[12] Barbara Rogoff et al., "Age of Assignment of Roles and Responsibilities in Children: A Cross-Cultural Survey," *Human Development* 18, no. 5 (1975): 354.

[13] Arnold Van Gennep, *The Rites of Passage* (Chicago: University of Chicago Press, 1960). [アルノルド・ヴァン・ジェネップ著，綾部恒雄訳『通過儀礼』弘文堂，1977]

[14] John O'Connor and Aaron Hoorvvitz, "Imitative and Contagious Magic in the Therapeutic Use of Rituals with Children," in *Rituals in Families and Family Therapy*, ed. Evan Imber-Black, Janine Roberts, and Richard Whiting (New York: W. W. Norton, 1988), 135–37.

[15] Stuart Albert et al., "Children's Bedtime Rituals as a Prototype Rite of Safe Passage," *Journal of Psychological Anthropology* 2, no. 1 (1979): 85–105.

[16] Van Gennep, *The Rites of Passage*, xvii.

第3章

[1] 実際のところ，現代のアメリカにはクリスマスと同時期に祝われる休日が他にも存在する。例えば，ハヌカー（ユダヤ教の年中行事の一つ）やクワンザ（アフリカ系アメリカ人の間で祝われる行事）などがそれにあたる。しかし，これらの祝祭はクリスマスのお祝いほど主流な文化の一部となっておらず，いわばサブカルチャーの祝祭であるため，本書の範囲を超えるものと考えられる。子どもたちの祝祭の年間サイクルに含まれていそうではあるが，本研究には含まれなかったものとして，他にもハロウィーンが挙げられる。ハロウィーンの慣習の背景については，Ralph Linton and Adelin Linton, *Halloween* (New York: Henry Schuman, 1950), 及び，Russell Belk, "Halloween: An Evolving American Consumption Ritual," in *Advances in Consumer Research*, vol. 17, ed. Marvin Goldberg, Gerald Gorn, and Richard Polley (Provo, Utah: Association for Consumer Research, 1990) を参照のこと。

[2] E. O. James, *Seasonal Feasts and Festivals* (New York: Barnes and Noble, 1961);

Robert Myers, *Celebrations: The Complete Book of American Holidays* (Garden City, N.Y.: Doubleday, 1972).

［3］ Alan Watts, *Easter: Its Story and Meaning* (London: Abelard-Schuman, 1950).

［4］ W. Lloyd Warner, *The Living and the Dead: A Study of the Symbolic Life of Americans* (New Haven: Yale University Press, 1959); W. Lloyd Warner, *The Family of God: A Symbolic Study of Christian Life in America* (New Haven: Yale University Press, 1961).

［5］ Sir James Frazer, *The Golden Bough: A Study in Magic and Religion* (London: Macmillan, 1915), 9:328.［ジェイムズ・ジョージ・フレイザー著，吉川信訳『初版 金枝篇（上・下）』ちくま学芸文庫，2003］

［6］ Myers, *Celebrations*.

［7］ Ibid.; John Layard, *The Lady of the Hare: Being a Study in the Healing Power of Dreams* (London: Faber & Faber, 1943); Watts, *Easter*.

［8］ Diana Carey and Judy Large, *Festivals, Family, and Food* (Gloucestershire: Hawthorne Press, 1982), 16.

［9］ John F. Baldovin, "Easter," in *The Encyclopedia of Religion*, ed. Mircea Eliade (New York: Macmillan, 1987).

［10］ Cynthia Scheibe, "Developmental Differences in Children's Reasoning about Santa Claus and Other Fantasy Characters" (Ph.D. diss., Cornell University, 1987).

［11］ James Barnett, *The American Christmas: A Study in National Culture* (New York: Macmillan, 1954).

［12］ E. Wilbur Bock, "The Transformation of Religious Symbols: A Case Study of St. Nicholas," *Social Compass* 19 (1972): 537-48.

［13］ Myers, *Celebrations*, 312.

［14］ Barnett, *The American Christmas*, 5.

［15］ Myers, *Celebrations*.

［16］ Hutton Webster, "Rest Days: A Sociological Study," *University Studies* 11 (1911): 156-58.

［17］ Barnett, *The American Christmas*, 24.

［18］ Martin Ebon, *Saint Nicholas: Life and Legend* (New York: Harper & Row, 1975).

［19］ Charles Jones, *Saint Nicholas of Myra, Bari, and Manhattan* (Chicago: University of Chicago Press, 1978), 329.

［20］ Adrianus De Groot, *Saint Nicholas: A Psychoanalytic Study of His History and Myth* (The Hague: Mouton, 1965), 21.

［21］ Myers, *Celebrations*.

［22］ Barnett, *The American Christmas*, 26-27.

［23］ Quoted in Jones, *Saint Nicholas*, 347.

[24] Quoted in Jones, *Saint Nicholas,* 347.

[25] Barnett, *The American Christmas.*

[26] Myers, *Celebrations,* 321.

[27] Barnett, *The American Christmas.*

[28] Philippe Ariès, *Centuries of Childhood* (New York: Vintage Books, 1962), 359. [フィリップ・アリエス著, 杉山光信・杉山恵美子訳『〈子供〉の誕生──アンシァン・レジーム期の子供と家族生活』みすず書房, 1980]

[29] Brian Sutton-Smith, *Toys as Culture* (New York: Gardner Press, 1986), 18-19.

[30] Samuel Preston, "The Vanishing American Family: A Demographer's Perspective," *Penn Arts and Sciences,* Spring 1990, 8.

[31] Barnett, *The American Christmas,* 109.

[32] Ibid.

[33] Ibid., 111.

[34] Theodore Caplow, "Christmas Gifts and Kin Networks," *American Sociological Review* 47 (1982): 383-92, and "Rule Enforcement without Visible Means: Christmas Gift Giving in Middletown," *American Journal of Sociology* 89, no. 6 (1984): 1306-23; Theodore Caplow, Howard Bahr, and Bruce Chadwick, *All Faithful People: Change and Continuity in Middletown's Religion* (Minneapolis: University of Minnesota Press, 1983); Theodore Caplow et al., *Middletown Families: Fifty Years of Change and Continuity* (Minneapolis: University of Minnesota Press, 1982); Theodore Caplow and Margaret Holmes Williamson, "Decoding Middletown's Easter Bunny: A Study in American Iconography," *Semiotica* 32 (1980): 221-32.

[35] Caplow et al., *Middletown Families,* 234.

[36] Ibid., 235.

[37] Caplow, "Rule Enforcement"; Caplow, Bahr, and Chadwick, *All Faithful People,* 188.

[38] Elizabeth Hirschman and Priscilla LaBarbara, "The Meaning of Christmas," in Interpretive Consumer Research, ed. Elizabeth Hirschman (Provo, Utah: Association for Consumer Research, 1989), 143.

[39] Eileen Fischer, "'Tis the Season to Be Jolly? Tensions and Trends in Christmas Shopping" (paper presented at the annual meeting of the Association for Consumer Research, New Orleans, 1989).

[40] Caplow et al., *Middletown Families,* 383.

[41] Russell Belk, "Materialism and the Modern U.S. Christmas," in Hirschman, Interpretive Consumer Research, 118, and "A Child's Christmas in America: Santa Claus as Deity, Consumption as Religion," *Journal of American Culture* 10 (1987): 87-100.

[42] Hirschman and LaBarbara, "The Meaning of Christmas," 141.

[43] L. Bryce Boyer, "Christmas 'Neurosis,'" *Journal of the American Psychoanalytic Association* 3 (1955): 467-88; James Cattell, "The Holiday Syndrome," *Psychoanalytic Review* 42 (1955): 39-43; George Pollock, "Temporal Anniversary Manifestations: Hour, Day, Holiday," *Psychoanalytic Quarterly* 40 (1971): 123-31; Renzo Sereno, "Some Observations on the Santa Claus Custom," *Psychiatry* 14 (1951): 387-96.

[44] Cattell, "The Holiday Syndrome," 39.

[45] Sereno, "Observations," 392-94.

[46] 例えば，Boyer, "Christmas Neurosis" や Serena, "Observations" など。

[47] James Bossard and Eleanor Boll, *Ritual in Family Living* (Philadelphia: University of Pennsylvania Press, 1950), 199.

[48] Steven Zeitlin, Amy Kotkin, and Holly Cutting Baker, *A Celebration of American Family Folklore* (New York: Pantheon Books, 1982).

[49] Bossard and Boll, *Ritual in Family Living*, 18-19.

[50] Zeitlin, Kotkin, and Baker, *Celebration of Folklore*, 165.

[51] Warner, *Living and Dead*.

[52] Caplow et al., *Middletown Families*; Hirschman and LaBarbara, "The Meaning of Christmas."

[53] Sutton-Smith, *Toys as Culture*, 17-18.

[54] David Plath, "The Japanese Popular Christmas: Coping with Modernity," *Journal of American Folklore* 76 (1963): 313.

[55] Belk, "Materialism," 119.

[56] James Barnett, "The Easter Festival—a Study in Cultural Change," *American Sociological Review* 14 (1949): 62-70.

[57] Ibid., 66.

[58] Myers, *Celebrations*, 104.

[59] Ibid.

[60] Ibid., 110.

[61] Edna Barth, *Lilies, Rabbits, and Painted Eggs: The Story of the Easter Symbols* (New York: Clarion Books, 1970); T. Sharper Knowlson, *The Origin of Popular Superstitions and Customs* (London: T. Werner Laurie, 1930); Myers, *Celebrations*; Venetia Newall, *An Egg at Easter: A Folkloric Study* (Bloomington: Indiana University Press, 1971); Watts, *Easter*; Layard, *Lady of the Hare*; Manabu Waida, "Rabbits," in Eliade, *The Encyclopedia of Religion*.

[62] Knowlson, *Origin of Popular Superstitions*, 36-37.

[63] Watts, *Easter*, 28.

[64] Myers, *Celebrations*, 111.

[65] Ibid.

[66] Newall, *An Egg at Easter*, 326.

原　注　171

[67] Myers, *Celebrations*; Layard, *Lady of the Hare*.

[68] Waida, "Rabbits."

[69] アメリカの文化では，野ウサギとウサギの区別はしばしばつけられていない。文化的見地で言えば，野ウサギに起因するヨーロッパの伝承は，アメリカではその多くが広くウサギに帰せられている。詳しくは *Man: Myth, and Magic: An Illustrated Encyclopedia of the Supernatural*, ed. Richard Cavendish (New York: Marshall Cavendish, 1970) を参照。なお，野ウサギとウサギとの生物学的な違いについて言えば，野ウサギは巣を作らず，ウサギの子よりも幼い頃に無力だということがあげられる。また，野ウサギはアメリカではあまり知られていない。

[70] Caplow, Bahr, and Chadwick, *All Faithful People*.

[71] Ibid.

[72] Ibid., 193.

[73] Caplow and Williamson, "Decoding Middletown's Easter Bunny."

[74] Edmund Leach, "Anthropological Aspects of Language: Animal Categories and Verbal Abuse," in *Reader in Comparative Religion*, ed. William Lessa and Evon Vogt (New York: Harper & Row, 1964; reprint 1979), 153-66.

[75] Caplow et al., *Middletown Families*.

[76] Warner, *The Family of God*, 369-70.

[77] Caplow, Bahr, and Chadwick, *All Faithful People*, 197.

[78] Caplow and Williamson, "Decoding Middletown's Easter Bunny," 229.

第4章

[1] Margaret Mead, "An Investigation of the Thought of Primitive Children, with Special Reference to Animism," *Journal of the Royal Anthropological Institute* 62 (1932): 184.

[2] Carl Anderson, "On Discovering the Truth: Children's Reactions to the Reality of the Santa Claus Myth" (Ph.D. diss., University of Texas at Austin, 1987); Scheibe, "Developmental Differences."

[3] Claude Lévi-Strauss, "Where Does Father Christmas Come From?" *New Society* 19 (1963): 6.

[4] Mircea Eliade, *The Sacred and the Profane: The Nature of Religion* (New York: Harcourt Brace Jovanovich, 1959), 92.

[5] Bruno Bettelheim, *The Uses of Enchantment* (New York: Vintage Books, 1977) [ブルーノ・ベッテルハイム著，波多野完治・乾侑美子訳『昔話の魔力』評論社，1978] のほか Wendy Doniger O'Flaherty, "Inside and Outside the Mouth of God: The Boundary between Myth and Reality," *Daedalus* 109 (1980): 93-125, *Dreams, Illusions, and Other Realities* (Chicago: University of Chicago Press, 1984) や *Other People's Myths* (New York: Macmillan, 1988) など参照。

[6] 現代アメリカの大人たちが想像力をどのように活用しているかについての深い洞

察を知りたければ，John Caughey, *Imaginary Social Worlds* (Lincoln: University of Nebraska Press, 1984) を参照のこと。

[7] John Sherry, "Gift Giving in Anthropological Perspective," *Journal of Consumer Research* 10 (1983): 157–68.

[8] Barry Schwartz, "The Social Psychology of the Gift," *American Journal of Sociology* 73, no. 1 (1967): 4.

[9] Donna Fisher-Thompson et al., "Sex-Role Orientations of Children and Their Parents: Relationship to the Sex-Typing of Christmas Toys" (paper presented at the sixtieth anniversary meeting of the Society for Research in Child Development, New Orleans, March 1993).

[10] Scheibe, "Developmental Differences," 59.

[11] Eliade, Sacred and Profane.

[12] Russell Belk, Melanie Wallendorf, and John Sherry, "The Sacred and the Profane in Consumer Behavior: Theodicy on the Odyssey," *Journal of Consumer Research* 16 (1989): 10.

[13] Roger Abrahams, "The Language of Festivals: Celebrating the Economy," in *Celebration: Studies in Festivity and Ritual,* ed. Victor Turner (Washington D. C.: Smithsonian Institution Press, 1982), 167–68.

[14] Mircea Eliade, *Patterns in Comparative Religion* (New York: New American Library, 1958), 10.

[15] Abrahams, "The Language of Festivals," 175–76.

[16] David Elkind, *The Child's Reality: Three Developmental Themes* (Hillsdale, N.J.: Lawrence Erlbaum Associates, 1978), 35.

[17] Gordon Allport, *The Individual and His Religion* (New York: Macmillan, 1950), 29. ［G・W・オルポート著，原谷達夫訳『個人と宗教——心理学的解釈』岩波現代叢書，1953］

[18] Scheibe, "Developmental Differences," 131.

[19] Carol Zaleski, *Otherworld Journeys: Accounts of Near-Death Experience in Medieval and Modern Times* (New York: Oxford University Press, 1987), 187.

第5章

[1] Caplow, Bahr, and Chadwick, *All Faithful People*; Caplow and Williamson, "Decoding Middletown's Easter Bunny"; Caplow et al., *Middletown Families*.

[2] Sherry Ortner, "Is Female to Male as Nature Is to Culture?" in *Woman, Culture, and Society,* ed. Michelle Zimbalist Rosaldo and Louise Lamphere (Stanford: Stanford University Press, 1974), 77–78.

[3] Joseph V. Hickey, William E. Thompson, and Donald L. Foster, "Becoming the Easter Bunny: Socialization into a Fantasy Role," *Journal of Contemporary Ethnography* 17, no. 1 (1988): 78.

［4］ D. W. Winnicott, "Transitional Objects and Transitional Phenomena," in Collected Papers (New York: Basic Books, 1951; reprint 1958), 229-42.

［5］ Winnicott, "Transitional Objects," 231. また Mary Watkins, *Invisible Guests: The Development of Imaginal Dialogues* (Hillsdale, N.J.: Analytic Press, 1986) や Caughey, *Imaginary Social Worlds* も参照。

［6］ Zeitlin, Kotkin, and Baker, *Celebration of Folklore*, 136.

［7］ Mary Chase, *Harvey* (New York: Dramatists Play Service, 1944),

［8］ アメリカの一部の家庭による儀式の中には，月の最初の日に「ウサギ，ウサギ」という言葉を最初に発すると，その家族のメンバーにはその月に幸運が与えられるというものがある。

［9］ Belk, "Halloween: An Evolving American Consumption Ritual" を参照。

［10］ Hickey, Thompson, and Foster, "Becoming the Easter Bunny," 87.

［11］ Norman Prentice, Martin Manosevitz, and Laura Hubbs, "Imaginary Figures of Early Childhood: Santa Claus, Easter Bunny, and the Tooth Fairy," *American Journal of Orthopsychiatiy* 48 (1978): 625.

［12］ W. Nikola-Lisa, "The Cult of Peter Rabbit" (paper presented at a meeting of the Society for Popular Culture, Toronto, 1990) を参照。フォーラムで取り上げられている，ある少年によるピーターラビットの物語の想像上の活用については，Peggy G. Miller et al., "Troubles in the Garden and How They Get Resolved: A Young Child's Transformation of His Favorite Story," in *Memory and Affect in Development*, ed. Charles A. Nelson (Hillsdale, NJ.: Lawrence Erlbaum Associates, 1993), 87-114 を参照。

［13］ Eliade, *Sacred and Profane*.

［14］ Winnicott, *Playing and Reality*.

［15］ Marion Milner, "D. W. Winnicott and the Two-way Journey," in *Between Reality and Fantasy: Transitional Objects and Phenomena*, ed. Simon Grolnick and Leonard Barkin (New York: Jason Aronson, 1978), 41.

［16］ Mihaly Csikszentmihalyi and Eugene Rochberg-Halton, *The Meaning of Things: Domestic Symbols and the Self* (Cambridge: Cambridge University Press, 1981), 184-87. ［M・チクセントミハイ，E・ロックバーグ=ハルトン著，市川孝一・川浦康至訳『モノの意味——大切な物の心理学』誠信書房，2009］

［17］ Caplow and Williamson, "Decoding Middletown's Easter Bunny," 229.

［18］ Mary Knapp and Herbert Knapp, *One Potato, Two Potato: The Secret Education of American Children* (New York: W. W. Norton, 1976), 220.

第6章

［1］ Preston, "The Vanishing American Family." なお，Stephanie Coontz, *The Way We Never Were* (New York: Basic Books, 1992) も参考になる。この本は，家族の終焉についての活発な議論の中でも，バランスの取れた視点を提供してくれる。

[2] Belk, Wallendorf, and Sherry, "Sacred and Profane."

[3] Victor Turner, *The Forest of Symbols* (Ithaca: Cornell University Press, 1967), 30.

[4] Caplow, "Rule Enforcement." を参照。

[5] Csikszentmihalyi and Rochberg-Halton, *The Meaning of Things*, 220-21.

[6] Bossard and Boll, *Ritual in Family Living*, 130.

[7] Imber-Black, Roberts, and Whiting, *Rituals in Families*, 76.

[8] Gananath Obeyesekere, *Medusa's Hair: An Essay on Personal Symbols and Religious Experience* (Chicago: University of Chicago Press, 1981), 99.〔ガナナート・オベーセーカラ著，渋谷利雄訳『メドゥーサの髪——エクスタシーと文化の創造』言叢社，1988〕

[9] Shirley Park Lowry, *Familiar Mysteries: The Truth in Myth* (New York: Oxford University Press, 1982), 170-72.

[10] Caplow, "Christmas Gifts," 391.

[11] Irena Chalmers, *The Great Christmas Almanac* (New York: Viking Studio Books, 1988), 68.

[12] Belk, "Child's Christmas in America," 91.

[13] Blayne Cutler, "Here Comes Santa Claus (Again)," *American Demographics,* December 1989, 32.

[14] Turner, *Celebration,* 24 また Abrahams, "The Language of Festivals." も参照。

[15] この寛容さという行為は，私のフィールドワークの中でも孤立した出来事であったかと言えば，そうではない。興味深いことに，ある実験的研究では，サンタクロースについての話を聞かされた1年生の子どもは，統制群の1年生の子ども（イースターバニーやペットについての話を聞かされた）よりも，障害のある子どもに対する貢献という点で，より寛容であったことが示されている。詳しくはDavid J. Dixon and Harry L. Hom, "The Role of Fantasy Figures in the Regulation of Young Children's Behavior: Santa Claus, the Easter Bunny, and Donations," *Contemporary Educational Psychology* 9 (1984): 14-18 を参照のこと。

[16] Ira Zepp, *The New Religious Image of Urban America: The Shopping Mall as Ceremonial Center* (Westminster, Md.: Christian Classics, 1986).

[17] Mary Douglas, *Purity and Danger: An Analysis of the Concepts of Pollution and Taboo* (London: Ark Paperbacks, 1966; reprint 1985), 94.

[18] Sally F. Moore and Barbara Meyerhoff, *Secular Ritual* (Amsterdam: Van Gorcum, 1977).

[19] Belk, Wallendorf, and Sherry, "Sacred and Profane."

第 7 章

[1] Margaret Mead, *Blackberry Winter* (New York: Pocket Books, 1972), 307.

[2] Martin Manosevitz, Norman Prentice, and Frances Wilson, "Individual and

Family Correlates of Imaginary Companions in Preschool Children," *Developmental Psychology* 8, no. 1 (1973): 72-79.

[3] Mary Renck Jalongo, "Imaginary Companions in Children's Lives and Literature," *Childhood Education* 60 (1984): 166-71.

[4] Mackenzie Brooks and Don Knowles, "Parents' Views of Children's Imaginary Companions," *Child Welfare* 61 (1982): 25-32.

[5] Caughey, *Imaginary Social Worlds*.

[6] 過去の社会科学者たちによる同様の仮説については，Wendell Oswalt, "A Particular Pattern: Santa Claus," in *Understanding Our Culture: An Anthropological View* (New York: Holt, Rinehart and Winston, 1970), 10 や Eric Wolf, "Santa Claus: Notes on a Collective Representation," in *Process and Pattern in Culture,* ed. Robert Manners (Chicago: Aldine Publishing, 1964), 147-55 も参照のこと。

また，「カーゴ・カルト」に関する簡単な論考（例えば，19世紀初頭のメラネシア人の間では，祖先の霊が良いものをもたらすと信じられていた）については，Edward Green, "Cargo Cults," in *Encyclopedia of Anthropology,* ed. David Hunter and Philip Whitten (New York: Harper & Row, 1976) が参考になる。

[7] James T. Proctor, "Children's Reactions to Christmas," *Journal of the Oklahoma State Medical Association* 60 (1967): 653-59.

[8] Zeitlin, Kotkin, and Baker, *Celebration of Folklore,* 169.

[9] 例えば，Barry Glassner, "Kid Society," *Urban Education* 11 (1976): 5-22 を参照のこと。

[10] Peggy Miller and Lisa Hoogstra, "How to Represent the Native Child's Point of View: Methodological Problems in Language Socialization" (paper presented at the annual meeting of the American Anthropological Association, Washington D.C., 1989).

[11] Suzanne Gaskins, Peggy J. Miller, and William A. Corsaro, "Theoretical and Methodological Perspectives in the Interpretive Theory of Culture," *New Directions for Child Development* 58 (1992): 5-23.

[12] Suzanne Gaskins and John Lucy, "The Role of Children in the Production of Adult Culture: A Yucatec Case" (paper presented at the annual meeting of the American Ethnological Society, Philadelphia, 1987), 1.

[13] Anthony F. C. Wallace, *Religion: An Anthropological View* (New York: Random House, 1966), 77-79.

[14] W. George Scarlett and Dennie Wolf, "When It's Only Make-Believe: The Construction of a Boundary between Fantasy and Reality in Storytelling," *New Directions for Child Development* 6 (1979): 40.

[15] テレビ番組に対する現実／ファンタジーの判断に関する情報源としては，以下を参照のこと。Patricia Morison, Hope Kelly, and Howard Gardner, "Reasoning

about the Realities of Television: A Developmental Study," *Journal of Broadcasting* 25 (1981): 229-41; John Condry and Sue Freund, "Discriminating Real from Make-Believe on Television: A Developmental Study" (paper presented at the biannual meeting of the Society for Research in Child Development, Kansas City, Mo., 1989); Cynthia Scheibe, "Learning the Categories of 'Real' and 'Make-Believe': A Developmental Study" (paper presented at the biannual meeting of the Society for Research in Child Development, Kansas City, Mo., 1989); Patricia Morison, Margaret McCarthy, and Howard Gardner, "Exploring the Realities of Television with Children," *Journal of Broadcasting* 23 (1979): 453-63; Bradley Greenberg and Byron Reeves, "Children and the Perceived Reality of Television," *Journal of Social Issues* 32 (1976): 86-97。また，Patricia Morison and Howard Gardner, "Dragons and Dinosaurs: The Child's Capacity to Differentiate Fantasy from Reality," *Child Development* 49 (1978): 642-48 も参考になる。

[16]　Caughey, *Imaginary Social Worlds*, 243.

[17]　Todd Gitlin, "Television's Screens: Hegemony in Transition," in *American Media and Mass Culture: Left Perspectives*, ed. Donald Lazere (Berkeley and Los Angeles: University of California Press, 1987), 286.

[18]　Richard Shweder, "How to Look at Medusa without Turning to Stone," *Contributions to Indian Sociology* 21 (1987): 52-53.

[19]　Joseph Campbell, *The Power of Myth* (New York: Doubleday, 1988), 64-65. ［ジョーゼフ・キャンベル，ビル・モイヤーズ著，飛田茂雄訳『神話の力』早川書房，2010］

[20]　Gregory Bateson, "A Theory of Play and Fantasy," in *Steps to an Ecology of the Mind* (New York: Chandler Publishing, 1972), 177-93. ［グレゴリー・ベイトソン著，佐藤良明訳『精神の生態学へ（上・中・下)』岩波文庫，2023］

[21]　Winnicott, *Playing and Reality*, 2.

[22]　Ibid.

[23]　Ibid., 14.

[24]　Paul Pruyser, *The Play of the Imagination: Toward a Psychoanalysis of Culture* (New York: International Universities Press, 1983), 58.

[25]　ブロンテ姉妹による想像上のおもちゃの兵隊に関する虚構的な取り扱いについては，Pauline Clark, *The Return of the Twelves* (New York: Putnam's, 1962; reprint New York: Dell Yearling Classic, 1986) を参照。

[26]　George Lakoff and Mark Johnson, *Metaphors We Live By* (Chicago: University of Chicago Press, 1980). ［ジョージ・レイコフ，マーク・ジョンソン著，渡部昇一・楠瀬淳三・下谷和幸訳『レトリックと人生』大修館書店，1986］

[27]　Ellen Winner, *The Point of Words: Children's Understanding of Metaphor and Irony* (Cambridge, Mass.: Harvard University Press, 1988), 131. ［エレン・ウィ

ナー著，津田塾大学言語文化研究所読解研究グループ訳『ことばの裏に隠れているもの――子どもがメタファー・アイロニーに目覚めるとき』ひつじ書房，2011]

[28] Robert Verbruge, "The Primacy of Metaphor in Development," *New Directions in Child Development* 6 (1979): 77-84.

[29] Pruyser, *Play of Imagination*, 109.

[30] Winnicott, *Playing and Reality*, 109.

[31] David Heller, *The Children's God* (Chicago: University of Chicago Press, 1986), 141-142; Ana-Maria Rizzuto, *The Birth of the Living God: A Psychoanalytic Study* (Chicago: University of Chicago Press, 1979).

[32] Heller, *The Children's God*; Rizzuto, *Birth*.

[33] 例えば，Sereno, "Observations."

[34] Winnicott, *Playing and Reality*, 2.

補論

[1] Frances Waksler, "Studying Children: Phenomenological Insights," *Human Studies* 9 (1986): 73.

[2] Gaskins, Miller, and Corsaro: "Theoretical and Methodological Perspectives."

[3] Julie Tammivaara and D. Scott Enright, "On Eliciting Information: Dialogues with Child Informants," *Anthropology and Education Quarterly* 17 (1986): 225.

[4] Gary Alan Fine, *With the Boys: Little League Baseball and Preadolescent Culture* (Chicago: University of Chicago Press, 1987); Tammivaara and Enright, "On Eliciting Information."

[5] Charles Briggs, *Learning How to Ash: A Sociolinguistic Appraisal of the Role of the Interview in Social Science Research* (Cambridge: Cambridge University Press, 1986).

[6] Robert K. Merton, Marjorie Fiske, and Patricia L. Kendall, *The Focused Interview: A Manual of Problems and Procedures*, 2d ed. (New York: Free Press, 1990).

[7] その他のインタビュアーである Carol Hartman, Darlene Miskovic, Elizabeth Monroe-Cook, Roxanne Pilat, Cathy Sweitzer, そして Linda Troste に記して感謝します。

[8] William A. Corsaro, *Friendship and Peer Culture in the Early Years* (Norwood, NJ.: Ablex Publishing, 1985).

[9] Florence Goodenough, *Anger in Young Children* (Minneapolis: University of Minnesota Press, 1931).

[10] E. Mark Cummings, Carolyn Zahn-Waxler, and Marian Radke-Yarrow, "Developmental Changes in Children's Reactions to Anger in the Home," *Journal of Children Psychology and Psychiatry* 25 (1984): 63-74.

[11] Fine, *With the Boys*, 243.

[12] 歴史的文脈を反映させつつアメリカの子ども時代を扱ったものとして，Viviana Zelizer, *Pricing the Priceless Child: The Changing Social Value of Children* (New York: Basic Books, 1985); and Gary Alan Fine and Jay Mechling, "Minor Difficulties: Changing Children in the Late Twentieth Century" in *America at Century's End*, ed. Alan Wolfe (Berkeley and Los Angeles: University of California Press, 1991), 58-78.

謝　辞

　本書は，私にインスピレーションと教示を与えてくれた，たくさんの大人たちと子どもたちのおかげによるものです。その中には，ときに休暇中であっても，私と経験を共有するために人生の時間を費やしてくれた匿名の情報提供者たち（みんな忙しいアメリカ人です）も含まれています。また，この業界の研究者たちも何人かがインタビュアーとして私を助けてくれました。彼らの名前は補論に記載させていただきました。この原稿の執筆をサポートしてくれた Holly Blackford にも感謝の言葉を述べたいと思います。

　本研究の多くは，Richard A. Shweder の的確な指導の下で行われました。彼の概念的な輝き，特定の問題に対して最高の理性とロマン主義をもたらす能力，そして，まだ学生の書き手にすぎなかった私を快くケアしてくれた彼の思いやり，それらを思うと，私には感謝の言葉しかありません。またその他に，堅実で協力的なアドバイザーである Peggy Miller と Ray Fogelson にも感謝の言葉を申し上げます。Jean Comaroff，Wendy Doniger，James Ferenandez，Gary Alan Fine，Gil Herdt，Peter Homans，Stanley Kurtz，Melanie Wallendorf，Rosemary Wells は，発展途上であった私のアイデアや研究に応え，ありとあらゆる手助けをしてくれました。そして，この仕事を実現させてくれたハリス発達研究センターのフェローシップ助成金にも感謝いたします。

　本書のアイデアは私自身によるものですが，旅路の途中における知的で道徳的なサポートという贈り物は，まさに寛容の精神によりもたらされました。サポートしてくれたすべての人にミルクとクッキーを。

文　献

Abrahams, Roger. "The Language of Festivals: Celebrating the Economy." In *Celebration: Studies in Festivity and Ritual,* ed. Victor Turner, 161-77. Washington, D.C.: Smithsonian Institution Press, 1982.

Albert, Stuart, Terry Amgott, Mildred Krakow, and Howard Marcus. "Children's Bedtime Rituals as a Prototype Rite of Safe Passage." *Journal of Psychological Anthropology* 2, no. 1 (1979): 85-105.

Allport, Gordon. *The Individual and His Religion.* New York: Macmillan, 1950.

Anderson, Carl. "On Discovering the Truth: Children's Reactions to the Reality of the Santa Claus Myth." Ph.D. diss., University of Texas at Austin, 1987.

Ariés, Philippe. *Centuries of Childhood.* New York: Vintage Books, 1962,

"Attitude toward and Special Treatment of Developmental Events." Human Relations Area Files, Topical Classification no. 856. Regenstein Library, University of Chicago.

Baldovin, John F. "Easter." In *The Encyclopedia of Religion,* ed. Mircea Eliade. New York: Macmillan, 1987.

Barnett, James. *The American Christmas: A Study in National Culture.* New York: Macmillan, 1954,

―――. "The Easter Festival—a Study in Cultural Change." *American Sociological Review* 14 (1949): 62-70.

Barrie, J. M. *Peter Pan.* New York: Henry Holt, 1987.

Barth, Edna. *Lilies, Rabbits, and Painted Eggs: The Story of the Easter Symbols.* New York: Clarion Books, 1970.

Bateson, Gregory. "A Theory of Play and Fantasy." In *Steps to an Ecology of the Mind.* New York: Chandler Publishing, 1972.

Belk, Russell. "A Child's Christmas in America: Santa Claus as Deity, Consumption as Religion." *Journal of American Culture* 10 (1987): 87-100.

―――. "Halloween: An Evolving American Consumption Ritual." In *Advances in Consumer Research,* vol. 17, ed. Marvin Goldberg, Gerald Gorn, and Richard Polley, 508-17. Provo, Utah: Association for Consumer Research, 1990.

―――. "Materialism and the Modern U.S. Christmas." In *Interpretive Consumer Research,* ed. Elizabeth Hirschman, 115-34. Provo, Utah: Association for Consumer Research, 1989.

Belk, Russell, Melanie Wallendorf, and John Sherry. "The Sacred and the Profane in Consumer Behavior: Theodicy on the Odyssey." *Journal of Consumer Research* 16

(1989): 1–38.

Bettelheim, Bruno. *The Uses of Enchantment*. New York: Vintage Books, 1977.

Bock, E. Wilbur. "The Transformation of Religious Symbols: A Case Study of St. Nicholas." *Social Compass* 19 (1972): 537–48.

The Book of Easter. New York: Macmillan, 1911; reprint Detroit: Singing Tree Press, 1971.

Boorstin, Daniel J. "Christmas and Other Festivals of Consumption." In *The Americans: The Democratic Experience*. New York: Random House, 1973.

Boss, Judith. "Is Santa Corrupting Our Children?" *Free Inquiry* 11, no. 4 (1991): 24–27.

Bossard, James, and Eleanor Boll. *Ritual in Family Living*. Philadelphia: University of Pennsylvania Press, 1950.

Boyer, L. Bryce. "Christmas 'Neurosis.'" *Journal of the American Psychoanalytic Association* 3 (1955): 467–88.

Briggs, Charles. *Learning How to Ask: A Sociolinguistic Appraisal of the Role of the Interview in Social Science Research*. Cambridge: Cambridge University Press, 1986.

Brooks, Mackenzie, and Don Knowles. "Parents' Views of Children's Imaginary Companions." *Child Welfare* 61 (1982): 25–32.

Campbell, Joseph. *The Power of Myth*. New York: Doubleday, 1988.

Caplow, Theodore. "Christmas Gifts and Kin Networks." *American Sociological Review* 47 (1982): 383–92.

————. "Rule Enforcement without Visible Means: Christmas Gift Giving in Middletown." *American Journal of Sociology* 89, no. 6 (1984): 1306–23.

Caplow, Theodore, Howard Bahr, and Bruce Chadwick. *All Faithful People: Change and Continuity in Middletown's Religion*. Minneapolis: University of Minnesota Press, 1983.

Caplow, Theodore, Howard Bahr, Bruce Chadwick, Reuben Hill, and Margaret Holmes Williamson. *Middletown Families: Fifty Years of Change and Continuity*. Minneapolis: University of Minnesota Press, 1982.

Caplow, Theodore, and Margaret Holmes Williamson. "Decoding Middletown's Easter Bunny: A Study in American Iconography," *Semiotica* 32 (1980): 221–32.

Carey, Diana, and Judy Large. *Festivals, Family, and Food*. Gloucestershire: Hawthorne Press, 1982.

Carlos, James, and Alan Gittelsohn. "Longitudinal Studies of the Natural History of Caries I : Eruption Patterns of the Permanent Teeth." *Journal of Dental Research* 44, no. 3 (1965): 509–14.

Carter, William, Bernard Butterworth, and Joseph Carter. *Ethnodentistry and Dental Folklore*. Kansas City, KS: Dental Folklore Books of Kansas City, 1987.

Cattell, James. "The Holiday Syndrome." *Psychoanalytic Review* 42 (1955): 39–43.

Caughey, John. *Imaginary Social Worlds*. Lincoln: University of Nebraska Press, 1984.

Cavendish, Richard, ed. *Man, Myth, and Magic: An Illustrated Encyclopedia of the Supernatural.* New York: Marshall Cavendish Corp., 1970.

Chalmers, Irena. *The Great Christmas Almanac.* New York: Viking Studio Books, 1988.

Chase, Mary. *Harvey.* New York: Dramatists Play Service, 1944,

Clark, Cindy Dell. "Putting Aside Adultcentrism: Child-Centered Ethnographic Research." Paper presented at the conference Reconceptualizing Research in Early Childhood Education, University of Wisconsin at Madison, October 1991.

Clark, Pauline. *The Return of the Twelves.* New York: Putnam's, 1962; reprint, New York: Dell Yearling Classic, 1986.

Coles, Robert. *The Spiritual Life of Children.* Boston: Houghton Mifflin, 1990.

Condry, John, and Freund, Sue. "Discriminating Real from Make-Believe on Television: A Developmental Study." Paper presented at the biannual meeting of the Society for Research in Child Development, Kansas City, Mo., 1989.

Coolidge, Frederick, and Duane Bracken. "The Loss of Teeth in Dreams: An Empirical Investigation." *Psychological Reports* 54 (1984): 931–35.

Coontz, Stephanie. *The Way We Never Were.* New York: Basic Books, 1992.

Corsaro, William A. *Friendship and Peer Culture in the Early Years.* Norwood, N.J.: Ablex Publishing, 1985.

Csikszentmihalyi, Mihaly, and Eugene Rochberg-Halton. *The Meaning of Things: Domestic Symbols and the Self.* Cambridge: Cambridge University Press, 1981.

Cutler, Blayne. "Here Comes Santa Claus (Again)." *American Demographics,* December 1989, 30–33.

Cummings, E. Mark, Carolyn Zahn-Waxler, and Marian Radke-Yarrow. "Developmental Changes in Children's Reactions to Anger in the Home." *Journal of Children Psychology and Psychiatry* 25 (1984): 63–74.

Darlington, H. S. "The Tooth-Losing Dream." *Psychoanalytic Review* 29 (1942): 71–79.

De Groot, Adrianus. *Saint Nicholas: A Psychoanalytic Study of His History and Myth.* The Hague: Mouton, 1965.

Denzin, Norman K. "The Politics of Childhood." In *Children and Their Caretakers,* ed. Norman Denzin, 1–25. New Brunswick, N. J.: Transaction Press, 1963.

Dixon, David J., and Harry L. Hom. "The Role of Fantasy Figures in the Regulation of Young Children's Behavior: Santa Claus, the Easter Bunny, and Donations." *Contemporary Educational Psychology* 9 (1984): 14–18.

Douglas, Mary. *Natural Symbols.* New York: Pantheon Books, 1982.

―――. *Purity and Danger: An Analysis of the Concepts of Pollution and Taboo.* London: Ark Paperbacks, 1966; reprint 1985.

Ebon, Martin. *Saint Nicholas: Life and Legend.* New York: Harper & Row, 1975.

Eliade, Mircea. *Myth and Reality.* New York: Harper & Row, 1963.

————. *Patterns in Comparative Religion.* New York: New American Library, 1958.

————. *The Sacred and the Profane: The Nature of Religion.* New York: Harcourt Brace Jovanovich, 1959.

Elkind, David. *The Child's Reality: Three Developmental Themes.* Hillsdale, N.J.: Lawrence Erlbaum Associates, 1978.

Fine, Gary Alan. *With the Boys: Little League Baseball and Preadolescent Culture.* Chicago: University of Chicago Press, 1987.

Fine, Gary Alan, and Jay Mechling. "Minor Difficulties: Changing Children in the Late Twentieth Century." In *American at Century's End,* ed. Alan Wolfe, 58–78. Berkeley and Los Angeles: University of California Press, 1991.

Fischer, Eileen. "'Tis the Season to Be Jolly?: Tensions and Trends in Christmas Shopping." Paper presented at the annual meeting of the Association for Consumer Research, New Orleans, 1989.

Fischer, Eileen, and Stephen. J. Arnold. "More Than a Labor of Love: Gender Roles and Christmas Gift Shopping." *Journal of Consumer Research* 17 (1990): 333–45.

Fisher-Thompson, Donna, Linda Polioski, Michele Eaton, and Kristin Heffernan. "Sex-Role Orientations of Children and Their Parents: Relationship to the Sex-Typing of Christmas Toys." Paper presented at the sixtieth anniversary meeting of the Society for Research in Child Development, New Orleans, March 1993.

Frazer, Sir James. *The Golden Bough: A Study of Magic and Religion.* 12 vols. London: Macmillan, 1915.

Freud, Sigmund. *The Interpretation of Dreams.* Translated by James Strachey. New York: Avon Books, 1965.

Gaskins, Suzanne, and John Lucy. "The Role of Children in the Production of Adult Culture: A Yucatec Case." Paper presented at the annual meeting of the American Ethnological Society, Philadelphia, 1987.

Gaskins, Suzanne, Peggy J. Miller, and William A. Corsaro. "Theoretical and Methodological Perspectives in the Interpretive Theory of Culture." *New Directions in Child Development* 58 (1992): 5–23.

Gitlin, Todd. "Television's Screens: Hegemony in Transition." In *American Media and Mass Culture: Left Perspectives,* ed. Donald Lazere, 240–65. Berkeley and Los Angeles: University of California Press, 1987.

Glassner, Barry. "Kid Society." *Urban Education* 11 (1976): 5–22.

Goodenough, Florence. *Anger in Young Children.* Minneapolis: University of Minnesota Press, 1931.

Granger, Byrd Howell. "Of the Teeth." *Journal of American Folklore* 74 (1982): 47–56.

Green, Edward. "Cargo Cults." In *Encyclopedia of Anthropology,* ed. David Hunter and Philip Whitten. New York: Harper & Row, 1976.

Greenberg, Bradley, and Byron Reeves. "Children and the Perceived Reality of

Television." *Journal of Social Issues* 32 (1976): 86–97.

Hackett, Jo Ann, and John Huehnergard. "On Breaking Teeth." *Harvard Theological Review* 77, nos. 3–4) (1984): 259–75.

Haley, Mary. "Bidding a Sad Farewell to the Santa Claus of Early Childhood." *Chicago Parent*, January 1993, 4.

Hand, Wayland. "European Fairy Lore in the New World." *Folklore* 92, no. 2 (1981): 141–48.

Harris, Paul, and Robert Kavanaugh. "Young Children's Understanding of Pretense." *Monographs of the Society for Research in Child Development* 58, no. 1 (1993): 1–86.

Heller, David. *The Children's God*. Chicago: University of Chicago Press, 1986.

Hickey, Joseph V., William E. Thompson, and Donald L. Foster, "Becoming the Easter Bunny: Socialization into a Fantasy Role." *Journal of Contemporary Ethnography* 17, no. 1 (1988): 67–95.

Hirschman, Elizabeth, and Priscilla LaBarbara. "The Meaning of Christmas." In *Interpretive Consumer Research*, ed. Elizabeth Hirschman, 136–47. Provo, Utah: Association for Consumer Research, 1989.

Hole, Christina. *Easter and Its Customs*. New York: Barrows, 1961.

Imber-Black, Evan, Janine Roberts, and Richard Whiting. *Rituals in Families and Family Therapy*. New York: W. W. Norton, 1988.

Jalongo, Mary Renck. "Imaginary Companions in Children's Lives and Literature." *Childhood Education* 60 (1984): 166–71.

James, E. O. *Seasonal Feasts and Festivals*. New York: Barnes & Noble, 1961.

Jones, Charles. *Saint Nicholas of Myra, Bari, and Manhattan*. Chicago: University of Chicago Press, 1978.

Kakar, Sudir. *Shamans, Mystics, and Doctors*. Boston: Beacon Press, 1982.

Kanner, Leo. *Folklore of the Teeth*. New York: Macmillan, 1935.

———. "The Tooth as a Folkloristic Symbol." *Psychoanalytic Review* 15 (1928): 37–52.

Knapp, Mary, and Herbert Knapp. *One Potato, Two Potato: The Secret Education of American Children*. New York: W. W. Norton, 1976.

Knowlson, T. Sharper. *The Origin of Popular Superstitions and Customs*. London: T. Werner Laurie, 1930.

Lakoff, George, and Mark Johnson. *Metaphors We Live By*. Chicago: University of Chicago Press, 1980.

Layard, John. *The Lady of the Hare: Being a Study in the Healing Power of Dreams*. London: Faber and Faber, 1943.

Leach, Edmund. "Anthropological Aspects of Language: Animal Categories and Verbal Abuse." In *Reader in Comparative Religion,* ed. William Lessa and Evon Vogt, 153–66. New York: Harper & Row, 1964; reprint 1979.

Lévi-Strauss, Claude. "Where Does Father Christmas Come From?" *New Society* 19 (1963): 6–8.

Lincoln, Jackson Steward. *The Dream in Primitive Cultures*. London: Cresset Press, 1935; New York: Johnson Reprint Corp., 1970.

Lorand, Sandor. "On the Meaning of Losing Teeth in Dreams." *Psychoanalytic Quarterly* 17 (1948): 529–30.

Lorand, Sandor, and Sandor Feldman. "The Symbolism of Teeth in Dreams." *International Journal of Psychoanalysis* 36 (1955): 145–61.

Lord, Priscilla Sawyer, and Daniel Foley. *Easter Garland: A Vivid Tapestry of Customs, Traditions, Symbolism, Folklore, History, Legend, and Story*. Philadelphia: Chilton Books, 1963.

Lowry, Shirley Park. *Familiar Mysteries: The Truth in Myth*. New York: Oxford University Press, 1982.

Manosevitz, Martin, Norman Prentice, and Frances Wilson. "Individual and Family Correlates of Imaginary Companions in Preschool Children." *Developmental Psychology* 8, no. 1 (1973): 72–79.

Mead, Margaret. *Blackberry Winter*. New York: Pocket Books, 1972.

————. "An Investigation of the Thought of Primitive Children, with Special Reference to Animism." *Journal of the Royal Anthropological Institute* 62 (1932): 173–90.

Merton, Robert K., Marjorie Fiske, and Patricia L. Kendall. *The Focused Interview: A Manual of Problems and Procedures*. 2d ed. New York: Free Press, 1990.

Miller, Peggy, and Lisa Hoogstra. "How to Represent the Native Child's Point of View: Methodological Problems in Language Socialization." Paper presented at the annual meeting of the American Anthropological Association, Washington D.C., 1989.

Miller, Peggy, Lisa Hoogstra, Judith Mintz, Heidi Fung, and Kimberly Williams. "Troubles in the Garden and How They Get Resolved: A Young Child's Transformation of His Favorite Story." In *Memory and Affect in Development*, ed. Charles A. Nelson, 87–114. Hillsdale, N.J.: Lawrence Erlbaum Associates, 1993.

Milner, Marion. "D. W. Winnicott and the Two-way Journey." In *Between Reality and Fantasy: Transitional Objects and Phenomena*, ed. Simon Grolnick and Leonard Barkin, 37–42. New York: Jason Aronson, 1978.

Moore, Sally F., and Barbara Meyerhoff. *Secular Ritual*. Amsterdam: Van Gorcum, 1977.

Morison, Patricia, and Howard Gardner. "Dragons and Dinosaurs: The Child's Capacity to Differentiate Fantasy from Reality." *Child Development* 49 (1978): 642–48.

Morison, Patricia, Hope Kelly, and Howard Gardner. "Reasoning about the Realities of Television: A Developmental Study." *Journal of Broadcasting* 25 (1981): 229–41.

Morison, Patricia, Margaret McCarthy, and Howard Gardner. "Exploring the Realities of Television with Children." *Journal of Broadcasting* 23 (1979): 453–63.

Myers, Robert. *Celebrations: The Complete Book of American Holidays*. Garden City, N.Y.: Doubleday, 1972.

Newall, Venetia. *An Egg at Easter: A Folkloric Study*. Bloomington: Indiana University Press, 1971.

Nikola-Lisa, W. "The Cult of Peter Rabbit." Paper presented at a meeting of the Society for Popular Culture, Toronto, 1990.

Obeyesekere, Gananath. *Medusa's Hair: An Essay on Personal Symbols and Religious Experience*. Chicago: University of Chicago Press, 1981.

O'Connor, John, and Aaron Hoorwitz. "Imitative and Contagious Magic in the Therapeutic Use of Rituals with Children." In *Rituals in Families and Family Therapy*, ed. Evan Imber-Black, Janine Roberts, and Richard Whiting, 135–37. New York: W. W. Norton, 1988.

O'Flaherty, Wendy Doniger. *Dreams, Illusions, and Other Realities*. Chicago: University of Chicago Press, 1984.

―――. "Inside and Outside the Mouth of God: The Boundary between Myth and Reality." *Daedalus* 109 (1980): 93–125.

―――. *Other People's Myths*. New York: Macmillan, 1988.

Opie, Iona, and Peter Opie. *The Lore and Language of School Children*. London: Oxford University Press, 1959.

Ortner, Sherry. "Is Female to Male as Nature Is to Culture?" In *Women, Culture, and Society*, ed. Michelle Zimbalist Rosaldo and Louise Lamphere, 67–87. Stanford: Stanford University Press, 1974.

Oswalt, Wendell. "A Particular Pattern: Santa Claus." In *Understanding Our Culture: An Anthropological View*. New York: Holt, Rinehart & Winston, 1970.

Plath, David. "The Japanese Popular Christmas: Coping with Modernity." *Journal of American Folklore* 76 (1963): 309–17.

Pollock, George. "Temporal Anniversary Manifestations: Hour, Day, Holiday." *Psychoanalytic Quarterly* 40 (1971): 123–31.

Prentice, Norman, Martin Manosevitz, and Laura Hubbs. "Imaginary Figures of Early Childhood: Santa Claus, Easter Bunny, and the Tooth Fairy." *American Journal of Orthopsychiatry* 48 (1978): 618–28.

Preston, Samuel. "The Vanishing American Family: A Demographer's Perspective." *Penn Arts and Sciences,* Spring 1990, 8–10.

Proctor, James T. "Children's Reactions to Christmas." *Journal of the Oklahoma State Medical Association* 60 (1967): 653–59.

Pruyser, Paul. *The Play of the Imagination: Toward a Psychoanalysis of Culture*. New York: International Universities Press, 1983.

Rizzuto, Ana-Maria. *The Birth of the Living God: A Psychoanalytic Study*. Chicago:

University of Chicago Press, 1979.

Robertson, Joyce. "A Mother's Observations of the Tonsillectomy of Her Four Year Old Daughter (with Commentary by Anna Freud)." *Psychoanalytic Study of the Child* 11 (1956): 410–33.

Rogoff, Barbara, Martha Sellers, Sergio Pirrotta, Nathan Fox, and Sheldon White. "Age of Assignment of Roles and Responsibilities in Children: A Cross-Cultural Survey." *Human Development* 18, no. 5 (1975): 353–69.

Scarleff, W. George, and Dennie Wolf. "When It's Only Make-Believe: The Construction of a Boundary between Fantasy and Reality in Storytelling." *New Directions for Child Development* 6 (1979): 29–40.

Schell', T. J., *Catharsis in Healing, Ritual, and Drama*. Berkeley and Los Angeles: University of California Press, 1979.

Scheibe, Cynthia. "Developmental Differences in Children's Reasoning about Santa Claus and Other Fantasy Characters." Ph.D. diss., Cornell University, 1987.

—————. "Learning the Categories of 'Real' and 'Make-Believe': A Developmental Study." Paper presented at the biannual meeting of the Society for Research in Child Development, Kansas City, Mo., 1989.

Schneck, Jerome. "Loss of Teeth in Dreams Symbolizing Fear of Aging." *Perceptual and Motor Skills* 24 (1967): 792.

—————. "Total Loss of Teeth in Dreams." *American Journal of Psychiatry* 112 (1956): 939.

Schour, Isaac, and M. Massler. "The Development of Humarn Dentition." *Journal of the American Dental Association* 28 (1941): 1153–60.

Schwartz, Barry. "The Social Psychology of the Gift." *American Journal of Sociology* 73, no. 1 (1967): 1–11.

Sereno, Renzo. "Some Observations on the Santa Claus Custom." *Psychiatry* 14 (1951): 387–96.

Sherry, John. "Gift Giving in Anthropological Perspective." *Journal of Consumer Research* 10 (1983): 157–68.

Shweder, Richard. "How to Look at Medusa without Turning to Stone." *Contributions to Indian Sociology* 21 (1987): 37–55.

—————. *Thinking through Cultures: Expeditions in Cultural Psychology*. Cambridge, Mass.: Harvard University Press, 1991.

Silvestro, John, "Second Dentition and School Readiness." *New York State Dental Journal* 43, no. 3 (1977): 155–58.

Sutton-Smith, Brian. *Toys as Culture*. New York: Gardner Press, 1986.

Tammivaara, Julie, and D. Scott Enright. "On Eliciting Information: Dialogues with Child Informants." *Anthropology and Education Quarterly* 17 (1986): 218–38.

Turner, Victor. *Celebration: Studies in Festivity and Ritual*. Washington, D. C.:

Smithsonian Institution Press, 1982.

————. *The Forest of Symbols*. Ithaca: Cornell University Press, 1967.

————. *Ritual Process: Structure and Anti-structure*. Ithaca: Cornell University Press, 1969.

Van Allsburg, Chris. *The Polar Express*. Boston: Houghton Mifflin, 1985.

Van Gennep, Arnold. *The Rites of Passage*. Chicago: University of Chicago Press, 1960.

Verburge, Robert. "The Primacy of Metaphor in Development." *New Directions in Child Development* 6 (1979): 77–84.

Veyne, Paul. *Did the Greeks Believe in their Myths?* Chicago: University of Chicago Press, 1988.

Waida, Manabu. "Rabbits." In *The Encyclopedia of Religion,* ed. Mircea Eliade. New York: Macmillan, 1987.

Waksler, Frances. "Studying Children: Phenomenological Insights." *Human Studies* 9 (1986): 71–82.

Wallace, Anthony F. C. *Religion: An Anthropological View*. New York: Random House, 1966.

Warner, W. Lloyd. *The Family of God: A Symbolic Study of Christian Life in America*. New Haven: Yale University Press, 1961.

————. *The Living and the Dead: A Study of the Symbolic Life of Americans*. New Haven: Yale University Press, 1959.

Warshawski, Morrie. "Blessed Is the Tooth Fairy." *Parenting,* August 1987, 116.

Watkins, Mary. *Invisible Guests: The Development of Imaginal Dialogues*. Hillsdale, NJ.: Analytic Press, 1986.

Watts, Alan. *Easter: Its Story and Meaning*. London: Abelard-Schuman, 1950.

Webster, Hutton. "Rest Days: A Sociological Study." *University Studies* 11 (1911): 156–58.

Wells, Rosemary. "The Tooth Fairy." *Cal Magazine, December* 1979, 2–7.

————. "The Tooth Fairy, Part Ⅱ." *Cal Magazine,* February 1980, 18–24.

————. "The Tooth Fairy, Part Ⅲ." *Cal Magazine,* March 1980, 12–25.

————. "Tracking the Tooth Fairy: Blazing the Way." *Cal Magazine,* July 1983, 18–25.

————. "Tracking the Tooth Fairy: Conclusion." *Cal Magazine,* August 1983, 25–31.

————. "Tracking the Tooth Fairy: Finding the Trail." *Cal Magazine,* June 1983, 1–8.

Winner, Ellen. *The Point of Words: Children's Understanding of Metaphor and Irony*. Cambridge, Mass.: Harvard University Press, 1988.

Winnicott, D. W. *Playing and Reality*. London: Tavistock Publications, 1971.

————. "Transitional Objects and Transitional Phenomena." In *Collected Papers*. New York: Basic Books, 1951; reprint 1958.

Wreen, Michael. "Yes, Virginia, There Is a Santa Claus." *Informal Logic* 9, no. 1 (1987):

31–39.

Zaleski, Carol. *Otherworld Journeys: Accounts of Near-Death Experience in Medieval and Modern Times*. New York: Oxford University Press, 1987.

Zeitlin, Steven, Amy Kotkin, and Holly Cutting Baker. *A Celebration of American Family Folklore*. New York: Pantheon Books, 1982,

Zelizer, Viviana A. *Pricing the Priceless Child: The Changing Social Value of Children*. New York: Basic Books, 1985.

Zepp, Ira. *The New Religious Image of Urban America: The Shopping Mall as Ceremonial Center*. Westminster, Md.: Christian Classics, 1986,

Ziolkowski, Theodore. "The Telltale Teeth: Psychodontia to Sociodontia." *PMLA* 91 (1976): 9–22.

解　説

子どもと旅するファンタジーの世界
発達心理学の視点から

富田昌平

　本書は，シンディ・デル・クラークの *Flights of Fancy, Leaps of Faith: Children's Myths in Contemporary America* (The University of Chicago Press, 1995) の全訳です。本書では，サンタクロース，歯の妖精，イースターバニーにまつわる行事や習わし，子どもの信念，そして親の願いについて，民俗学的・歴史学的な知見と，発達心理学的・精神医学的な知見を交えながら，また文化人類学的なフィールドワークによって得られた子どもや親たちのインタビューデータやエピソードを交えながらまとめられています。

　実現が不可能または困難であるような事柄も，超自然的な存在や力を思い描き，それを信じることができれば実現も可能になる。そのような魔術的思考や信念は，まさに人間の歴史がそうであったように，子どもの発達とともにやがては消え失せ，より優れて合理的な科学的思考や信念に取って代わられると広く考えられてきました。

　しかし，1990年代以降の発達心理学の研究では，魔術的思考や信念は消失するわけではなく，科学的思考や信念を獲得した後も，子どもの心の中に残存し維持されていくことが示されるようになりました。科学にせよ魔術にせよ，人間が身近な対象や現象の不思議や謎に迫り，その真相を探ろうとしたところから始まったという意味では，根っこの部分は同じであると言えます。私たちの住む世界から不思議や謎が消え去らない限り，それを理解するための形態のひとつとして，魔術的思考や信念は私たちの心の中からなくならないのかもしれません。

　魔術と科学は私たちの心の中で共存・維持され，たとえ成長したとしても消え去ることはない。近年の発達心理学の研究では，まさにこうした考えの一部が実証的に示されつつあるわけですが，その中でもクラークによる本書は，し

ばしば重要な文献のひとつとして取り上げられてきました。その意味では，1995年の出版ですが，現在でも色褪せることのない，十分に読まれる価値のある古くて新しい本であると言ってよいでしょう。また，ここ十数年，海外では「宗教，文化，発達」をキーワードとした論文の数が増え続けており，宗教性の発達心理学に対する関心が高まっていることも，本書に注目する理由のひとつとなっています。

　本書の魅力はいくつもありますが，ひとつにはサンタクロース，歯の妖精，イースターバニーという世界的に見てもメジャーな架空のものたちの起源や歴史，そして現代の行事・習わしについて詳しく取り上げられている点が挙げられます。

　サンタクロースが登場するクリスマスの行事・習わしこそ日本でもお馴染みですが，歯の妖精が登場する子どもの乳歯が抜けた時の家庭での行事・習わしや，イースターバニーが登場するカラフルに彩色された卵を見つけ出すエッグハントなどのイースターの行事・習わしなどは，日本ではまだ馴染みの薄いものでしょう。これらの起源や歴史，地域や家族ごとの実践や意味合いの違い，現代的な価値などが，本書では，あたかもミステリーを読み解くかのように描かれています。また，ところどころに西欧の神話や児童文学，絵本，映画などからの引用も散見されており，それらもまた見どころのひとつです。

　もうひとつは，子どもを行事・習わしの単なる受け手ではなく，主体的な参画者として捉えている点です。著者のクラークは文化人類学と発達心理学を学んできた人ですが，自らのことを「子ども人類学者」と呼んでいます。それは子どもの認識という心理学的問題を扱いながらも，大人と比べて子どもを「未熟」で「未完成」な存在としてラベリングしてしまいがちな心理学のアプローチ方法から距離を置き，子どもの考えを子どもの好むやり方で引き出し，正当に評価しようとする彼女自身の研究姿勢に由来します。

　子どもを社会・文化の創り手として捉えるために工夫されたインタビューやフィールドワークの結果，本書では，生き生きとした子どもの姿を引き出すことに成功しています。そして，それらが親へのインタビューやフィールドワークの結果と見事な対比をなしている点も興味深いところです。「親の心子知らず」「子の心親知らず」とはよく言いますが，ファンタジーの世界とのかかわ

りにおいては，まさにこうした点が浮き彫りにされ，それもまた見どころのひとつと言えそうです。

　ここでは，あらためて本書のエピソードをふりかえりながら，発達心理学の領域におけるファンタジー研究の成果を紹介し，大人とは異なる子どもなりのファンタジーの世界について読み解いていきたいと思います（なお，この解説は，『発達』175号（2023年8月）〜180号（2024年11月）に連載された「子どもと旅するファンタジーの世界」（全6回）をもとに加筆修正したものです）。

1　歯の生えかわりと歯の妖精

歯の妖精ってご存じですか？
　みなさんは本書に出てきた「歯の妖精」のことをご存じでしたでしょうか。最近では歯医者の待合室で関連する絵本が置かれていたり，おしゃれなファンシー雑貨店に歯の妖精とのやりとりで使用される専用の小箱やコインが売られていたりすることもあるので，ご存じの方もいるかもしれません。

　歯の妖精とは，子どもの乳歯が抜けると子どものもとを訪れる妖精のことです。抜けたばかりの乳歯を枕元に置いておくと，夜中に妖精が子どもの寝室に現れて，その乳歯をコインと交換してくれるのです。子どもは歯の妖精の姿を直接目で見たり，話し声を耳で聞いたりしませんが，自分の乳歯が消えて，代わりにコインが置かれているのを確認することで，妖精は本当にいて，自分のもとに訪れたのだという確信を持つに至ります。こうした点はサンタクロースともよく似ています。

　ここで本書にも書かれていた，ジミーという少年のエピソード（本書7〜11頁）を紹介しましょう。彼は7歳半で，インタビューの2週間前に6本目の乳歯が抜けたばかりでした。母親によると，歯が抜ける瞬間はジミーが朝の支度をしている時に突然訪れました。彼がバスルームで歯を磨いていると，数日前からグラグラしていた歯が抜けて，バスルームの排水溝の中に落ちてしまったのです。ジミーは激しく動揺し，泣き叫びました。「もしも歯がなかったら，歯の妖精のために抜けた歯を置いておくことができない」という理由からです。母親は何とか彼をなだめて学校に行かせましたが，結局落っことした歯を取り

戻すことはできませんでした。落胆するジミーに母親はある提案をしました。「そうね，例えば歯の妖精に手紙を残すっていうのはどうかしら？」（本書8頁）。

　ジミーはこの提案を受け入れ，歯の妖精に手紙を書きました。その手紙は小さなメモ書きのようなもので，「歯の妖精が飛びながら見られるように」との理由で，扉の前に貼られました。そして，それは歯の妖精に扮した母親によって夜のうちに剝がされ，母親の貴重品入れへと移動しました。夜が明けて朝になると，ジミーは枕元にコインが置かれているのを発見したのでした（もちろん，母親のしわざです）。

子どもは歯の妖精のファンタジーとどう向き合うか？

　ジミーにインタビューすると，彼は歯の妖精を見たことはないけれど本当にいると言い，妖精は歯科医院のどこかに人びとに気づかれないように隠れているのではないかと言いました。「もしも妖精が，ぼくが考えるようにとても小さいんだとしたら，その妖精はきっと引き出しのどこかに隠れていると思うよ」（本書9頁）。そして，もしもまだ歯が抜けていない，歯の妖精のことも知らない年下の子と話をする機会があるとしたら，次のように伝えると言いました。歯は抜けても新しい歯が生えてくること，歯がすべてなくなることはないこと，抜けた歯を枕元に置いておくと翌朝に素敵なサプライズが待っていること。続けて，「歯が抜けたとしても，（そのことを）よく知っていたら，痛いとかあまり感じないんじゃないかな」（本書9頁）。

　歯が抜けるということは身体の一部を失うということであるため，そのことは幼い子どもにとっては恐怖や不安を感じさせ，時にパニックに陥らせます（「もう歯が生えてこないかも」「もう食べられないかもしれない」）。抜けかけのグラグラの歯は子どもをイライラさせ（後に楽しみへと変わりますが），それに伴う出血は不快感や嫌悪感を与えます。しかし，歯の妖精の儀式には，そうしたネガティブな感情を除去したり緩和させたりする効果があるのです。クラークは「もしも歯の妖精の儀式が子どもたちに歓喜をもって迎えられているとしたら，それは表出されたシンボリズムの意味的な変容を通して，彼らの心配ごとを和らげてくれる，そんな力が部分的にあるから」（本書13頁）だと述べています。儀式が歯の生えかわりを前向きで価値ある体験へと変えてくれるのです。

194

子どもは大人の言うことや文化的な決まりごとに対する単なる受け手ではありません。彼らなりにその価値について考え，見出し，かかわるという主体的な参画者でもあるのです。これらのエピソードからはその一端がうかがえるのではないでしょうか。

歯の妖精のファンタジーの是非

　歯の生え変わりをめぐって生じる様々なネガティブな感情を除去・軽減させる方法は，なにもファンタジーだけが唯一の方法というわけではありません。単に「歯は抜けても新しい歯が生えてくる。だから心配しないで」と信頼できる大人が話すだけでも，子どもは安心し納得することでしょう。ファンタジーで嘘の情報を伝えるくらいなら，現実的に正しい情報を伝えるほうがずっといい，そう考える人たちも数多くいるに違いありません。

　歯の妖精の儀式に熱心な親たちの中には，単に夜中にこっそりと抜けた歯とコインとを交換するだけでなく，歯の妖精が「魔法のちり」を発しながらやってきたことを暗に示すために，キラキラの粉末を子ども部屋の窓から子どもの枕元にかけて散りばめたり，歯の妖精の食べ残しを用意したり，歯の妖精と手紙を通してやりとりをしたりする人たちもいるようです。こうしたことは多くの場合，親の創意工夫によってなされますが，時に歯の妖精の儀式の「商品化」の流れの中で，親たちの消費行動をあおるメディアからの情報によってつくられる場合もあるようで，そのことが一部の否定的な親たちをより頑なに現実的にさせる要因になったりします。このあたりもまたサンタクロースのケースとよく似ています。

　では，子どもをファンタジーにさらすことで，いったいどんなよいことがあるのでしょうか。こうした有用性（役に立つか立たないか）に関する問い自体，筆者はあまり好きではありませんが，サンタクロースについての研究をしていると，「子どもにサンタクロースを信じさせることでどんなよいことがあるのですか？」という記者からの質問にしばしば出会います。すぐに思いつく仮説としては，想像力や創造性の豊かさなどがメリットとして挙げられます。一方，デメリットとしては非論理的思考や固執性などが考えられます。結論としては，発達心理学の研究において，これらはいずれも明確な関連性が見出されていま

解　説　子どもと旅するファンタジーの世界　　195

せん。

　ファンタジーを批判する立場は，結局どのようなよさももたらさないのであれば，そこにかける手間は無駄であるし，そもそも子どもに嘘をつくこと自体が非道徳的で信頼を損ねる行為であるのだから，ファンタジーなんて最初から触れさせない方がよいのではないかと主張します。ファンタジーを擁護する立場は，遊びがまさにそうであるように，ファンタジーもまた短期的に効果が発揮されるようなものではなく，大人になって子ども時代を振り返った時に「あの時のあれは楽しかった」と思い出されるような類のものであって，有用性に関する問い自体が無意味なのではないか，子ども時代がそうした記憶で満たされて充実してさえいれば，それでよいのではないかと主張します。

　筆者自身は後者の立場ですが，前者を納得させるだけの有力な証拠を持ち合わせていないため，これらは不毛な議論とならざるを得ません。しかし近年になって，状況を打破するような証拠がいくつか示されるようになりました。以下では，そのうちのいくつかを紹介しましょう。

歯の妖精のファンタジーは子どもに何をもたらすか？

　発達心理学者のプリンシペたち（Principe & Smith, 2008a）は，子どもの記憶とその形成に影響を及ぼす諸要因について研究しています。その研究の一環として，彼女たちは，歯の妖精についての子どもの信念が彼らの歯が抜けた時の出来事の記憶にどのような影響を及ぼすのかを調査しています。

　調査に協力したのは，歯が抜けた経験があり，その際に歯の妖精の儀式に携わったことのある5〜6歳児90名です。彼らは歯の妖精をどのくらい信じているかを測る課題と，歯が抜けた時に起こった出来事の詳細を尋ねるインタビューに参加しました。また，子どもの親たちも，歯の妖精を信じるよう奨励する取り組みをわが子に対してどのくらい行っているかを測る質問項目と，歯が抜けた時に実際に起こった出来事の詳細を尋ねる質問項目を含んだ質問紙に回答しました。子どもは課題の成績をもとに，歯の妖精の存在をかなり信じている「信念群（Believers）」，まったく信じていない「不信群（Unbelievers）」，信じるか信じないか確信が持てない「揺らぎ群（Uncertains）」に分けられました。

表1　回想質問への陳述数と陳述内の単語数の信念水準別の平均

	陳述数			陳述内の単語数
	自由回答式	選択式	合計	
信念群	17.47	18.43	35.9	7.08
揺らぎ群	10.7	13.13	23.83	6.33
不信群	11.33	2.13	13.46	6.21

出所：Principe & Smith（2008a）をもとに筆者作成。

　調査の結果は次の4点に整理できます。(1)信念群は他の2群と比べて，歯が抜けた時に起こった出来事についてたくさん語り，複数の単語を組み合わせて豊かに語ることが多かった（表1参照）。(2)信念群は他の2群と比べて，歯の妖精の声や音を聞いた（「僕は彼女（歯の妖精）が部屋の中を這うように移動している音を聞いたよ」「彼女は私に『歯をよくケアしなさい』って言ったわ」など），歯の妖精の姿を見た（「彼女が窓の外にいる時に見たんだけど，あんまりキラキラしていなかった。それから，杖を使ってこう（身振り）やったんだ」「彼女はまるでティンカーベルのようだったね」など）と報告するなど，実際に起こらなかった，あるいは現実にあり得ないような内容を語ることが多かった。(3)信念群の語りにはファンタジー的な内容が多く含まれているが，親による報告と照らし合わせると，実際に起こった出来事（「歯が抜けるまで，歯がぐらぐらしていた」「枕の下に歯を置いた」「枕の下にプレゼントが残されていた」「窓が開いたままになっていた」など）についても，他の2群と変わらぬ水準で正確に語っていた。(4)子どもの信念の程度と親の奨励の程度との間には関連が見られなかった。しかし，信念群では親からの奨励が多いほどファンタジー的な内容の語りが多く見られた。

　この調査の最大の関心事は，歯の妖精のファンタジーが子どもの記憶を歪めてしまうのかどうかという点でした。結果を見ると，ある意味では子どもの記憶を歪めていると言えそうです。何しろ実際にはなかったことや現実にあり得ないようなことをあたかもあったかのように語っているわけですから。「子どもをファンタジーにさらすことは，子どもを嘘つきにさせることだ」と良識派の親たちであれば憤りつつ訴えるかもしれません。

解　説　子どもと旅するファンタジーの世界　　197

しかし，ちょっと待ってください。ここで面白いのは，歯の妖精のファンタジーにどっぷりと浸っている子どもがファンタジー的な内容を多く語る一方で，実際に起こった事実についても他の子どもと変わらず正確に語っていたという点です。歯が抜けた時に起こった出来事について，単に事実だけを淡々と語るのではなく，それがいかに驚異的で素晴らしい出来事であったかをファンタジー的な装飾を交えて生き生きと語りながら，一方で事実についてもきちんと語っていたというわけなのです。記憶が歪められたわけでは決してないのです。

　加えて，彼らはインタビューの中で歯が抜けた時の出来事をたくさん語り，しかも複数の単語を複雑に組み合わせながら豊かに語ってくれました。これらは，彼らが単に歯の妖精のファンタジーを信じるだけでなく，ファンタジーのフィルターを通してものごとを見ることで，経験したことを誰かに豊かに語る価値のある魅力的な体験へと変えていったことを意味しています。彼らの記憶や言語の発達も促していることが，ここからはうかがえるのです。

子どもは驚異の世界を生きている？

　もうひとつ，同じくプリンシペたち（Principe & Smith, 2008b）の論文を紹介しましょう。5〜6歳児を歯の妖精についての信念の程度ごとに信念群，不信群，揺らぎ群の3つに分け，歯が抜けた時に起こった出来事の詳細を尋ねるというところまでは同じなのですが，今度は子どもの数を180名まで増やし，異なる2つのグループに分けてインタビューしています。

　1つのグループでは，インタビュアーは「私は本当の話をする子どもが大好きです」と子どもに言い，「警察官に話しているようなつもりで」歯が抜けた時の出来事を話すように求めました（真実条件）。もう1つのグループでは，インタビュアーは「私は楽しい話をする子どもが大好きです」と子どもに言い，「お母さんやお父さんに話しているようなつもりで」歯が抜けた時の出来事を話すように求めました（楽しさ条件）。これによって何を調べたいのかというと，先ほどの信念群の子どもたちによる「歯の妖精を見た・聞いた」発言は，本人も事実だと思い込んでいる「本当に本気」のものなのか，それとも実は本人もつくりごとだとわかっている「その場のノリ」のものなのか，決着をつけようというものなのです。この年齢の子どもにしばしば見られるファンタジー的な

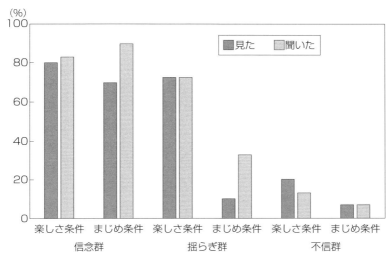

図1　歯の妖精を「見た・聞いた」報告の信念水準別・条件別の割合
出所：Principe & Smith（2008b）をもとに筆者作成。

発言が持つ「本当の意味」を探ろうとする画期的な研究であると言えます。

　調査の結果はなかなか衝撃的なものでした。不信群の子どもはどちらの条件で聞かれても，ほとんど見た・聞いた発言をしませんでした。揺らぎ群の子どもは楽しさ条件で聞かれると見た・聞いた発言を多く行ったのですが，真実条件で聞かれるとそのような発言は途端に減少しました。つまり，彼らは歯の妖精を「本気で」見た・聞いたと思っているわけではなく，状況に応じて「ノリで」見た・聞いたと発言していたというわけなのです。まさに彼らは「揺らいでいる」状態と言えそうです。そして，最も興味深いのは信念群の子どもです。彼らは「まじめに答えるように」と促されたとしても，見た・聞いた発言を同じように繰り返しました。つまり，彼らは状況に応じて「ノリで」見た・聞いたと言っていたわけではなく，歯の妖精を「本気で」見た・聞いたと思っているというわけです（図1参照）。

　この結果は先ほどの結果とは矛盾しているように見えるかもしれません。何しろ歯の妖精が自分の前に姿を現した，自分に語りかけてくれたと「本気で」思い込んでいるわけですから，これはもう記憶が歪められたと言ってもよいか

解　説　子どもと旅するファンタジーの世界　199

もしれません。こうなってくると少し心配になってきますが，あくまでも実際に起こった事実としての出来事を他の子どもと変わらぬ程度に正確に述べたうえで，そのプラスアルファとしての語りであるという点を忘れてはいけません。また，これらはあくまでも5，6歳時点での話であり，彼らが8～10歳頃になっても同じ状態かというと，おそらくそうではないという点も重要なところです。この年齢による違いの話は，また後半でじっくりとしていきたいと思います。加えて，別の見方をすれば，ファンタジーにどっぷりと浸った子どもにとって，世界はこれほどまでに驚異的で謎めいていて，素晴らしいものとして映っているということを，この結果は意味していると言えます。そう考えると，何だかワクワクしてこないでしょうか。

歯の妖精のファンタジーが子どもにもたらすもの

　歯の妖精のファンタジーは，歯を失ったことによる子どもの恐怖や不安を和らげ，気持ちを前向きなものに変えていく効果を持ちます。もちろん，そうした魔術的な説明に頼らなくても，現実的な説明で十分な子どももいることでしょう。しかし，例えば，怪我をした時に発せられる「いたいのいたいの　とんでいけー」という呪文のような言葉が子どもの気持ちを一時的にほぐし，楽観的な気分にさせてくれるのと同じように，歯の妖精のファンタジーもまた多くの子どもに必要とされるに違いありません。

　また，プリンシペたち（Principe & Smith, 2008a；2008b）による調査結果が示唆するように，歯の妖精のファンタジーは子どもによるたくさんの語りを引き出し，彼らの言葉の世界を豊かにする可能性も秘めています。ジミーによる語りは，まさにそのことを如実に物語っています。彼は歯の妖精と神様との関係について，彼自身が考えたとびきりの想像を披露してくれました（本書10～11頁）。もしも単に現実的な説明しか聞かされていなかったとしたら，彼はこれほどまでに自らの歯が抜けたことに関して，そしてそこから想像の翼を広げて考えたことに関して，語ることができたでしょうか。

　幼い子どもがつたない経験と知識をもとに想像しつくり上げた世界を，大人が合理的世界の高みから見下ろして，「つくりごと」とラベルを貼って否定したとしたら，それは大きな間違いというものです。子どもの想像の労作に対し

てともに驚き，共感し，それがより素晴らしいものとなるように励ましてやる
ことが，私たちが大人として子どもにすべきことではないかと思います。

2 歯を失う体験で紡ぎ出されるファンタジー

世界中の子どもたちは歯が抜けた時にどうするか

　歯の妖精の儀式は西欧にルーツを持ち，19世紀にアメリカ文化の発展ととも
に広がっていったとされています。しかし，歯が抜けた時の儀式は，何も歯の
妖精に限ったものではありません。例えば，暖炉または火の中に入れる（イン
グランドのシェフィールド地方），ネズミの巣穴に投げ入れる（メキシコ），ビー
バーのために置いておく（チェロキー族），たくさんの歯を持つイルカに向けて
海に投げ入れる（パタゴニア），上の歯が抜けた時には家の屋根の上に，下の歯
が抜けた時には庭に投げる（ベトナム）など，世界各地で様々な儀式が行われ
ていることが確認されています（本書14頁）。

　筆者は中国地方の山間部出身ですが，子どもの頃には歯が抜けると，ベトナ
ムの場合と同様に，「ネズミの歯と代えてくれ！」と大声で言いながら，上の
歯は屋根の上に，下の歯は庭に投げていました。ベトナムでもネズミに向けて
大声で叫びながら放り投げるそうなので，面白いことにまるっきり同じです。

　こうした儀式は「類似したもの同士は互いに影響し合う」という考えにもと
づく「類感呪術（または共感呪術，sympathetic magic）」の一種です。丈夫な歯を
持つ動物に抜けた歯を与えることで，同様に丈夫な歯を手に入れることができ
るとの考えにもとづいています。確かに，ネズミ，ビーバー，イルカと，どれ
も丈夫な歯を持っています。身近なところではてるてる坊主も類感呪術の一種
です。晴れてほしい日に太陽の象徴であるてるてる坊主をつるすことで，本物
の太陽を呼ぼうとしているわけです。あまり好ましいものではありませんが，
呪いのわら人形に釘を打つ丑の刻参りもその一種です。私たちの身近な生活を
見渡してみると，魔術的な儀式が意外とたくさんあることに気づかされます。
そうした儀式の意味について，改めて考えてみるのも面白いかもしれません。

　ちなみに，世界中の子どもたちの歯が抜けた時の儀式については，『はがぬ
けたらどうするの？―せかいのこどもたちのはなし―』（セルビー・ビーラー文

／ブライアン・カラス絵／こだまともこ訳，フレーベル館）という絵本で詳しく紹介されています。興味のある方はぜひご覧になってみてください。

歯の生えかわりと通過儀礼

　歯の生えかわりは主に5〜6歳頃から始まり，12〜14歳頃までにはすべての歯が永久歯に生えかわるとされています。子どもにとっては自らの成長を強く実感させる出来事であり，大人にとっては子どもが幼年期に少しずつ別れを告げ，親から距離を置いて自立し始めることの象徴でもあります。

　実際，歯の生えかわりは子どもがちょうど小学校に入学し，読み書きや計算などの学習を意識的に行い始める時期と重なります。歯が生えかわるということは，子どもがそうした大きな変化に対処できる準備が整っていることを意味するのです。

　歯の生えかわりにおいて見られる様々な儀式は，人生のある段階から次の段階への移行に新たな意味を付与するものであり，「通過儀礼（rite of passage）」とみなされます。本書でインタビューを受けた母親たちもまた「これは通過儀礼なのです」「誰もが避けては通れない道なんです」と語っています（本書18〜19頁）。通過儀礼は，文化人類学者のファン・ヘネップの著書『通過儀礼』（van Gennep, 1909/1977）によって広く知れ渡りましたが，代表的なものとしてはバヌアツ共和国のナゴール（バンジージャンプ）が挙げられます。

　ファン・ヘネップによると，通過儀礼には主に3つの段階が含まれるそうです。第1に，地位や役割が移行前の状態，第2に，その地位や役割がもはやそのままの状態ではなく，とはいえ新しい状態でもないというあいまいな中間的状態，第3に，新しい地位や役割を獲得した状態の3つです。歯の生え変わりでも同じことが言えます。まだ歯が抜けていない乳歯の状態（幼年期の領域）から，部分的に歯が抜けたものの完全に新しい歯が生えそろっていない状態（境界的領域），そして，新しい歯が生えそろった永久歯の状態（成人期の領域）へという3つの段階です。こうした通過儀礼に歯の妖精の儀式が加わると，幼年期との別れに新たな意味が付与されるようになります。親たちはわが子が歯の妖精をまだ信じているかどうかに，幼年期との別れを象徴的に見出すようになるのです。

子どもは歯の妖精を本当に信じているのか？

　ところで，子どもはそもそも歯の妖精を本当に信じているのかどうか，信じているとしたらいったい何歳頃まで信じ続けるのか，この点も気になるところです。これも大人の好むものさしで子どもを測りたがるとクラークからお叱りを受けそうですが，ここでは発達心理学におけるいくつかの調査結果を紹介することにしましょう。

　発達心理学者のプレンティスたち（Prentice et al., 1978）は，1970年代にサンタクロース，イースターバニー，歯の妖精といった文化的なファンタジーを信じる子どもの心理の発達とそれに影響を及ぼす諸要因について調査しています。彼らは4，6，8歳の子どもそれぞれ20名ずつにインタビューを行い，その結果，歯の妖精を信じている子どもは8歳児でも60％に上り，信じていない子どもは35％にすぎなかったことを報告しています（残り5％はあいまいな状態）。もちろん，この35％という数字は4歳児5％，6歳児20％という結果と比べると多い方で，8歳頃までに子どもは少しずつ歯の妖精を信じない方向へと傾いていくようです。別の調査（Blair et al., 1980）では，歯の妖精を信じていない子どもは7歳児35％，8歳児44％，9歳児61％，10歳児83％という結果が示されており，やはり8歳以降になると急激に信じない方向へと傾いていくようです。似たような結果は，その後の調査（Harris et al., 2006：Rosengren, & Hickling, 1994）でも基本的に繰り返されています。

　歯の妖精が他の2つのキャラクターと違って興味深いのは，その信念形成のタイミングが最初の乳歯が抜けるという子どもの個人的体験に大きく依存している点です。調査に協力してくれた4歳児のうち「まだ歯が抜けた経験がない」という子どもは95％もあり，そのため4歳児の70％が歯の妖精を「知らない」と回答しました。これは4歳児でも全員が「知っている」と回答したサンタクロースやイースターバニーと比べると大きな違いです。大部分の子どもにとって歯の妖精を初めて知り，その信念を形成し始める時期は，彼らの最初の乳歯が抜けるタイミングであることをこの結果は示唆しています。

　また，子どもの信念をサポートするような何らかの働きかけもまた，大部分の親たちが積極的に行っていることが明らかにされました。これはプリンシペたちの調査でも同様でしたが，具体的には，子どもとの会話の中で「（歯の妖精

は）抜けた歯をお金や玩具に変えてくれる」「空を飛ぶことができる」「寝室の窓を通り抜けてやってくる」などと発言したり，実際に子どもの歯を夜中にお金や玩具と交換したり，歯の妖精の「ちり」を部屋のそこかしこに撒いたり，「歯の妖精より」と署名された手紙を残したりなどがそれにあたります。

　一方で，子どもの信念と親による奨励との間には明確な関連が見出されていません。これはそもそも信じている子どもや奨励している親の数が圧倒的に多いことも関係していますが，親がどれほど言語的に働きかけようと，証拠や仕掛けを用意しようと関係なく，子どもは自分が思うように，より納得する方向に信念を形成していく傾向があることも同時に表しています。最近の研究では，何気ない親子の会話の中に埋め込まれた発言の怪しさや目にした具体的な証拠の怪しさに子どもはいつ頃から気づくようになるのかといった研究もなされるようになっていますが，この話もまた後ほどすることにしましょう。

歯の妖精と幼年期との別れ

　クラークによると，「自分はもう大人だ」と感じ始めた子どもは，しばしば同年齢の子どもを非難したりからかったりする時に次のように言うのだそうです。「君はまだそれを信じているのかい。だったらまだ歯の妖精も信じているんじゃないのかい」（本書21頁）。一方で，親は子どもの急速な成長を望んでいるわけではありません。むしろ多くの親は子どもにできるだけ長く幼年期にとどまっていてほしいと願っています。クラークのインタビューの中で，母親たちはしばしば，子どもが歯の妖精をやがては信じなくなり，幼年期と別れを告げることに関して，感傷的な思いを打ち明けています（本書21～24頁）。

　本書でインタビューを受けた母親たちの多くは，子どもの幼年期との別れの進行度を「できるだけ遅くする」ことを願っていました。ある母親は，子どもが歯の妖精を信じていて，自分が歯の妖精になりすます役を担っている限り，子どもはまだ「私の翼の下」にいると実感できると語っています（本書23頁）。

　もちろん，このような感傷をすべての親たちが感じているかと言えば，おそらくそうではないでしょう。この種の話題にもっとドライに接している親たちはたくさんいるに違いありません。問題は，同じような感傷や苦悩を子どもも同様に感じているのかどうかという点です。歯の妖精やサンタクロースを信じ

ることは，やがては信じてきたものに裏切られるプロセスを経験することでも
あります。少なくとも私たち大人にはそう見えます。しかし，子どもにとって
はそうではないかもしれません。歯の妖精やサンタクロースの真実を知った時，
子どもはどのように感じ，どのように反応するのでしょうか。

真実への気づきは子どもに何をもたらすか？

　歯の妖精ではなくサンタクロースに関するものですが，プレンティスたち
（Anderson & Prentice, 1994）は1990年代に次のような調査を行っています。彼
らはまず，夏のデイキャンプに参加した小学生の保護者132名に対して，「サン
タクロースのことをもう信じていない子どもを集めています」と書かれた手紙
を送り，その後の電話でのやりとりを通じて調査への協力を依頼しました。そ
の結果，70の家庭が調査への協力に同意し，最終的にすべての調査に参加でき
た52の家庭を分析対象としました。すでにサンタクロースを信じていないと考
えられた子ども52名の年齢は9歳から12歳の範囲であり，平均年齢は10歳でし
た。

　インタビューで子どもは次のようなことを尋ねられました。「サンタについ
てあなたが知っていることを教えてくれる？」「サンタは本当にいると思いま
すか，それともいないと思いますか？」「サンタが本当はいないことについて，
あなたはどのようにして気づきましたか？」「そのことに気づいた時，あなた
はどのように感じましたか？」「その時に感じた思いの強さはどの程度のもの
でしたか？」「その思いはどのくらい続きましたか？」「あなたはそれ以前にも
『サンタはいないかも』と思ったことがありますか？」「真実に気づいた時，多
くの子どもはどのように感じるだろうと思いますか？」「あなたは真実に気づ
いた後も親の前で『サンタは本当にいる』ふりをし続けましたか？」「サンタ
を信じるようにと親があなたに教えた理由は何だと思いますか？」「あなた自
身がもしも親となった時，あなたは自分の子どもに対してサンタを信じるよう
に教えますか？」。

　また，親を対象としたアンケートでは，子どもがサンタを信じるようにする
ために親が行った言語的または行動的な働きかけの内容と程度，サンタクロー
ス神話に対する親の態度，そして，真実に気づいた時の子どもの反応と親自身

解　説　子どもと旅するファンタジーの世界　**205**

表2　子どもがサンタクロースの真実に気づいた時の子どもと親の感情報告の出現率

子どもの感情		親の感情	
驚いた（Surprised）	71%	悲しい（Sad）	40%
嬉しい（Happy）	62%	特になし（None）	32%
いい気持ち（Good）	58%	安心した（Relieved）	26%
悪い気持ち（Bad）	50%	失望した（Disappointed）	24%
悲しい（Sad）	48%	不安に感じた（Uneasy）	10%
失望した（Disappointed）	48%	嬉しい（Happy or Glad）	6%
騙された（Tricked）	48%	やましい気持ち（Guilty）	4%
安心した（Relieved）	46%	心配だ（Worried）	4%
混乱した（Confused）	42%	腹が立った（Angry）	0%
腹が立った（Angry）	35%		
気が動転した（Upset）	33%		
申し訳ない気持ち（Sorry）	29%		
傷ついた（Hurt）	13%		

注：子どもと親とではデータ取得の方法が異なっている点に注意が必要である。
出所：Anderson & Prentice（1994）をもとに筆者作成。

の反応などについて尋ねました。

　調査の結果，いくつかの興味深いことがわかりました。まず，子どもがサンタの真実に気づく年齢は主に7，8歳頃であり，これは先行研究とほぼ同様でした。男女差もありません。親の予測もこれとほぼ一致していました。次に，どのようにして気づいたかですが，54%は自らの力で気づき，33%は親に言われて知り，13%はこれら2つの組み合わせで気づいたと報告しました。とはいえ，大部分の子ども（79%）は，それ以前から疑いを抱いていたと報告しています。つまり，多くは真実に気づく前に半信半疑の期間を経験しているのです。

　真実に気づいた時の反応に関しては，子どもは親と比べてポジティブな感情（喜び，安堵など）もネガティブな感情（悲しみ，失望，怒りなど）も幅広く豊かに経験していることがわかりました。表2は子どもがサンタクロースの真実に気づいた時の子どもと親のそれぞれの感情報告の出現率を示したものです。ここで注意すべきことは，子どもと親とではデータ取得の方法が異なっていたという点です。子どもはインタビューであらかじめ調査者が用意した13の感情について「あったかなかったか」を尋ねられました。他方，親は質問紙で自由にその時に経験した感情について書くよう求められました。感情報告の量に関し

て，子どもが親を大きく上回っているのはこのためです。報告されたからと言って，そうした感情を子どもが強く感じていたかと言えば，そうではありません。経験した感情の強さを5段階評定で尋ねたところ，大部分の回答は「ほんの少し」であり，「すごくたくさん」は選択された場合でも6％未満にすぎず，「たくさん」も10％以下にとどまったそうです（ただし「驚いた」（20％）を除いて）。また，親がネガティブな感情をより多く報告したのとは対照的に，子どもはポジティブな感情をより多く報告したという点も注意すべき点と言えるでしょう。これらの結果を受けて，プレンティスたちは，「サンタクロースの真実に気づくということは，子どもよりもむしろ親にとって困難なものであるということを，私たちの研究結果は示していた」（Anderson & Prentice, 1994, p. 81）と述べています。

　実際，親によって最も多く報告された感情は「悲しみ」であり，サンタクロースの真実に気づくことは幼年期との別れとして象徴的に受け止められているようでした。何人かの親は祝祭から「魔法」が失われていくのを感じており，また何人かの親は子どもと楽しむ特別な儀式（サンタのためにミルクやクッキーを用意するなど）が終わりを告げたことに失望を感じていたということです。これらの親は子どももまた真実に気づくことで苦悩を経験するだろうと強調する傾向がありました。しかし，ふたを開けてみると，子どもは親が思っているよりもはるかに真実への気づきをポジティブに受けとめていることがプレンティスたちの結果からわかったのです。

　さらに，調査の事前の段階では，サンタクロースを信じるよう親から言語的または行動的な働きかけを多く受けている子どもほど，その反動で，真実に気づいた時により多くのネガティブな感情を経験しているのではないかと予想されていました。しかし，驚くべきことに結果はその逆で，親からの働きかけが多い子どもほど，むしろネガティブな感情の報告がより少なかったのです。プレンティスたちはこの結果について，サンタクロース神話を子どもに奨励している親はその話題により敏感で，よりていねいに取り組んでいるため，子どものささいな変化にも気づき，うまく対処できていたのではないかと述べています。確かに，そうしたことは言えそうです。加えて，サンタクロース神話を積極的に奨励している家庭では，クリスマス行事そのものがより楽しく演出され，

表3　サンタクロースの真実をめぐる質問に対する子どもの回答

質　問	回　答	％
サンタの真実にどのようにして気づいたか？	自分の力で 親に言われて 上記2つの組み合わせで	54 33 13
それ以前から「サンタはいないかも」と思っていたか？	思っていた 思わなかった	79 21
親はなぜ子どもにサンタを信じるように教えると思うか？	その方がより楽しめるから それが伝統だから 子どもに善い行いをしてほしいから その他	50 21 8 21
自分が親になった時に子どもにサンタを教えると思うか？	教えると思う 教えると思わない 今はわからない	71 13 16

出所：表2と同じ。

それは真実に気づいた時の悲しみや怒りや失望を大きく上回ったのではないか，ということがこの結果からは想像できます。

　その他に興味深い結果として，真実に気づいた後もサンタはいるというふりをし続けたかどうかという質問に対して，58％の子どもが「し続けた」と答えています。そして，その理由として「親からのプレゼントがなくなると嫌だから」「親をがっかりさせたくないから」の他に，「サンタは楽しいから」「小さい子たちにまだ気づいてほしくないから」「親が自分を騙したみたいに，自分も親を騙してみたいから」などと語りました。子どもは単に物質的な損得や親の顔色をうかがうという理由だけでその行事に参加し続けているわけではないのです。単純に楽しみを求めて参加していることがここからはうかがえます。

　最後に，親はなぜ子どもにサンタを信じるように教えると思うかという質問に対しては，表3に示すように，50％が「その方がクリスマスをより楽しめるから」と答え，21％が「それが世代から世代へと受け継がれてきた大事な伝統だから」と答えています。「子どもに善い行いをさせたいから」という道徳的な理由を挙げた者は8％にすぎませんでした。そして，71％の子どもが将来自分が親になった時にも，自分の子どもにサンタを信じるように教えるだろうと述べています。サンタクロースのファンタジーの楽しみは，親から子へと受け

継がれていくのです。

批判の声を越えて

　プレンティスたちの結果はきわめて前向きなものですが，一方でサンタクロースのファンタジーに否定的な立場をとる人たちにとっては意外なものかもしれません。特にクリスマスの商業化が急速に進んだ1950年代から60年代のアメリカでは，サンタクロースはいわゆる「良識のある大人たち」から目の敵にされてきました。そして，それはおそらくかつてほどではないにしろ，現在でも続いています。

　例えば，精神分析家のセレノ（Sereno, 1951）は，クリスマスはやがては「親に騙された」という感覚とともに終わりを告げる「悲惨なイベント」であり，「恐ろしいおとぎ話」だと述べています。また，ボスは，サンタクロース神話において親は子どもに故意に嘘をついていると主張し，「家庭内でのそうした嘘は互いの信頼関係を損ねるものだ」（Boss, 1991, p. 26）と述べています。そして彼は，親に教え込まれた神話（サンタクロースなど）と子ども自身が個人的に生成し創造するファンタジーや遊びとを厳密に区別し，後者こそが発達的にポジティブな効果をもたらすのだと強調しています。しかし，本当にそうでしょうか。それはあくまでも大人の偏った見方であって，実際には多くの子どもはそんなことはおかまいなしに，単純に楽しんでいるだけのように見えます。プレンティスたちの結果はそのことを示しているのです。

　歯の妖精に話を戻すと，歯が抜けた時にもらえるコイン（お金）の贈り物は，子どもにとって成長をわかりやすく実感させてくれるもののようです。クラークによると，子どもに歯の妖精について話すよう求めた時，何人かの子どもは歯の妖精からもらったお金をためていると言い，その隠し場所に走って取りに行き，目の前で一枚一枚数えて見せてくれました。ある子どもは母親と妹にマクドナルドでおごるために歯の妖精のお金をためていると言い，別の子どもは大学に行くために貯金していると話しました（本書26頁）。

　これらは一見すると，子どもを物質主義や商業主義に染めるもののように映りますが，必ずしもそうとは限りません。お金は子どもにとって独立を支えるものであり，成長のシンボルでもあるとクラークは述べています。お金を手に

解　説　子どもと旅するファンタジーの世界　　209

入れることで，彼らは「自分が新しい人間になったように感じた」「自分が
もっと大きくなって，特別になったように感じられた」と語っています。何で
も自由に買えるお金を持っていることは，彼らを独立した気分にさせてくれる
のです。一方で，物質主義や商業主義に関する話は，そう単純に割り切れる話
でもありません。ですので，後ほどもう少し詳しく触れていきたいと思います。

　いずれにしても，歯の妖精の儀式には想像した以上にたくさんの象徴的な意
味が複雑に絡み合っていることがおわかりいただけたのではないでしょうか。
子どもの経験を豊かにするということは，そうした多様な意味を大人も理解し
ながら，ともに楽しむことを意味します。

3　象徴としてのクリスマス，謎としてのサンタクロース

クリスマスの起源と歴史

　クリスマスの起源については諸説ありますが，少なくとも時期に関して言え
ば，太陽が最も低い位置に達し，再び昇り始める冬至の時期に，それを祝おう
としたことから始まったとされています。本書によると，590年にローマ教皇
に就任したグレゴリウス1世が各部族国家の王に対して，その権力を認める代
わりにキリスト教秩序への参画を求めたことで，当初からあった冬至の祝祭が
キリスト教の祝祭へと様変わりしていったのだそうです。祝祭の日もキリスト
教会によってイエス・キリスト降誕の日と定められている12月25日に固定され
ていきました。

　クリスマスのシンボルと言えばサンタクロースですが，その像はクリスマス
とは別に発展していきました。成り立ちについては諸説ありますが，古くは4
世紀のオランダで守護聖人として崇められた聖ニコラスに起源があるという説
が最も有力です。靴下にプレゼントを詰め込むという慣習も聖ニコラスの伝説
に由来しており，「サンタクロース」という呼び名も聖ニコラスのオランダ語
の発音である「シンタクラース」に由来するとされています。その後，オラン
ダ人がアメリカ大陸に移り住むようになると，聖ニコラスの祝祭も持ち込まれ
ることとなりました。聖ニコラスの祝祭は彼の命日である12月6日であり，同
じ12月の時期にある2つの祝祭が12月25日のクリスマスへとまとめられ，サン

タクロースはそのシンボルとして位置づけられていったというわけです。

　サンタクロースは赤い服を着て白いひげを生やし，「ホーッホッホッ」と陽気に笑う老人で，クリスマス・イブの夜にトナカイの引くそりに乗って空を飛び回り，世界中の子どもたちにたった１日でプレゼントを配って回る。プレゼントのたくさん入った大きな白い袋を背負って，煙突を潜り抜けて子どもたちの家に侵入し，靴下にプレゼントを詰めて去っていく……。これが現代におけるサンタクロース像ですが，これらの大部分は19世紀から20世紀にかけてのアメリカでつくられていったと考えられています。

　1823年にアメリカの新聞に掲載された『サンタクロースがやってきた（A Visit from St. Nicholas）』という詩は，瞬く間にアメリカ全土で好評を博しました。最初は無名で発表されたこの詩は，後に学者のクレメント・クラーク・ムーアの作であることが判明し，その後もクリスマスが来るたびに引用されたそうです。『クリスマスのまえのばん（The Night Before Christmas）』という別名で絵本にもなったこの詩には，すでに先に述べたような現代につながるサンタクロース像がしっかりと描かれています。また，1863年から1886年にかけて新聞に連載された，漫画家のトーマス・ナストによるサンタクロースの漫画もまた，サンタクロースの存在をより身近で親しみやすいものにさせるのに一役買いました。

　1939年にはサンタクロースのそりを引く赤い鼻のトナカイの活躍を描いたロバート・L・メイ作の物語『ルドルフ　赤い鼻のトナカイ（Rudolph the Red-Nosed Reindeer）』がベストセラーとなり，1949年には同名のクリスマス・ソングも発表され大ヒットとなりました。この他，1940年代から50年代にかけてのアメリカでは，「ホワイト・クリスマス」や「ジングルベル」をはじめとする数多くのクリスマス・ソングが発表され，いずれも大ヒットを記録しています。こうしてクリスマスの祝祭とサンタクロース神話は，アメリカにおいて大衆文化として発展・定着し，それがやがて世界中へと広がっていったのです。

祝祭の儀式と家族の統合

　クリスマスの祝祭がアメリカで広く受容されていったその背景には，サンタクロースの大衆化ももちろんですが，産業革命以来，徐々に薄まりつつあった

家族の絆や交流を取り戻したいという人びとの願いが関係していたそうです。実際，クリスマスの祝祭において生じる驚きや興奮，不思議さには，家族の絆をより深め，人と人との交流をより促す働きがあります。このあたりもまた，本書に詳しく紹介されています。

　社会学者のボサードとボル（Bossard & Boll, 1950）は，強い結びつきのある家族ほど確立された儀式や伝統を持つ傾向にあると論じています。儀式が家族共通の価値を維持するのに役立ち，家族の統合に貢献するのです。ツリーを用意して飾りつけを行う，プレゼントを入れる靴下を用意する，サンタクロースに手紙を書くなど，クリスマスにはいくつかの儀式的な習わしが存在しますが，それらは現在において過去を想起させる行為であり，過去を想起しながら経験を再現することが家族の連帯や団結を促す契機となりうるのです。

　ケイとジェーンの姉妹のエピソード（本書41頁）は，ある実践が毎年繰り返されることで儀式的な習わしへと変化し，共通の経験として毎年のように想起され語られるうちに次第に伝統として定着し，いつしか家族の絆を深めるうえで重要な位置を占めるようになることを示唆しています。遊びの研究者であり文化人類学者であるサットン＝スミス（Sutton-Smith, 1986）は，「家族は現代の社会形態の中では，絶滅危惧種と言ってよい。私たちは現代において家族の祭りを行うが，その理由はおそらく，家族がバラバラになることを恐れているからなのであろう」（本書42〜43頁）と述べ，祝祭の儀式が家族の統合にとって重要な意味を持つことを指摘しています。

　実際，新型コロナウイルスが猛威を振るった2020年から2022年までの3年間，私たちの社会は様々なかたちで停滞と分断を余儀なくされました。地域のお祭りや行事，集合型の大会やコンサートは軒並み中止され，人々は交流し絆を深める機会を失ってしまったのです。しかし2023年以降，中止されていたこれらの催し事も徐々に復活し，社会は再び活気を取り戻しつつあります。こうした光景を見ても，祝祭の儀式が家族や社会の統合にとって持つ意味は，なるほど重要なものがあると感じられるのではないでしょうか。

クリスマスツリーの象徴的機能

　私たち日本人にはあまりなじみのないことかもしれませんが（少なくとも筆

者にとってはそうです），クリスマスツリーもまた，家族の統合を象徴するもののひとつです。アメリカでは，クリスマスツリーに飾るオーナメントにはそのひとつひとつに家族固有の意味が込められているそうです。それらはある時期にまとめて購入されたものが単にそのまま飾られるのではなく，家族の形成や成長とともに長い年月をかけて購入され，収集され，手作りされたりします。

　子どもが成長して独立し，自ら家族を持つようになると，それに合わせてオーナメントも子どもに譲り渡し，新たな家族で受け継がれていくケースもあります。そうした計画のもと，毎年オーナメントの贈り物をしてきたという家族もあるそうです。クリスマスツリーのオーナメントは家族の歴史そのものであり，その意味でファミリーツリーという呼び名がふさわしいのです。

　母親たちによって語られたオーナメントにまつわるエピソード（本書114～116頁）からは，クリスマスツリーがそこに飾られるオーナメントを通して家族の歴史とその絆を表すシンボルとしての役割を果たしていることがわかります。遊びのフロー理論で有名な心理学者のチクセントミハイは，ロックバーグ＝ハルトンとの著書『モノの意味』（Csikszentmihalyi & Rochberg-Halton, 1981/2009）の中で，モノが社会的統合のシンボルとなりうることを論じています。家族の形成過程においては出会いや別れなど様々な出来事が生じますが，家族統合のシンボルとしてのクリスマスツリーは，そうした変化や移行を手助けするものとなるのです。

子どもにとってクリスマスとはどのようなものか？

　ここまで，クリスマスの祝祭の儀式が家族の統合においてどのような意味を持ちうるのかについて述べてきました。しかし，当の子どもたちにとってクリスマスやサンタクロースはどのようなものとして捉えられているのでしょうか。

　クラークによるインタビューの中で，ある 6 歳の子どもは，クリスマスを「子どものためのサプライズ」の日（本書50頁）だと語りました。子どもたちはクリスマスに費やされる大人たちによる多くの準備と喧騒が，自分たちの興味に沿って行われていることに気づいています。クリスマスのサプライズを通して，子どもたちは世界がなんと素晴らしく驚異的で，魅力に満ち溢れているのかを知ることができるのです。

解　説　子どもと旅するファンタジーの世界　213

とはいえ，クリスマスの魔法のような出来事は，彼らにとってさほど不思議ではなく，ごく当たり前の出来事である可能性もあります。例えば，6歳のティナは，クリスマスツリーの飾りを見ながら，その登場人物について自らが考えたことを豊富に熱心に語りました（本書51〜52頁）。7歳のスコットは，サンタクロースが夜にだけやってくるのは，自分自身を謎めいた存在に見せるために必要な要素なのではないかと推理し，9歳のステファニーは，サンタクロースは人々の目には見えず，だからこそいろんなところを通り抜けられるのだと主張しました（本書66頁）。さらに，7歳のマイクは，サンタクロースがいる場所を誰も知ることができないのは，まわりがたくさんの雪で覆われているからなのだと言い，6歳のライアンは，あまりにも遠く離れた場所にいるため，誰もたどり着くことができないからだと言いました（本書69頁）。

　クラークによると，子どもたちの語りは確かに熱っぽくはあったものの，さほど不思議だと感じている様子はなく，どちらかと言えば，さも当然であるかのような様子であったと言います。クリスマスは子どもたちにとって確かに驚異的でサプライズに満ちていますが，それでも彼らの頭の中では，それらは現実に起きたって不思議ではない出来事の一部なのかもしれません。これはとても興味深い問題です。ですので，もう少し堀り下げてみることにしましょう。

サンタクロースの謎に挑む子どもたち

　サンタクロースはトナカイの引くそりに乗って空を飛ぶ，一晩で世界中の子どもたちにプレゼントを配って回る，狭い煙突の中も通り抜けできる……。サンタクロースが示すこれらの驚異的な行為は，子どもたちの知る物理法則や人間の能力の限界に関する知識に違反するものです。にもかかわらず，8，9歳頃までの子どもの多くは，サンタクロースがこの世界に実在する人物であると信じ続けます（例えば Blair et al., 1980；Prentice et al., 1978；富田，2002など）。これはいったいどういうわけでしょう。子どもたちはサンタクロースが示す驚異的な行為の数々をどのように捉えているのでしょうか。

　心理学専攻の学生であったバクスターとサバグ（Baxter & Sabbagh, 2003）は，次のような興味深い研究を行っています。彼らは2歳から7歳の子どもを持つ親に，12月中に子どもたちが発したサンタクロースについての質問を記録して

おくようにお願いしました。どの年齢の子どもでも質問の量はほとんど同じです。しかし質問の質に目を向けると，それは子どもの年齢によって異なっていました。2〜4歳児では，「サンタさんはいったいどこに住んでいるの？」「トナカイは夏の間どうしているの？」など，サンタクロースを普通の人間のように捉えて，そのプロフィールを探るような質問（事実質問）が多く見られたのに対し，5〜7歳児では「サンタさんはどうやって一晩ですべての家を回ることができるの？」「どうやってそりで空を飛ぶの？」など，普通の人間では到底できないようなサンタクロースの驚異的な行為の謎を探るような質問（概念質問）が多く見られたそうです。

　心理学者のシュトルマンとユ（Shtulman & Yoo, 2015）は，この興味深い結果の再検討を行いました。まず，彼らは一般公開されているサンタ宛に送られた電子メールのアーカイブの中から，4歳から9歳の子どもが送り主であるメール392通をダウンロードしました。次に，その中からサンタクロースの情報を探るような質問が含まれているメール45通を取り上げ，事実質問と概念質問がどのくらいあるかを調べました。その結果，45通のメールのうち事実質問は30通，概念質問は15通ほど確認され，4〜6歳児では19通のうち概念質問は3通（16％）にすぎなかったのに対し，7〜9歳児では26通のうち概念質問は12通（46％）も見られたことを明らかにしています。

　しかし，サンタ宛てにわざわざメールを送るくらいですから，分析対象となった子どもは他の子どもと比べてサンタにより関心が高く，親もより積極的に推奨しているなどの偏りがあった可能性があります。こうした可能性を取り除くために，シュトルマンたちは3歳から9歳までの子ども47名と個別に面談し，いくつかの課題を行いました。

　最初の課題（質問づくり課題）では，実験者は子どもに「サンタさんに手紙を書いて，そこでいくつか質問をしたいと思っているので，それを手伝ってほしい」と頼みました。そして，「今は夏なのでサンタはまだオモチャのリクエストを受け付けていないだろうから，質問はオモチャに関すること以外にしてほしい。例えば，サンタの妖精のこととか，トナカイのこととか，北極のこととか……」とも付け加えました。こうして子どもはサンタクロースへの質問づくりにチャレンジすることになったのです。

解　説　子どもと旅するファンタジーの世界　**215**

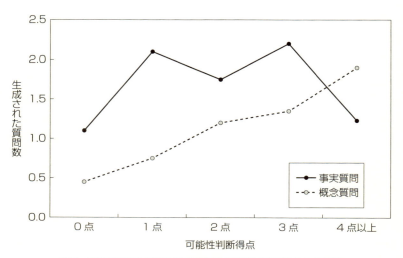

図2　事実質問及び概念質問の数と可能性判断得点との関連
出所：Shtulman & Yoo（2015）をもとに筆者作成。

　研究の結果，質問をつくることができた子どもは47名中28名（60％）で，残り19名（40％）は質問をつくることができませんでした。これは日常会話ではなく実験課題であったことや，手紙を書く時期が7月と早かったことなどが影響していると考えられますが，結果には彼らの年齢が関与していることも確認されました。質問をつくることができた者の平均年齢は7歳2か月であったのに対して，できなかった者の平均年齢は5歳3か月。そこには2歳もの年齢の開きがあったのです。5歳頃までの子どもは6，7歳の子どもと比べると，サンタクロースの謎についてあまり敏感ではないのかもしれません。

　質問をつくることができた28名の子どもは全体で133の質問をつくり出しましたが（1人当たり4.75），そのうち事実質問は59％で，概念質問は41％でした。シュトルマンたちの研究では，一方で子どもにいくつかの出来事の場面を提示して，それが物理的に可能な出来事であるか不可能な出来事であるかの判断を求める課題（可能性判断課題）も行っています。その課題の成績と先ほどの質問づくり課題での概念質問の生成数との関連を調べたところ，統計的に有意な関連が認められました。図2に示すように，どんな出来事が物理的に可能か不可能かについてよく理解している子どもほど（それは年齢が上の子どもほどよく理解

表4 サンタクロースの驚異的な行為を「本当のこと」として
認めた者の割合

質問項目	％
一晩で世界中を旅すること	83
どの子がいい子か悪い子かを知ること	94
1つの工場ですべてのオモチャをつくること	87
トナカイの引くそりで空を飛ぶこと	96
煙突をくぐって家の中に侵入すること	87

出所：Shtulman & Yoo（2015）をもとに筆者作成。

していたのですが），概念質問をより多くつくり出すことができる，すなわち，サンタクロースの謎に敏感であることがわかったのです。

サンタクロースの謎をどう解き明かすか？

シュトルマンたちの研究はさらに続きます。質問づくり課題が終わった後，今度はサンタが行っている驚異的な行為の数々について，それが本当だと思うか，本当だとしたらいったいどうやって行っていると思うか，と子どもに説明するよう求めました（説明課題）。取り上げられた驚異的な行為は，(1)一晩で世界中を旅すること，(2)どの子がいい子か悪い子かを知ること，(3)1つの工場ですべてのオモチャをつくること，(4)トナカイの引くそりで空を飛ぶこと，(5)煙突をくぐって家の中に侵入すること，の5つです。

子どもは6，7歳頃からサンタクロースの謎に挑み始めているという事実を考えると，5つの驚異的な行為はそれなりに多くの子どもによって否定されそうな気がします。しかし実際には，表4に示すように，子どもたちの多くがこれらを肯定し，年齢差は見られませんでした。謎は謎として子どもたちの心の中に浮かび上がりつつも，サンタクロースとはそもそもそうした驚異的な能力や特性を備えた人物なのだと彼ら自身が受け止めていることをこの結果は示唆していると言えます。

では，子どもたちはサンタクロースの驚異的な行為をどのように説明したのでしょうか。子どもたちの説明は因果的なもの（結果に対する原因の解釈が子どもなりに説明されているもの）と非因果的なものとに分けられました。因果的説明（40％）には，「彼はこれまでもたくさん旅をしているんだ」（だから一晩で世

解　説　子どもと旅するファンタジーの世界　　**217**

界中を旅することもできる），「彼は世界中のありとあらゆる場所にカメラを付けているんだ」（だからいい子か悪い子かを知ることもできる），「彼のそばにはオモチャづくりを手伝ってくれる妖精たちが何百万といるのよ」（だから 1 つの工場ですべてのオモチャをつくることだってできる），「トナカイには糸がついているのさ」（だからトナカイの引くそりは空を飛ぶことができる），「ジャケットを脱いで入るんだ」（だから煙突をくぐって家の中に侵入することも平気）などが含まれました。非因果的説明（60%）には，単に質問をくり返した場合（例：「トナカイは飛ぶよ」），無関係な情報を挙げた場合（例：「煙突のないアパートもあるよ」），単に魔法のみをアピールした場合（例：「彼は魔法を使うんだ」），知らないと主張した場合（例：「わからないよ。教えて」）などが含まれました。分析の結果，年齢が高い子どもほど，また出来事の可能性判断をより正確に行った子どもほど，因果的説明をよく行ったことが示されています。物理的に不可能な出来事を正確に把握している年長の子どもでも，サンタクロースの驚異的な行為をすぐさま否定するのではなく，その実在を前提として因果的にうまく説明する道を探っていたのです。

すばらしいアイデアを生み出す力

　バクスターやシュトルマンたちの研究からわかったことは，子どもは 8，9 歳頃からサンタクロースを信じなくなりますが，その少し前の 6，7 歳頃からサンタクロースの驚異的な行為に対して「いったいどうやって？」と疑問を口にするようになるということです。しかし，それで彼らがすぐさまサンタクロースを否定するようになるのかと言えば，そんなことはありません。彼らはサンタクロースの驚異的な行為に「なぜ？」「どうして？」と不思議さや驚きを感じながらも，そもそもサンタクロースが持つ能力や特性がそうしたものであり，それによって不可能と思えるような出来事も可能になるのだとひとまず理解します。普通の人間にはない魔法のような力を持つ存在としての「サンタクロース概念」がこの時期に形成されていくのです。驚異的な行為の数々に対して彼らが示した説明は，まさにそうした彼らなりのサンタクロース概念に沿ってつくられたものと言えるでしょう。

　子どもたちは一方で「不思議だ」と言いながらも，もう一方では「たぶん○

○だからだよ」と自信に満ちた表情で主張します。自ら考え，想像し，推理したことだからこそ，それは特別な輝きを放つのでしょう。ある5歳の子どもは，サンタクロースはどうやって家の中に入ることができるのかを考えた後，次のように言いました。「不思議の国のアリスを思い出して。アリスがそのボトルに入ったポーション（霊薬）を飲むと，アリスは小さくなったでしょう？ きっとサンタクロースもそれと同じことができるよ」（本書63頁）。すばらしいアイデアは子どもに達成の喜びや満足とともに自信と勇気を与えます。自ら考え，想像し，推理する力は，信じ込みと疑いとの間の揺れ動きを楽しく経験することで鍛えられ，洗練化していくのではないでしょうか。

4　クリスマスを100倍楽しくする方法

クリスマスの憂鬱

　クリスマスやサンタクロースに対する非難のひとつに，その商業主義的な要素が挙げられます。毎年，11月半ばを過ぎると，街の中心部はクリスマスのイルミネーションに包まれ，そこかしこでクリスマス・ソングが鳴り響きます。商業施設はクリスマス・ムード一色になり，子ども向けのおもちゃの新商品もこのタイミングに合わせて一斉に売り出されます。子ども向けのテレビ番組ではそうした新商品を大々的に宣伝するCMであふれ，幼い消費者たちの購買意欲を高めます。もちろん，購入するのは子どもたちではなくサンタクロースの代理人としての親たちです。子どもはサンタクロースにお願いする内容を手紙に書き，あるいはサンタクロースとひそかに交信できるとされている親に口頭で伝え，そうして思い通りの贈り物を得ようとします。

　子どもがまだ幼い頃には，贈り物となる商品もさほど高額ではなく，その願いごとも無邪気なものであるため，親は喜んでサンタクロースの代理人を務めます。要望通りの商品（子どもの要望ではなく親が決定した商品である場合もあります）を事前に購入し，クリスマス・イブの夜に子どもの枕元やツリーの下にサンタクロースからの贈り物としてこっそりと配置し，翌朝に子どもがどれほどの驚きや興奮を示すかを楽しみに待ち構えるのです。

　しかし，子どもが成長するにしたがって，状況に変化が生じてきます。サン

解　説　子どもと旅するファンタジーの世界　219

タクロースからの贈り物として希望する商品も徐々に高額化し，時に親が購入をためらうような商品を要望することもあります。子どもたちがサンタクロースを心の底から信じているかどうかも怪しくなり，そのことはクリスマスの朝の子どもの反応に顕著に表れるようになります。

　例えば，子どもがサンタクロースを信じている場合，目の前の贈り物はサンタクロースの驚異的な妙技の数々によって実現したものであるため，そこには驚きや興奮が伴います。しかし，子どもがサンタクロースを信じていない場合，目の前の贈り物は親が事前に商業施設で購入したものにすぎず，その意味でそれらの感情は薄らぐのです。もちろん，信念から不信への変化はそのように全か無かで生じるわけではなく，むしろ緩やかに生じるわけですが，子どもの反応から見るからに驚きや興奮が減っていくことはおそらく確かでしょう。

　サンタクロースを通して子どもに贈り物を届けるという慣習的行動に対する親の最大の動機は，おそらく子どもの笑顔であり，目の輝きであり，子どもらしい素朴なつぶやきです。したがって，子どもの表情や行動からサンタクロースに対する不信の兆候が示され始めると，子どもによる贈り物の要望はもはやサンタクロースに対する信念の表れではなく，物質的な欲求の表れとして親たちの目には映り，それによりこの種の慣習に対する意欲や熱意も急速に失われていくのです。

　子どもがもはやサンタクロースを信じていないのであれば，サンタクロースからの贈り物というこの慣習を続けていく意味は，果たしてあるのでしょうか。子どもが7，8歳頃（あるいは早くて5，6歳頃）になると，親たちはクリスマスの時期が来るたびに，こうした葛藤に頭を悩ませるようになります。ある9歳の子どもは，サンタクロースのことを「プレゼントの神様だ」と語りました（本書2頁）。また，「クリスマスについて知っていることを教えてちょうだい」と尋ねられると，たいていの子どもはまず自分がもらったおもちゃについて話し，次にそれを持ってきて見せてくれたそうです（本書58頁）。ある母親は，「物質的な欲求には制限が必要であり，子どもたちが『求めるものをすべて手に入れる』ことは，良いことだとは思えない」と語っています（本書123頁）。

目に見えない象徴的な意味

　このように見ていくと，サンタクロースは商業主義の神であり，子どもたち
に物質主義と強欲の精神をもたらした罪で有罪だとする非難も，ある意味では
もっともらしく思えてきます。しかし，本当にそうでしょうか。サンタクロー
スはそうした側面しか子どもたちにもたらさないのでしょうか。実際には，ク
リスマスとサンタクロースは子どもにとって，また家族にとって数々の「いい
こと」をもたらします。そして，それはここまで繰り返し述べてきた通りです。
例えば，サンタクロースや歯の妖精のような目に見えないものを信じることは，
子どもにこの世界がどれほど驚異的で謎めいていて，素晴らしいものに満ちて
いるかを感じさせる機会を与えてくれます。また，クリスマスはその儀式的な
習わしを家族の間で共通の経験として毎年のように繰り返すことを通して，家
族の連帯や団結を深める重要な役割を果たしてくれます。さらには，サンタク
ロースの謎は子どもに自ら進んで考え，想像し，推理する機会を提供し，そこ
で生じたアイデアは子どもに達成の喜びや満足，自信や勇気を与えてくれます。

　むしろ問題なのは，クリスマスとサンタクロースが持つ様々な象徴的な意味
について深く理解し，実践することから目を背けて，単に商業主義的な側面に
ばかり子どもの目を向けさせてしまっている大人の側にあるのかもしれません。
なぜなら，子どもの経験や発達，家族の発展などは，プレゼントという目に見
える物質ではなく，むしろ目に見えない象徴的な意味によってもたらされてい
ると考えられるからです。

　例えば，サンタクロースの遠く離れた住居，夜間の到来，贈り物のラッピン
グといった，私たちがごく当たり前に認識しているクリスマスの定説にも，象
徴的な意味があるのだと本書では述べられています。そして，そのことを子ど
もたちもまた，暗黙的に認識しているのです。サンタクロースの住居は北極
（もしくはフィンランド）にあるとされ，それは人目が行き届かない神秘的な場
所という印象を子どもたちに与えます。雪や氷で覆われたその地形は，サンタ
クロースの秘密を興味本位で解き明かそうとする外部の侵入者の魔の手から
守ってくれます。サンタクロースの居場所がなかなか突き止められない理由も
そうして説明できるかもしれません。サンタクロースがやってくる夜間もまた，
人びとから身を隠すのに役立ちます。「夢のような」謎めいた存在という印象

解　説　子どもと旅するファンタジーの世界　　**221**

も与えますし,「寝ないとやってこない」という決まり文句はその神秘性をさらに高めてくれます。そして,子どもはきちんと眠りにつくことによって,自らのサンタクロースへの信念を証明するのです。

　贈り物のラッピングは,親にとっては手間のかかるプロセスです。どうせすぐに切り刻まれ,引きはがされるのだから,ラッピングなんて最初からしなくてもよいのではないか,というのも合理的な意見です(筆者も最初はそう考えていました)。しかし,破壊,爆発,切り刻み,散らかしなどは祭りの一部であり,そこには派手なエネルギーの解放によって誰もがその時を共有できるという象徴的な意味が込められているのだそうです。祭りのパレードや花火,爆竹,花吹雪,さらには七面鳥の丸焼きなども,まさにその一部です。食べたり飲んだり,歌ったり踊ったり……,そうした祭りの過剰さも同様で,それによって誰もがその時を共有している感覚が得られるとともに,大騒ぎした後には一斉に秩序を回復し,平穏な日常のありがたみを逆説的に感じるという意味合いもあるのだそうです。

　その他にも,サンタクロースがおじいさんであること,太っていること,赤い衣装を身に着けていること,煙突を潜り抜けて暖炉から家の中に入ってくることなど,それらの特徴には様々な象徴的な意味が含まれているようですが,きりがないのでこれくらいにしておきましょう。いずれも諸説あって,どれか1つが絶対的に正しいというわけではなさそうです。重要なことは,これらを正しい知識として理解し,子どもたちに正確に伝えるということではなく,子どもたちとの対話の中でこれらを大いに活用し,対話そのものを楽しく豊かなものにしていくことではないでしょうか。そのことが子どもたちの目を商業主義的な側面から切り離し,目に見えない象徴的な意味へと向けさせるものと思われます。

子どものかけがえのなさを祝う

　先に述べたように,現代のクリスマスはキリスト教が当初から各地にあった冬至の祭りをイエス・キリストの降誕祭へと取り込んだことに由来するとされています。日本でもキリスト教系の幼稚園では,毎年クリスマスの時期になるとキリスト降誕劇が上演されていますが,それによってキリスト降誕の奇跡が

祝われているわけです。

とはいえ，少なくとも 6，7歳頃までの子どもにとって，そのようなお祝いの日としての認識は，たとえキリスト教徒の家庭であっても，さほど明確なものではないようです。このことは本書のインタビューの中で，家庭内に飾られたキリスト降誕の絵画や像について尋ねた時，多くの子どもがイエスとマリアとヨセフ以外を認識していなかったことからもうかがえます（本書120頁）。

クラークによると，キリスト降誕がクリスマスに祝われることは，子どもにとってみると，自分が代わりに誕生日を祝われているかのような錯覚を持って迎えられるそうです。イエス様は天国にいるから誕生日のケーキもプレゼントももらえない，だから必然的に，今を生きる自分たちが代理的にそれを与えられているのだ，というわけです。また，クリスマスツリーやキリスト降誕場面の頭上には必ず輝く星（時おり天使）が描かれていますが，これは子どもを産み育てる家族に関心を向け，「見守る」という宇宙的な保護の力を表しているのだそうです（本書119頁の図参照）。

そのように考えると，クリスマスは子どもが天から命を授かり，この 1 年間無事に育ってきたことを祝う日ということになります。キリスト降誕の奇跡と，子どもたちひとりひとりのかけがえのなさとが象徴的に同一視され，祝われるのです。こうした見方は筆者にとってもまったく新しいもので，クリスマスを子どものための祝日として家族で祝うことの意味をよりいっそう高めてくれるものだと言えるでしょう。

寛容さのレッスン

クリスマスに限らず，何かをお祝いする祭りでは「見返りを求めない贈与」がつきものです。そこでは子どもたち向けに無料で風船やお菓子が配られたり，警察や消防，あるいはバス運行会社の人たちなどが無料で子どもたちに制服を着せ，写真を撮ってくれたり，車に乗せて内部の機材を見せてくれたりします。林業関係の人たちが余った木材を持ち寄って，無料でいろんなものづくりを体験させてくれたりもします。これらはいずれも子どもたちに向けられたもので，その贈り物に対して見返りが求められることはありません。

サンタクロースの場合，イエスの誕生時に遠方から訪れ贈り物を捧げたとさ

解説　子どもと旅するファンタジーの世界　**223**

れる東方の三博士もモチーフのひとつとなったそうですが，その見返りを求め
ない寛容さは，孫世代に対して同様の寛容さを示す祖父母像とも重なって，サ
ンタクロース像をつくりあげています。

　子どもたちはクリスマスにサンタクロースからの贈り物を得ますが，彼らは
そこで単に物質主義や強欲さを学ぶわけではありません。子どもとして誰かか
ら愛を受け取ることで，大人になってからも誰かに愛を与えることができるよ
うになる，というよく知られた信念と同じ精神で，子どもたちは大きくなるに
したがってクリスマスから寛容さを学ぶのだとクラークは言います。実際，
「もしも北極にいるサンタさんを訪ねに行ったら，何がしたい？」と尋ねると，
子どもたちは「サンタさんのためにおもちゃを作って，彼を手助けしたい」
「ぼくはエルフたちを手助けする。（彼らの）仕事を手伝いたいんだ」などと答
えたそうです（本書59頁）。

　その他にも，子どもたちがクリスマスに家族のために贈り物を購入したり，
貧しい家庭のための募金活動に参加したりなど，これらの経験について話す時，
彼らは明らかにそうした与える行為を楽しんでいる様子であったと言います。
ある観察されたショッピングモールでの場面では，若い男女から無料で配布さ
れるお菓子を受け取った4歳くらいの女の子が，そのお返しとして自分が持っ
ている風船（これも無料で配られたものですが）を若い男女に差し出し，互いに
にっこりと温かくほほえみ合っていたことが報告されています（本書125頁）。

　こうした場面を通して，子どもたちは寛容さのレッスンを受けることができ
るのだとクラークは言います。私たちはクリスマスのサンタクロースからの贈
り物をごく当たり前のこととして子どもたちに与えていますが，その意味を深
く考えると，また違った景色が見えてくるのではないでしょうか。

モノにも神聖さが宿る

　現代のクリスマスは，商業施設からもたらされた物質的なモノであふれてい
ます。サンタクロースからのプレゼントは言うまでもなく，クリスマスのツ
リーやリース，イルミネーション，オーナメントに至るまで，それらは多くの
場合，自然や手作りのものではなく，人工的で購入されたものです。しかし，
だからと言って，そこにはまるで神聖さが備わっていないかというと，おそら

くそんなことはありません。それらはいずれも家族にとってクリスマスの儀式を再現するうえで重要なものであり，毎年くり返し使用する中で，家族の記憶とともに神聖で特別な意味を持ちうるものとなっていきます。

　クラークはシカゴの老舗百貨店マーシャルフィールドもそのひとつとして紹介しています。それは1881年創業のアメリカ最初の百貨店で，その建物や内装の美しさから，長年シカゴ市民に愛されてきました。毎年クリスマスの時期になると，通常では2万から2万5,000人ほどの買い物客が，7万5,000人にまで膨れ上がり，マーシャルフィールドの装飾された窓を見たり，お店の中にある巨大なクリスマスツリーのそばでランチをしたり，そこにいるサンタクロースに会ったりするために，多くの人々が訪れるのだそうです（1995年当時）。親たちの中には，マーシャルフィールドのサンタクロースこそが「正真正銘」のサンタクロースだと主張する者までいたそうです（残念ながらマーシャルフィールドは2005年に同じく百貨店のメイシーズに買収され，現在ではその名前も変わっています）。

　日本でもここ数年，映画『君の名は。』や『THE FIRST SLAM DUNK』に代表されるように，アニメや映画，テレビドラマ，小説，漫画などの作品のゆかりの土地や舞台となった場所を訪れる「聖地巡礼」が流行っていますが，ファンにとってみればその由来が自然的であるか人工的であるかなどはおそらく関係のないことでしょう。その対象の歴史の深さとは関係なく，その対象を見る人にとってそれが主観的な楽しさや心地よさやつながりを与えてくれるものならば，それはその人にとって神聖で特別な意味を持ちうるものとなるのです。家族やコミュニティ，あるいはファンの人たちによる共通の経験を通して，物質的なモノにも目に見えない神聖で特別な意味が宿るようになる。この点もクリスマスの儀式を家庭で行ううえで忘れてはならない視点のひとつなのかもしれません。

子どもは信じやすいのか？

　子どもたちの関心を「目に見える」物質的な贈り物にばかり向けさせないためには，親たちがもっとクリスマスやサンタクロースの「目に見えない」象徴的な意味を理解し，それを子どもとの豊かな対話や実践のなかに反映させていくことが重要である。そんな話をここまで主にしてきました。しかし，そのこ

解　説　子どもと旅するファンタジーの世界　**225**

図3 お菓子の魔女人形の写真
出所：Woolley et al. (2004) より。

とは言うほど簡単なことではないかもしれません。なぜなら，子どもたちは親たちが大して労苦を捧げなくても，(見かけ上)いともたやすく「目に見えない」サンタクロースの存在を信じてしまうからです。親たちが「目に見えない」側面にあまり注意を向けないのは，そんな理由もあるような気がします。

実際，子どもたちがどれほどたやすく「目に見えない」存在を信じてしまうかを明らかにした研究があります。発達心理学者のウーリーとボールガーたち(Woolley et al., 2004)は，ある空想上の存在を独自につくり出し，それを子どもたちに吹き込んだ場合にどのくらい信じるかを調べました。アメリカやヨーロッパでは毎年10月31日にハロウィンの祭りが行われ，子どもたちは魔女やおばけの扮装をして家々を訪問し，「トリック・オア・トリート」という言葉を唱えて大人たちからお菓子をもらいます。集まったお菓子はいったいどうなるのでしょうか。そこで考えたのが「お菓子の魔女(Candy Witch)」です。ウーリーとボールガーたちはハロウィンの約1週間前に保育施設を訪問し，3〜5歳の子どもたちにハロウィンについてどんなことを知っているかを尋ねました。そして，お菓子の魔女のことを話し始めました。

お菓子の魔女はハロウィンの夜に子どもの家にやってきて，子どもが眠っている間に集めたお菓子を新しいおもちゃに交換してくれる存在です。それは意地悪ではなく優しい魔女で，そのイメージを補うために，子どもたちにはこの実験用につくられたお菓子の魔女のオリジナル人形の写真を見せられました(図3参照)。また，お菓子の魔女はサンタクロースやイースターバニーのようなものだとも伝えられました。さらにハロウィンの前日には再び保育施設を訪問し，子どもたちと一緒にお菓子の魔女のパペットをつくる文化的活動も実施され，子どもたちはそれと親しみました。

当然のことですが，子どもたちがお菓子の魔女の話を聞かされるのは，この時がまったく初めてです。果たして子どもたちはそれをどのくらい信じるのでしょうか。ハロウィンが終わった後，子どもたちにインタビューしたところ，

参加した44名のうち29名（66％）が「本当にいる」と回答し，4名（9％）が「わからない」と回答，11名（25％）が「本当にはいない」と回答したそうです。この割合は同時に尋ねたサンタクロースやイースターバニーに対する結果とほぼ同様で，現実の存在（先生，子ども，猫）ともほぼ同じでした。しかも一年後にもう一度同じ質問をしたところ，ほとんどの子どもが回答を変えず，その信念は安定していたのです。つまり，子どもたちはたとえそれが初めて聞かされた存在で，実際に自分の目で見たことはなかったとしても，それをいともたやすく信じてしまったのです。

子どもは信じる理由を自ら探す

　興味深いことに，ウーリーとボールガーたちは親の了解が得られた約半数の子どもに対してのみ，実際にお菓子の魔女がやってきたという経験を追加してみました。つまり，実際に子どもが眠っている間にお菓子の魔女が現れ，ハロウィンで集めたお菓子を新しいおもちゃに交換してもらったという経験です（もちろん，親が代理を務めてくれました）。この経験は彼らの信念にどう影響を及ぼすのでしょうか。あわせて，サンタクロースやイースターバニーなど，その他の空想上の存在に対する信念との関連や，3〜4歳児と4〜5歳児の違い（参加児の人数の都合上，4歳3カ月未満と以上の2つのグループに分けられた）などについても検討してみました。

　その結果，図4に示すように，3〜4歳児よりもむしろ4〜5歳児の方が「本当にいる」と確信を持って信じる者が多く，4〜5歳児ではお菓子の魔女の訪問を受けた者の方がより信じる傾向にあることが示されています（「本当にいる」ことに「すごく自信がある」＝6点，「少し自信がある」＝5点，「まったく自信がない」＝4点，「本当にいるかいないかわからない」＝3点，「本当にはいない」ことに「まったく自信がない」＝2点，「少し自信がある」＝1点，「すごく自信がある」＝0点，という配点です）。また，4〜5歳児では3〜4歳児とは異なり，他の空想上の存在も同じように多く信じる傾向も見られたそうです。このことは，年齢が上がるにしたがって，大人からの情報をそのまま受け入れるのではなく，自ら信じる理由を探し，納得したうえで信じるようになることを示唆しているように思われます。

解　説　子どもと旅するファンタジーの世界

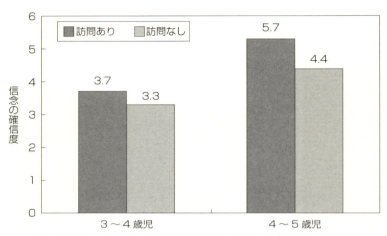

図4　子どもの年齢及び訪問別のお菓子の魔女に対する信念の確信度
出所：Woolley et al.（2004）をもとに筆者作成。

　実際，このくらいの年齢になると，大人からの情報の真偽を判断するうえで，(1)話し手が伝えようとする意図についての推論，(2)話し手の信頼性，(3)話し手の情報と自らの知識との一致という3つの手がかりを使用できるようになることが示されています。幼児は大人からの情報をすぐさま疑いもなく真実として信じるわけではないのです（とはいえ，これらの手がかりの効力が発揮されるのは全体の約54％にすぎず，一般的に，大人ほどにはまだ懐疑的ではないのですが。Bond & DePaulo, 2006参照）。

　さらに面白いことに，ウーリーとボールガーたち（Boerger et al., 2009）は5年後にまた，今度は年齢範囲を7歳にまで広げ，サンプルサイズも増やし，信念の指標もインタビューだけでなく複数用意して，尋ねる時点もハロウィン前，1週間後，3週間後，1年後と増やして実験を行っています。その結果，信じる者の割合は指標ごとに差は見られるものの，65％から87％の範囲というように，前回と同様に高い割合が示されています。お菓子の魔女の訪問を受けた者（77〜94％）は受けなかった者（37〜73％）よりも，お菓子の魔女を信じる傾向にあることも同じでした。

　また，当然といえば当然かもしれませんが，図5に示すように，初年の3つの時点（ハロウィン前，1週間後，3週間後）で一貫して信じていた者は1年後も

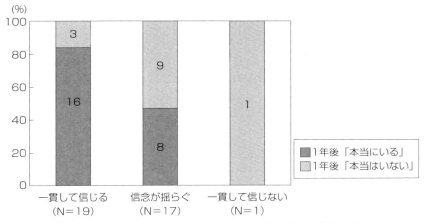

図5 初年の信念回答（3つの時点）と1年後の信念回答との関連
出所：Boerger et al.（2009）をもとに筆者作成。

同様に信じ続けている者が多く，信念が一貫せず揺らいでいた者は1年後に信じていた者は約半数にとどまり，最初から一貫して信じていなかった者は1年後にもやはり信じていないことが示されています。そして，最初は信じていたものの，1年後には信じなくなった者の多くは，最初の年に6歳や7歳で，翌年には7歳や8歳になっていた子どもたちであったということです。

見かけ以上の思慮深さ

以上の研究結果は，幼い子どもの信じやすさを強調しているように見えるかもしれません。しかし実際には，表面的にそのように見えるだけで，子どもたちは彼らなりにいろいろな情報を精査して，自ら信念をつくり上げていることを示唆しているとも言えます。

ウーリーたちは，子どもが見たこともない（そして今後も見ることがないであろう）存在の実在性を判断するうえで，裏づけとなる証拠や他者の証言をいつ頃からどのくらい利用できるようになるのかについても調べています。それによると，子どもは5歳頃になると，ある存在が本当にいることを裏づける証拠（Tullos & Woolley, 2009）や，他者との会話の中に含まれる手がかりとなる証言（Woolley et al., 2011）を自らの信念の形成に利用できるようになることがわかっ

ています。

　この実験はややこしいので詳細は省きますが，サンタクロースの例に当てはめて考えると，ツリーの下に置かれたプレゼントやトナカイのために用意したクッキーの食べかすなどが存在を裏づける証拠であり，「サンタクロースは本当にいます。私はサンタクロースを信じています」（明示的な信念の表明）や「サンタクロースは煙突を潜り抜けて家の中に入ってきます」（暗黙的な信念の表明）が会話の中に含まれる手がかりとなる証言ということになります。3，4歳児は無関係の証拠や否定的な証言でさえも信じる根拠にしてしまいますが，5歳頃からそのようなことがなくなってくるのです。

　また，4歳児は最初に「Xは本当にいます」と主張されると，その後矛盾する別の誰かの主張（「Xは本当はいません」）に遭遇したとしても意見を変えませんが，5歳児以降は意見を変えるようになることもわかっています（Dore et al., 2019）。さらに私たちが，例えばリンゴに対してわざわざ「リンゴは本当に存在しています」などと言わないことからわかるように，「Xは本当にいます」という主張は，裏を返せば「Xは本当はいないという主張もありうる」ことを暗黙的に意味しています。つまり，それ自体が「いる」とも「いない」ともはっきりとは言い切れない論争的な存在であることをその言葉は示唆しているのです。そのような気づきは9歳頃になると見られるようになることも，これまでの研究（Woolley et al., 2011）からわかっています。周囲からの情報をかなり慎重に精査するようになるのです。

目に見える商業主義を超えて

　大人たちの目には，子どもは大人からの情報を何ら疑いもなくそのまま受け入れているように見えるかもしれません。しかし実際には，子どもは外部からの情報をすべてそのまま受け入れるわけではなく，「誰が，何を，どのように」などの点を考慮して，信頼できる情報を選択して受け入れています（外山，2017）。そして，少なくとも5歳頃の子どもは，目に見えない空想上の存在を信じるにあたって，裏付けとなる証拠や他者の証言，その他の似たような空想上の存在についての推論など，さまざまに考慮しながら自らの信念を形成しているのです。もちろん，それは日常においてまだ垣間見える程度でしょうし，

思慮深さという点ではおそらく大人と比べるまでもありません。しかし，それでも侮ってはいけない存在であることは確かなのです。

　私たち大人が子どもとクリスマスやサンタクロースについて，「目に見える」商業主義を超えて，「目に見えない」象徴的な意味でともに響き合い楽しむためには，その理解をもとにして子どもとの対話や実践を豊かにしていくことが必要です。それに加えて，子どもを自分たちが思っている以上に思慮深い存在とみなして，その対話や実践にもっと本気で真剣に取り組むことが大切なのかもしれません。

5　イースターバニーと魔法の卵

春の訪れを祝う祭り

　歯の妖精がそうであったように，イースターバニーもまた欧米では広く知られているのに対して，日本ではほとんど知られていない空想上の存在のひとつです。

　イースターバニーとは，イースター（復活祭）の夜に子どもたちが寝ている間にひっそりと現れて，色付けされた卵（イースターエッグ）の贈り物を届けてくれるウサギのことです。それはサンタクロースや歯の妖精のように，ツリーの下や枕元にわかりやすく届けてくれるのではなく，屋外（天候によっては屋内）のどこかに見えないように隠されるため，それを子どもたちが探し出すイースターエッグハントと呼ばれるイベントも行われたりします。

　イースターはクリスマスと同様に季節の祝日です。それは春の訪れを祝う祭りであり，毎年，（ちょっとややこしいですが）春分の日の後の「最初の満月の次の日曜日」に行われます。クリスマスのような特定の日付ではなく，3月22日から4月25日までの間の任意の日付（必ず日曜日）に行われます。そのお祝いの仕方は地域や宗教によって微妙に異なりますが，豊穣の神の死と復活を祝う祭りであることや，イースターエッグやイースターバニーというシンボル，そしてイースターエッグハントと呼ばれる活動が儀式の中に含まれている点で共通しているようです。

　それにしてもなぜ卵であり，ウサギなのでしょうか。疑問を持つ人も多いこ

とでしょう。本書でも説明がありましたが，古代エジプトやペルシャ，ギリシア，ローマ，インドなど様々な国において，宇宙のはじまりを形成した卵の神話が残されており，宇宙の意匠として卵が描かれてきたのだそうです。外見上は動きのない卵から新しい生命が誕生することから，卵は死と復活の象徴とされます。それは厳しい冬を乗り越えた先の輝かしい春の訪れを祝うイースターとも類似し，ごく自然に結びついていったものと考えられます。

　卵に色付けをして，それを食べたり贈り物にしたりするイースターエッグの慣習は，15世紀初めの西ヨーロッパの記録にすでに残されており，ヨーロッパ発の慣習はやがてアメリカにも持ち込まれていきました。アメリカの入植者たちは当初，クリスマスと同様にそのお祝いを可能な限り控えめにしようとしたそうです。しかし，南北戦争を終えた後，人々の活力と希望を取り戻す意味合いを込めて，その祭りは積極的に行われるようになっていったそうです。このあたりは祝祭の儀式が家族や社会の統合にとって重要な意味を持つという，先に触れた話とも通じるものがあります。

　イースターバニーに関して言えば，イースターエッグの運び屋は，もともとはウサギ（またはノウサギ）に限った話ではなかったそうです。例えば，ドイツやスイスなど西ヨーロッパの国や地域では，キツネやカッコウ，オンドリなどもその役割を果たしてきたと伝えられています。実際，卵を産まないウサギが卵を運ぶというのは何だか奇妙な話ですが，ウサギと月との結びつきを考えると納得がいくことでしょう。先ほど述べたように，イースターは月の位相によってふさわしい日付が設定されます。ウサギは日本では古くから月に住んでいると信じられてきましたが，それは日本だけの話ではなく，中国をはじめアジア各地や北米，南米，アフリカなどでも同じなのだそうです。まばたきが少なく夜になっても目を閉じないウサギと，夜になると光り輝く月とが象徴的に結びつけられ，月と関係の深いイースターのシンボルとされるようになっていったのです。また，ウサギは多産であり，縁結びや子孫繁栄のほか，豊穣の象徴とされていることも関係しているという話です。

クリスマスとイースター

　クラークによると，クリスマスとイースターはいくつかの点で対照的だと言

います。クリスマスは冬の凍てつく寒さを避けて，屋内でお祝いがなされます。季節的にも自然の恵みの豊かさとは無縁で，雪ともみの木を除くと多くは文化的につくられ，持ち込まれたものばかりです。一方，イースターは自然の輝きの時期に行われます。お祝いは暖かく明るい光，色鮮やかな草木，鳥たちのさえずりのもと，屋外を中心に行われます。

　こうした文化と自然の対比は，その他の面でも見ることができます。例えば，クリスマスの主要なアイコンであるサンタクロースは年配の男性であり，それは文化と調和します。文化の中では一般的に，子どもは大人よりも下に位置づけられるため，クリスマスの儀式も子どもにとっては受け身なものになりがちです。実際，クリスマスの儀式の準備に熱心なのは子どもよりもむしろ大人の方であり，その意味でもクリスマスはどちらかというと大人向けのイベントであると言えます。一方，イースターの主要なアイコンであるイースターバニーは野生の生き物であり，自然と調和します。子どももまさに自然により近い存在であり，その儀式は卵の色付けや屋外でのエッグハントの競い合いなど，大人よりもむしろ子どもの方が熱心に参加するイベントです。ある母親（6歳と8歳の子を持つ）は，インタビューの中で，イースターの準備に対する自らのやる気のなさを表明していました（本書84頁）。

　一方で，この母親のクリスマスに対する態度はまったく異なるものでした。今年のクリスマスをどのようにするかについて子どもたちと積極的に話し合い，早くも10月には準備を始めたのだそうです。対照的にイースターに関しては，「イースターはもうギブアップだわ。それはいつもと同じ日曜日みたいなものね。まあ，何とかなるんじゃないかしら」（本書84頁）と答えています。

サンタクロースとイースターバニー

　本書におけるショッピングモールでのサンタクロースとイースターバニーのもとを訪れる子どもたちの様子についての観察でも，その違いは顕著に確認できました。サンタクロースの場合，それはうす暗い青ざめた照明のもと，まわりを巨大なおもちゃのレプリカに囲まれ，玉座のような椅子に厳かな様子で座っていました。子どもたちはそこを訪れると，親たちに無理やりサンタクロースの膝の上に座らされ，写真を撮り終えるまでじっとしているようにとく

解　説　子どもと旅するファンタジーの世界　　233

り返し言われました。その間，何人かの子どもは怯えたような表情で涙ぐんだり激しく泣き出したりしたといいます。一方，イースターバニーの場合，それは明るい自然な光のもと，大きな木の幹のそばに置かれた木のベンチにくつろいだ様子で座っていました。近くにはウサギやアヒルなどの動物たちと触れ合うことのできるコーナーも用意されていました。子どもたちはそこを訪れると，イースターバニーのもとに駆け寄り，それに抱きついたりキスをしたり，自らすすんで膝の上に座ったりしたそうです（本書85～86頁）。

　親が次の場所に向かおうと，わが子をその場から引き離そうとしても，彼らはそこにとどまりたがりました。とはいえ，子どもたちはそれを本物のイースターバニーと信じているかと言えば，そんなことはなさそうだとクラークは主張します。なぜなら，本物のバニーは大きさも姿もそんなに人間っぽくないからです。けれども，それは本物の毛皮のように，触れた時の心地よさを与えてくれると子どもたちは言いました。

　また，サンタクロースとは異なり，イースターバニーが言葉を話さないという点も，言語能力が未熟な子どもたちにとっては，対話面で対等な立場を提供してくれるという意味で，安心できる存在であったようです。子どもたちは言葉でやりとりするよりも，バニーのそばまで行ってそれを引っ張ったり，叩いたり，つついたり，なでまわしたりなど原始的にかかわる傾向がありました。これらは年配の大人の姿をした，そして言葉によるやりとりを中心とするサンタクロースに対しては見られなかった行為です。実際，日本では現在「ゆるキャラ」の着ぐるみであふれかえっていることから，子どもたちがこうした行為に終始し，すぐさま愛情を示したことについては，読者の皆さんは何ら違和感を持たないかもしれません。

　クラークによると，子どもたちにとってそれは移行対象（transitional objects）の一部なのだと言います。移行対象とは，イギリスの小児精神科医のウィニコット（Winnicott, 1971）が考案した概念で，子どもの毛布やタオル，ぬいぐるみなど，「私ではない」所持品に相当するものを指します。それは愛情をこめて抱きしめられ，不安に対する防衛として，あるいは睡眠の手助けとして使用され，子どもがストレスを感じる時に頼りにされるものです。イースターバニーに扮した人物が，これらの役割のすべてを果たしているわけではないです

が，実際に抱きしめたり，なでたりなど，それらは移行対象のように扱われた
ことは確かです。それはサンタクロースが提供することのない特質であると言
えましょう。

ウサギが象徴するもの

　ウサギはファンタジーのキャラクターとして使用されることの多い動物のひ
とつです。例えば，『不思議の国のアリス』（ルイス・キャロル作）では不思議の
国への導き手として白ウサギが登場しますし，『ピーターラビット』（ビアトリ
クス・ポター作）では森に住むウサギの家族が主人公です。いつか本物のウサ
ギになることを夢見るぬいぐるみのウサギを描いた『ビロードうさぎ』（マー
ジェリィ・ウィリアムズ作）も有名ですし，古くはメアリー・チェイスによる戯
曲で映画にもなった『ハーヴェイ』という作品もあります。アカデミー賞も多
数獲得している名優ジェームズ・ステュアート主演で1950年にアメリカで公開
されたこの映画では，主人公のエルウッド（42歳）はハーヴェイという名の目
に見えない大きな白ウサギを見ることができ，それをまわりに親友だと紹介し
て回っていることから，変人扱いされています。そのエルウッドとハーヴェイ
と周囲の人たちをめぐるドタバタ劇がユーモラスに描かれている作品です。

　これらの作品では，ウサギは単に自然の象徴というだけでなく，日常と非日
常，現実と虚構との間を行き来する魔法のような役割を果たす存在と見なされ
ています。マジシャンの帽子から魔法の力によって引っ張り出されるのも，や
はりウサギなのです。

　一方で，ウサギは幼さの象徴でもあります。クラークによると，先ほどの
ピーターラビットのイラストをはじめ，陶磁器メーカーのロイヤル・ドルトン
のバニキンズのイラストなど，赤ちゃん向けの商品や衣類にはウサギの絵柄が
用いられることがよくあるのだそうです。ハロウィーンの衣装でも，ウサギは
6歳未満の子どもに適した衣装とされ，それを超えると幼すぎると判断されて
しまいます。

　そのウサギが衣服を着たり蝶ネクタイをしたり，手足がすっと伸びておしゃ
べりしながら歩いていたりすると，それは子どものようないたずら心を持った
大人として見なされるのかもしれません。アメリカのアニメキャラクターであ

解　説　子どもと旅するファンタジーの世界　　235

るバッグス・バニーやロジャー・ラビットなどがまさにそうで，男性向け雑誌『プレイボーイ』のトレードマークには蝶ネクタイをしたウサギが取り入れられています。

　これらのウサギにまつわる作品の中でも，イースターバニーは際立って自然なアイコンであるとクラークは言います。バニーは言葉を話しませんし，人間の服も着ていません。直立して歩行せず，ピョンピョンと飛び跳ねて移動します。食べ物もクッキーのような調理されたものではなく，ニンジンなどの生野菜を食べます。住んでいる場所も草木の生い茂った原生林のような環境で，洞穴や巣穴に住んでいると考えられています。これらは子どもたちによるごっこ遊びやイースターでの行動から確認されたことです。

　イースターバニーは他の多くのウサギのキャラクターと違って，原始的で野性的で，非言語的な特徴を有しています。その意味では，子どもたちによるそれとのやりとりが決して文化的ではないことも納得がいくでしょう。

扮装した人物の正体を探る

　ところで，着ぐるみなどを着てイースターバニーに扮した人物に対して，クラークは「子どもたちはそれを本物と信じているわけではなかった」と述べたことを先ほど紹介しました。しかし，それは本当にそうでしょうか。少し疑問が残るところです。

　発達心理学では見せかけと現実の区別の問題として古くから重要な問いのひとつとされてきましたが，そこでは岩のように見せかけたスポンジ製の岩と本物の岩，あるいはリンゴのように見せかけたプラスチック製のリンゴと本物のリンゴとを，3歳半の子どもはすでに区別できることが明らかにされています（Flavell et al., 1986など）。実際，子どもは早くも1歳半頃からふり遊びを始め，空っぽのコップの中にあたかも本当に牛乳が入っているかのようにふるまって遊ぶ姿が見られるようになります。仮にそばにいる大人がそれをうっかりこぼしてしまったという素振りを示してやると，その目に見えない床にこぼれたとされる想像上の牛乳を一緒になって拭く姿も2歳頃までに確認されています（Harris & Kavanaugh, 1993など）。

　英語の「real」という言葉は，日本語では「現実の」「本物の」「本当の」な

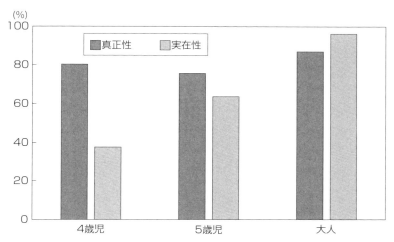

図6 アニメ画像と扮装物に対する真正性と実在性の判断の正答率
出所：Bunce & Harris（2014）をもとに筆者作成。

どと訳されますが，そこにはターゲットとなる対象が偽物でも模造品でもおもちゃでも扮装物でもなく，正真正銘の本物なのかどうかという真正性（authenticity）の区別と，そのターゲットとなる対象が神話や伝説や童話や個人の夢や想像でつくられたものではなく，私たちが現在住んでいるこの世界に現実に存在するものなのかどうかという実在性（ontological status）の区別という2つのリアリティ（reality）の問題が含まれます。

今回注目するのは前者，すなわち，子どもたちは実際に出会ったイースターバニーを正真正銘の本物として捉えているのか，それとも別の誰かが衣装を着た偽物として捉えているのかどうかという問題です。残念ながら，イースターバニーそのものを取り上げて直接的に実証的にアプローチした研究は見当たりませんが，それ以外のキャラクターを取り上げて検討した研究であれば存在します。

発達心理学者のバンスとハリス（Bunce & Harris, 2014）は，イギリスで人気の子ども向け3DCGアニメ『ボブとはたらくブーブーズ』を題材として取り上げ，次のような実験を行いました。それは非常に単純なもので，アニメの主人公である大工のボブのアニメ画像とそのキャラクターに扮した俳優の写真を

それぞれ4，5歳児に提示し，「これは本物のボブですか？」「このボブは現実の世界に住んでいますか？」と尋ねるものです。前者が真正性に関する質問で，後者が実在性に関する質問です。大工のボブ以外にも，消防士のサムや郵便配達人のパットなど，同様に子どもに人気の働く人をモチーフとしたアニメキャラクターについても尋ねました。

　実験の結果，図6に示すように，4歳児でもすでに，何が本物で何が本物でないかという真正性の問題については，大人に近い水準で判断できることが示される一方で，実在性の問題に関しては，5歳児でも正しい判断を行うことが困難であることが示されています。このことは，子どもの日常生活での「real」「really」「pretend」の使用を記録し分析した研究（Bunce & Harris, 2009；Woolley & Wellman, 1990）でも同様の傾向が示されており，幼児期の子どもは真正性については日常的に言及することはあっても（「それは本物じゃないよ」など），実在性について言及することはほとんどない（「それは現実には存在しないよ」など）ことがわかっています。

サンタクロースの扮装問題

　とはいえ，写真を見て判断するのと，実際に実物と出会って判断するのとでは大きな違いがありそうですし，現実の職業の人物について尋ねる場合と架空の人物やキャラクターについて尋ねる場合とでもまた違いがありそうです。

　発達心理学者のゴールドシュタインとウーリー（Goldestein & Woolley, 2016）は，博物館で開催されたサンタクロース展に訪れた2歳から10歳までの子どもとその親を対象にインタビューを行いました。展示室にはサンタクロースとその妻の衣装を着た人物がイスに座って待ち構えており，そばには赤い鼻のトナカイのルドルフと雪だるまのフロスティの着ぐるみもいます。子どもたちは順番に並び，自分の番が来ると親に促されてサンタクロースの膝の上に座り，記念写真を撮ってもらいました。それが終わると紙製のオーナメントに絵を描いたり色付けしたりする製作コーナーへと移動しました。実験者はその間に親に近づいて許可をもらい，子どもにインタビューを行い，親にはその間に質問紙に答えてもらいました。

　インタビューでは，まず，「いま誰のところを訪ねてきたかわかっているか

な？」と尋ねた後，次に，「いま出会ったサンタは煙突から降り来るサンタと同じ本物のサンタかな？　それとも違うサンタかな？」「プレゼントをくれるサンタと同じかな？　違うかな？」「サンタはいま出会ったサンタが唯一のものかな？　それとも他にもいるかな？」と尋ねました。もしも子どもが一度でも「違うサンタ」「他にもいる」と答えた場合，続けて，いま出会ったサンタはどのくらい本物のサンタと同じ特徴を共有しているか（「北極に住んでいるか」「ルドルフと一緒に住んでいるか」「妖精たちと一緒に住んでいるか」など），どのくらい本物のサンタと連絡を取り合うことができるか（「プレゼントをくれるサンタのことを知っているか」「このサンタにほしいものを伝えたら，プレゼントをくれるサンタにも伝わるか」など）についての子どもの考えを探るいくつかの質問を行い，それに答えてもらいました。

　ゴールドシュタインたちは，出会った実物のサンタクロース（それに扮した人物）に対する子どもの認識は，発達的に次の４つの水準をたどるのではないかと考えました。第１に，出会ったサンタは煙突から降りてきてプレゼントをくれる正真正銘の本物のサンタと考える水準。第２に，このサンタは本物ではないが，サンタのために働いてくれており，魔術的な特徴も同じように兼ね備えた人物であると考える水準。第３に，このサンタは魔術的な特徴こそ持たないが，やはりサンタのために働いてくれる人物であり，本物のサンタとも連絡を取り合うことができると考える水準。そして第４に，このサンタは本物でもなければ魔術的な人物でもなく，本物のサンタと連絡を取り合うこともできない，ただのサンタの衣装を着た普通の人間であると考える水準です。

　これらをここでは仮に(1)本物説，(2)内部構成員説，(3)外部協力者説，(4)偽物説と呼ぶことにしましょう。ゴールドシュタインたちは，先ほどの一連の質問に対する回答をもとに，子どもたちをこれら４つのいずれかに分類しようとしましたが，実際には本物説はさらにそれを唯一の本物とする考え（本物単独説）と複数いるとする考え（本物複数説）とに分けられ，全部で５つに分類されました（ただし，参加した77名のうち４名は，インタビューの過程でサンタクロースを信じていないことを公言しました）。表５はその結果を示したものです。

　興味深いのは，ゴールドシュタインたちが従来のような「本物か偽物か」の二分類ではなく，本物から偽物へと至るまでの微妙な変化をうまく取り込んだ

解　説　子どもと旅するファンタジーの世界　239

表5　出会った実物のサンタクロースに
対する各認識水準の割合（N=77）

分　類	％
本物単独説	40.3
本物複数説	39.0
内部構成員説	14.3
外部協力者説	1.3
偽物説	0.0
信じていない	5.2

出所：Goldstein & Woolley（2016）をもとに
筆者作成。

幅広い分類法を採用している点です。

　実際，筆者の娘も小学校2年生の頃，「サンタは一人じゃなくってたくさんいて，東とか西とか北とか南とかで担当を分けているから大丈夫」と言い，(2)や(3)あたりの説を支持するような発言をしていますし，小学校4年生の頃には「たぶんサンタさんは未来の人でさ，N（娘）たちの子孫なんじゃないかな。……そう考えたら，パッとやってきてパッといなくなるのもわかるし，欲しいものがわかるっていうこともわかるし，鍵のかかっている家に入れるっていうのもわかるし（鍵のありかを知っているから）」と言い，独自の未来人説を提唱したことがありました。

　出会った実物のサンタクロースは本物のように見える一方で，いくつかの点で本物らしくないようにも見えます。そうした矛盾も子どもなりに想像や推理をめぐらして自ら解決しようとするのでしょう。表5に関しては，ほとんどの子どもが本物説に該当したため，有意な年齢差は見られませんでした。しかし，出会った実物のサンタが正真正銘の本物のサンタとどのくらい特徴を共有しているか，どのくらい連絡を取り合うことができるかについては，年齢が高くなるほどその数は有意に低下することが確認され，仮説は部分的に支持されています。いずれにしても，サンタクロースの背後にある組織体制についてどう考えているか，子どもと家庭内で話し合ってみるのも面白いかもしれません。

　もうひとつの興味深い点は，サンタクロースに扮した人物と出会った子どものうち，もともと実在を信じていなかった4名を除くと，それを偽物として完全に否定した子どもは一人もいなかったという点です。正真正銘の本物だと主張しなかった場合でも，子どもたちはそれを本物のサンタと同様に魔術的な人物として捉えたり，本物のサンタと連絡を取り合うことができる人物と考えたりしました。先ほどのバンスたちの研究結果が，「4歳児でも大人の水準と近いくらいに真正性の判断ができる」というものであったことを思い返すと，ずいぶん発達が遅いように思われますが，やはり実際に出会う経験をするという

240

点や他ならぬサンタクロースであるという点が，そうした違いを生み出すのかもしれません。

とはいえ，親への質問紙調査の結果によると，実物のサンタと出会った後に「あれって本物なの？」と親に尋ねてきたり，サンタの魔術的な特徴について親に質問してきたことがあるというのは，多くの場合7歳以上の子どもたちで，そこには有意な年齢差が見られたということですから，やはりサンタクロースの謎に挑み始めるのはそのあたりの年齢からであると言えそうです。

イースターバニーの部屋

再びイースターとイースターバニーに話を戻しましょう。クラークのインタビューに参加した子どもたちの多くは，イースターバニーについて「かわいらしい」「抱きしめたくなる」「柔らかい」「ぬいぐるみみたい」「白くてふわふわして小さい」などと表現しました。それは移行対象のような安らぎや慰めの感覚を提供してくれるものであり，宗教的体験から得られる感覚とも類似するものです。実際，子どもたちはサンタクロースと同様に，イースターバニーをしばしば神や聖人と結びつけて考えていました（本書94頁）。

子どもたちによると，イースターバニーは静かで恥ずかしがり屋で，ひっそりしていて，思いのままに姿を消したり，普通の人の目では確認できないくらい素早く跳ぶことができるそうです。バニーは年齢的に若いと考えられていますが，それは死なないからであって，ゆえに永遠に若いのです。

サンタクロースや歯の妖精と同様に，子どもたちはやがてはイースターバニーの存在を信じなくなるでしょう。そのような超自然的な能力を持つ存在は，そもそも現実の世界において存在しえないからです。しかし，だからと言ってイースターバニーを信じていた頃に得られた感覚や経験さえも失われてしまうかと言えば，そうではありません。『くまのパディントン』シリーズの翻訳などでも有名な松岡享子さんは，著書『サンタクロースの部屋』の中で次のように巧みに表現されています。

「心の中に，ひとたびサンタクロースを住まわせた子は，心の中に，サンタクロースを収容する空間をつくりあげている。サンタクロースその人は，いつかその子の心の外へ出ていってしまうだろう。だが，サンタクロースが占めて

解　説　子どもと旅するファンタジーの世界　241

いた心の空間は，その子の中に残る。この空間がある限り，人は成長に従って，サンタクロースに代わる新しい住人を，ここに迎えいれることができる」（松岡，1978，4頁）。

　子どもたちは具体的なシンボルとしてのイースターバニーのことを，いつかは信じなくなるかもしれません。しかし，それによって象徴されるであろうもの，つまり，シンボルの文字通りではない超越的な意味は，彼らにとって現実のままであり続けるのです。

6　信じることと想像的体験

子どもの声に耳を傾ける

　「子どもが，『妖精なんて，信じないや』って言うたびに，どこかで，妖精がぶったおれて，死んじゃうのさ」（J・M・バリ『ピーターパン』厨川圭子訳，岩波少年文庫）。

　これは，かの有名なピーターパンの言葉です。彼はこうも言います。妖精は，この世界に生まれた赤ちゃんが最初に笑った時，そのかけらでできたのだと。そして物語の終盤，妖精であるティンカーベルは，ピーターパンの代わりに毒を飲み，死にそうになります。すると，ピーターパンは世界中の子どもたちにこう語りかけます。「妖精を信じるなら，手を叩いて」。そして子どもたちが手を叩くその音を耳にして，ティンカーベルは命を失わずにすむのでした。

　このことはある教訓を私たちにもたらします。素晴らしい想像的な何かを体験するためには信じることが重要で，何かを想像し，それを信じることができれば，素晴らしい何かを手にすることができる，ということを。

　本書の調査において，クラークは133名の子どもたちと72名の母親たちに対して濃密なインタビューを行いました。それらは多くの場合，各家庭を訪問して行われ，クリスマスやイースターのシーズンに家庭でどのように過ごしているか，サンタクロースやイースターバニーについてどのように考えているかを尋ねました。歯が抜けたばかりの子どもがいる場合には，歯が抜けた時にどのような儀式を行ったのか，歯の妖精についてどのように考えているかを尋ねました。母親たちの何人かには，クリスマスとイースターがある12月から5月ま

での6か月もの間，家の中での子どもの様子をフィールドノートに書き留め，提出もしてくれました。ショッピングモールにいるサンタクロースやイースターバニーに扮した人物のもとを訪れ，彼らに対して子どもたちがどのようにふるまうかも観察しました。その場でそれに扮した人物とも仲良くなり，彼らの目に子どもたちがどのように映っているかも聞き取っています。

　調査は大人中心ではなく，子ども中心のアプローチの仕方となるよう，心がけて行われました。あらかじめ用意された質問項目を大人のリードのもと尋ねていくという従来の心理学的手法を拒絶し，ロールプレイやお絵かき，小道具やゲーム的方略の使用など，聞き手である大人にとってよりはむしろ，語り手である子どもにとってより自然であるような方法を採用していきました。大人の世界に子どもを連れ出し，大人の論理に子どもを従わせようとする（そして，それに従った答えが出なかった場合，「間違っている」「未熟だ」と評価しようとする）のではなく，大人の方から自らすすんで子どもの世界に入っていき，子どもの論理を教えてもらおうとする，そんな手法で子どもたちの声を集めたのです。

　調査を通してわかったことは数多くありますが，本節では，主に2点を取り上げることにしましょう。ひとつは，クリスマスやイースター，歯が抜けた時の慣習などの文化的実践において，子どもはこれまで考えられてきたよりも積極的な役割を果たしているということです。彼らは大人によって受動的に社会化させられる存在では決してないのです。もうひとつは，先ほどの妖精についての記述があらわしているように，サンタクロースや歯の妖精，イースターバニーといった想像上の神々との体験をより豊かで実りあるものにするためには，信じることが不可欠であるということです。信じることこそが子どもの想像力を育み，体験を豊かにする原動力となるのです。

　以下では，この文化的実践における子どもの積極的な役割と，信じることと想像的体験との関係についてさらに詳しく述べたいと思います。

自己をカラフルに表現する

　前節で，イースターは子どもがより積極的に参加するイベントであると述べました。イースターは文化よりも自然と調和し，原始的で非言語的な特徴を有しているため，自然とより近い存在である子どもにとって関与しやすいという

解　説　子どもと旅するファンタジーの世界　　243

のです。実際，ある母親による語り（本書104頁）からもわかるように，イースターに対する親と子どもの態度は対照的です。

　親たちがあまり積極的でない中で，自分たちで卵に色を塗ったり，家の飾りつけをしたりすることは，子どもたちにとって我こそがこの活動をリードしているという自己の統制感や全能感を与えてくれるのでしょう。同時に，それは自己を自由に表現する行為でもあります。真っ白な卵をカラフルに変化させることは，自己をカラフルに表現することでもあるのです。そして，それは他でもない自分のもの，自分だけのものです。

　その意味では，その行為は幼い子どもが幼稚園や保育園でよくやる泥だんごづくりと類似しています。遊びの研究で有名な発達心理学者の加用文男は，泥だんごをつくっている最中の子どもに大人がつくった光輝く泥だんごを「あげる」と言って手渡すとどうなるかを観察しています[*1]。一方の手には光り輝く泥だんごがあり，もう一方の手には自分がつくりかけているつたない泥だんごがあります。すると，子どもは光り輝く泥だんごをいったんは見つめますが，やがてはそれをどこかに置いて，または大人に返して，自分の泥だんごづくりに没頭し始めたのだそうです。加用によるこの泥だんごを使ったちょっと意地悪な試みは，子どもの遊びの本質を考えるうえで示唆的です。イースターでの子どもの卵の色付け作業について，ある母親が語ったように，そこには「たくさんの誇り」があります。それは「他ならぬ自分がつくったもの」であり，「その他愛のない，小さなものには，その子のアイデンティティが詰まっている」のです（本書106頁）。

　イースターは春の訪れを祝う祭りであり，そこには生命の輝きと活力に感謝するという考えが含まれています。その意味では，子どもたちは卵に色を塗ることで生命の輝きを表現し，自己の活力をそこに注入しているわけですから，まさにイースターの本質に沿った行為をしていると言えるでしょう。

探索のスリルと発見の興奮

　卵の色付け以外に，イースターで子どもたちが熱心に取り組むこととしてエッグハントがあります。卵の色付けではゆで卵が使用されるのが一般的なのだそうですが，エッグハントではゆで卵ではなく，プラスチック製の卵型の

ケースやアルミホイルを丸めたものを使用して，その中にお金や小さなおもちゃ，お菓子などを入れます。そして，それを屋外や屋内のあちこちに隠して子どもたちに探させるのです。子どもたちは隠された卵を探し出すプロセスを通して，探索のスリルと発見の興奮という楽しさを味わいます。ある母親によると，それは子どもたちを「輝かせる」幸せな瞬間なのだそうです。

　隠された卵を探し出すことは，特に年少の子どもたちにとっては困難な課題であるため，どの年齢の子どもも同じ条件で参加させると，公平さを欠くことになります。同じ条件であることが公平なのではなく，だれもが探し出す喜びを手に入れられることが公平なのです。その意味で，このエッグハントでは伝統的に，年少の子どもに対して，あえて見つけやすい場所に隠したり，手助けとしてヒントを与えたり（「それは寒いところにある」など），あらかじめ見つけてほしい子どもの名前を貼っておいて，他の子にわたらないようにしたりするのだそうです。それらは子どもの能力に見合った挑戦の範囲内で行われるため，強いフラストレーションを感じることなく達成感を得ることができるのです。

　しかし，こうした公平性への配慮や卵を探し出すことの楽しさがうまく表現されなかったため，親たちが不満を持つケースもあるそうで，クラークはある2人の母親による語りを紹介しています（本書101～102頁）。

　そのイベントをただやりさえすればよい（やったという事実さえつくればよい）という管理する側の大人の発想が，そこにはありました。隠された卵をどうしても探したいという切実な動機も達成の喜びもなければ，公平性への配慮もなく，ただやみくもに物質的な欲望を掻き立てて略奪を競わせるようなものだったのです。子どもたちにとって，その体験がどのような意味を持ちうるのかという視点が欠けていたのです。

　実際，こうした「宝探し」の要素を含んだ活動は日本でもよく行われますが，いつも決まった誰かが大きな利益を上げるようなものであったり，個人の工夫や努力を必要としないようなものであったり，単に数の競い合いを目標としているようなものであったりした場合，やはり面白くありません。誰もがくり返し何度でも参加したくなる，そんな仕掛けが必要なのです。その意味で，ここで示された点は，子どもらしい仕掛けに満ちた活動を考えるうえで，示唆的であると言えます。

イースターエッグづくりやエッグハントは，子どもが自らすすんで熱心に取り組みたくなる活動ですが，そこには子どもの喜びや楽しさを生み出す本質的な要素が備わっており，大人がその本質を理解せず，間違った方向へと子どもを導いたり仕掛けたりすると，台無しになる危険性もはらんでいると言えましょう。

直接的ではないが影響を及ぼすこと

　イースター以外にも，子どもが自らの行動を通して文化的実践に影響を及ぼす例をクラークは紹介しています。その最もわかりやすい例は，やはりクリスマスです。先ほど述べたように，クリスマスは親たちが最も積極的に参加するイベントですが，熱心であるがゆえに子どもへの期待も大きなものとなります。子どもの反応が思ったよりも冷ややかである場合，親は失望し，望むような反応を求めて何らかの修正を施します。逆に，子どもの反応が期待通りかそれ以上であった場合，親はその方法を強化するのです。例えば，子どもがクリスマスの飾りつけやツリーの準備，リースづくりや読み聞かせなどに対して肯定的な反応を示すと，親はそれを毎年くり返し，結果的にそれらは将来に向けて維持していくべき家庭内の文化としての地位を獲得していくのです。

　また，日本ではさほどなじみがないかもしれませんが，サンタクロースだけでなく赤鼻のトナカイのルドルフにも食事（ニンジンやリンゴなど）を用意するように要望することも，子どもが自発的に言い出して，慣習に加えられることのひとつです。さらに，抜けた歯を夜寝る前に枕元に置いて，歯の妖精にコインと交換してもらうという慣習をもたらすのは大人ですが，それを「いいアイデアだ」と言って積極的に取り入れていくのは子どもです。何かアクシデントがあった時，手紙を書くように促すのは大人ですが，その後何かにつけて作戦の一部として取り入れていくのも子どもの方なのです。

　その他にも，例えばサンタクロース，歯の妖精，イースターバニーはいずれも夜に訪れます。この夜の訪問者が現れる時間帯に，子どもは眠りにつきますが，これもまた子どもが役割を果たしていることの一部だとクラークは言います。第1に，こうした想像上の神々に来訪してもらうためには，子どもは深い眠りにつくという「行動を起こす」必要があります。第2に，贈り物を届けて

もらうためには，これまでの子ども自身のよい行いがしばしば条件となります。従って，子どもは日頃からよい行いをしようと心がける必要があります。第3に，これらは「信じる子のもとに現れる」存在としてしばしば知られているように，明白な証拠があろうがなかろうが，子どもは目に見えない世界を受け入れる必要があります。

　以上のように，必ずしも直接的とは言えないかもしれませんが，子どもが自らの行動によって文化的実践に影響を及ぼしている実例は，挙げてみるといろいろあることがわかるでしょう。

意味の超越と移行空間の安らぎ

　信じることと想像的体験との関係については，最近，あるテレビ番組で興味深いことを耳にしました。それは平安時代に，和歌をまとめた歌集は紙を四つ切にした長方形の紙でとじられていたのに対して，『源氏物語』のような物語は六つ切りの小さな正方形の紙でとじられていたというのです。その理由として，物語は事実とは異なることが書かれており，その意味で和歌よりも低く位置づけられていたからなのだそうです。[*2]物語と嘘との関係，そして，それゆえに人びとから低く評価されてきた歴史がうかがえます。

　ものごとを単に文字通りに捉えるならば，物語は真実ではなく嘘にすぎず，現実での有用性に欠けるものとなるでしょう。しかし，物語は文字通りの意味を超越し，読み手が文字そのものではなく，それが指し示すシンボルや表象を受け取り想像することで，体験する世界は広がり，そしてその世界を他者と共有することで深まりも増していきます。サンタクロースや歯の妖精，イースターバニーも，それ自体は文字通りに捉えると真実ではない，この世界に存在しないものにすぎないかもしれませんが，意味を超越することで，体験の広がりや深まりも増していく，そんな存在であると言えます。

　本書の中でクラークは，神話学者のキャンベル（Campbell, 1988）による，文化は「その概念を越えていくことを私たちに教えてくれる」（本書142頁）という言葉を借りながら，子どもたちにとって想像上の神々は，単一に符号化されるような意味とは反する，空想と現実とが融合した，あいまいで矛盾のある，視点の変化と多様性に富んだ，硬直化していない存在であり，子どもはそうし

解　説　子どもと旅するファンタジーの世界　　**247**

た捉えどころのない多面的な存在から，意味を見出す術を学んでいく必要があるのだと述べています。

また，ウィニコット（Winnicott, 1971）による移行対象理論も引用しながら，それらは安心毛布やぬいぐるみと同様に，移行空間に依拠しており，内界と外界とを結びつける緊張から子どもを解き放ち，心地よい安らぎを与えてくれるものであると述べています。そのためには不信を棚上げすることや，異議申し立てを課すことなく共有することが必要なのです。固定化された位置に押しとどめ拘束するのではなく，自由で創造的である必要があるのです。

文字通りの意味に縛られた生活

サンタクロースや歯の妖精，イースターバニーは，こうした意味の豊かさと安らぎを，文化という枠組みの中でさりげなく体験し共有することを可能にします。したがって，子どもが文化的シンボルを通して意味を超越する体験を持つことができず，単一の文字通りの意味に縛られ，思い込みの強い固執的な信念を形成してしまった場合，その生活は多彩な意味による潤いを欠き，何かを信じることによる安らぎも欠いた，不自由で味気ないものになってしまう，そんな懸念が生じてきます。

本書で最後に取り上げられているハインツ家の事例は，まさにそうした懸念が現実化した例であると言えます。本書の調査に参加した親たちの大部分は，サンタクロースに対して肯定的な考えを持っていましたが，その中で1人だけ，キリスト教福音主義の母親（ハインツ夫人）だけがかなり否定的な考えを示しました。彼女は聖書に書かれていることを文字通りの歴史上の事実であると信じていました。そして，神からの贈り物をサンタクロースからであるかのように装うのは間違いであり，子どもにはサンタクロースの真実を伝えるべきだと強く主張しました（本書148頁）。

ハインツ夫人にとって，世界は真実と嘘とに分かれており，真実こそが唯一の正しい道でした。サンタクロースは「嘘」のカテゴリーに分類され，はっきりと否定するべきものでした。ハインツ夫人は，子どもとの信頼を重視して，真実を伝えることに決めたと述べました。しかし，息子のハンクによると，母親によるその真実の告白は実際のところきわめて衝撃的なものであり，ハンク

248

に深刻なダメージを与えたようでした。それは，サンタクロースは偽物であり，彼は「サタン（悪魔）」であると告げるものでした。そしてハンクはインタビューの中で，世の中のほとんどは悪い人で，ゆえに地獄に行くだろう，サンタ（すなわちサタン）には人々に悪いことをさせる力があると述べました（本書150〜151頁）。

　母親による告白を受けてからというもの，ハンクは学校の友達に「サンタなんて偽物だ」と言いふらし，それは悪人で地獄に属していると言い，学校で教師にサンタの絵を描くように求められた時にもただ1人拒否したそうです。インタビューでは，ハンクはクラークの求めに応じて，笑顔のサンタの絵を描いてくれました。しかし，その笑顔の理由について，彼は「彼は人々に自分が本物だと思わせようとしているんだ。彼は嘘をつくのが上手なんだ」（本書152頁）と述べたということです。

ファンタジーは危険か？

　ハインツ夫人のような例は参加した72名中1名にすぎませんでしたが，目に見えない空想の友達について研究している発達心理学者のテイラーたち（Taylor & Carlson, 2000）もまた，原理主義者の親たちはファンタジーと嘘とを同一視する傾向があり，子どもがファンタジーに夢中になることに対して否定的であると報告しています。実際，原理主義者向けのある著書（Anderson et al., 1996）には，空想の友達を危険視し，子どもから遠ざけるよう求める次のような記述が見られるそうです。「多くの子どもは一緒に遊ぶような空想の『友達』を持つ。空想の友達が返事をしない限り，それは害のあるものではない。しかし返事をしたならば，それはもはや架空ではない。……子どもが霊的な『友達』に依存すると，最終的に霊的な束縛に陥る可能性がある。こうしたことはできるだけ早く特定されねばならない。サタンは自らの姿を光の天使に変化させることができるので，幼い子どもであればその危険に気づかないであろう」（Anderson et al., 1996, pp. 195-196）。

　テイラーたちが行った調査（Taylor & Carlson, 1997）でも，参加した152名中2名だけですが，空想の友達と悪魔との結びつきについて懸念を表明した親が確認できたそうです。そのうちの1人は，6歳の娘がユニコーンの空想の友達

解　説　子どもと旅するファンタジーの世界　　249

をつくり出し，それに夢中になっていることに困惑していると報告しました。その母親は娘のつくり出したファンタジーが他の人の目に触れないように気を配っており，毎日，わが子から悪魔が立ち去ってくれるように祈りを捧げていると述べています（Taylor & Carlson, 2000）。

　別の調査では，テイラーたち（Carlson et al., 1998）は原理主義者向けの小学校に勤務する教師5名に対して，空想の友達に関するインタビューを行っています。それによると，5名のうち2名は精神病理学的な懸念や悪魔の所業が疑われると述べ，1名はそれを「よくない」想像だと言い，用心すべき事柄だと述べました。残りの2名は，悪魔崇拝主義の活動へと子どもを導く危険性があり，心の中でごっこの存在を操ることは魔法と似ており，神が為すこととは真逆に位置すると述べたのだそうです。

　その他にも，ふり遊びは単なる時間の浪費にすぎず，自由な時間や無為にのんびりと過ごすことは子どもの発達にとって有害であると考えている宗派も見られました。そのような立場では，ふり遊びは個人の自由な表現と結びついているため，グループの団結にとって潜在的な脅威であると見なされたり，多すぎる読書は肉体労働の楽しみを奪うものであり，労働の価値を教えるような道徳的な物語であればまだしも，ファンタジー志向の物語は真実ではなく役に立たないため，容認されなかったりしました（Taylor & Carlson, 2000）。

子どもはファンタジーを自らつくり出す

　ハインツ家に話を戻すと，ハンクがサンタクロースを通して心地よい安らぎを得ることができていないことは明白でした。彼はサンタクロースを嘘で塗りかためられた偽物として否定し，それを支持する人たちを悪の側にいるとみなしました。そして，それを拒絶したり，恐れたり，怒ったり，蔑んだりすることで，より心の緊張にとらわれて，蝕まれているようでした。彼は母親によって文字通りの意味を超えていく機会を奪われ，得られるはずだった多様な意味が躍動する，驚異に満ちた世界を味わうことができませんでした。本書でも語られているように，それは信じること，すなわち，不信をいったん棚上げし，異議申し立てを課すことなく人々の間で共有することによって得られる，深い想像的体験なのです。

とはいえ，救いもあります。子どもは親がファンタジーを否定し，支持的な環境を得られない状況にあっても，ファンタジーを好み，自らつくり出すことがわかっています。先ほどのテイラーたちの調査では，2人の母親が空想の友達に対して否定的な態度を示し，支持的な環境を築こうとはしませんでしたが，当の子どもはそうした母親の態度をよそに，それぞれに想像上のユニコーンやおしゃべりなネズミをつくり出し，楽しんでいました。また，ファンタジー志向のふり遊びが禁じられていた原理主義のある宗派でも，子どもたちは通常の家庭の子どもたちと変わらぬ水準や程度で，ふり遊びを楽しんでいたことが観察されています（Taylor & Carlson, 2000）。本書の調査でも，ハインツ家以外にサンタクロースに対して否定的な家庭は見られたそうですが，子どもたちの多くは親の態度をよそに，サンタクロースを現実のものとして信じていたことが示されています。

　さらに，『2歳から5歳まで』などの著書があるロシアの作家チュコフスキー（Chukovsky, 1925/1968）は，ファンタジーに対する否定的な見方がはびこっていた旧ソビエト連邦政権下で，それでも多くの子どもがひそかにファンタジーをつくり出し，楽しんでいた事例を紹介しています。空想する力は人間の持つ生来の力であり，特に子どもの場合はそうです。子どもを現実に縛りつけようとする周囲の大人たちによるどんな試みがあったとしても，子どもはファンタジーを愛し，それをつくり出し，楽しもうとするのです。

想像的体験が持つ意味

　本書は，ある母親による語り（本書153～154頁）によって締めくくられています。それは，空想と現実との移行空間を保障し，何を信じるか信じないかを子ども自身にゆだねるものでした。自由に創造的にふるまうことを許容するものでした。

　サンタクロースや歯の妖精，イースターバニーといった想像上の神々との体験は，文化的に共有される想像的体験です。それは物理的に存在しないという意味で，現実の現象のようなリアリティを持たないかもしれません。しかし，実際に感じて考えて行動しており，その意味では実際の体験でもあるのです。そして，こうした想像上の現象のリアリティは，それを体験する当人がその世

界に積極的に関与し，信じることによって維持されます。

　妖精のはじまりは赤ちゃんの最初の笑いによってもたらされ，子どもが信じ続けることをやめれば，妖精は死んでしまいます。それほどに信じることには力があり，想像的体験は信じることによる恩恵を多大に受けているのです。そして，想像的体験を通して，子どもたちが信じる力をうまく使いこなす方法を見出すことができれば，それはこれからの長い人生を生きる彼らにとって，大きな力になるのではないでしょうか。

注
＊1　NHK総合テレビ『にんげんドキュメント』「光れ！泥だんご」（2001年6月14日放送）より。
＊2　NHK総合テレビ『歴史探偵』「光る君へコラボスペシャル2　源氏物語」（2024年8月28日放送）より。

文献
Anderson, C. J., and Prentice, N. M. "Encounter with reality: children's reactions on discovering the Santa Claus myth." *Child Psychiatry and Human Development* 25 (2), 1994: 67-84.

Anderson, N. T., Vanderhook P., and Vanderhook S. *Spiritual Protection for Your Children.* Ventura, CA: Regal, 1996. (cited. Taylor, M. and Carlson, S. M., 2000.)

Baxter, J. M., and Sabbagh, M. A. "Young children's questions about Santa Claus: A preliminary analysis. Poster session presented at the Cognition Development Society Conference, Park City, UT.", 2003. (cited. Shtulman, A., and Yoo, R. I. "Children's understanding of physical possibility constrains their belief in Santa Claus." *Cognitive Development* 34, 2015: 51-62.)

Blair, J. R., McKee, J. S., and Jernigan, L. F. "Children's belief in Santa Claus, Easter Bunny and Tooth Fairy." *Psychological Reports* 46 (3), 1980: 691-694.

Boerger, E. A., Tullos, A., and Woolley, J. D. "Return of the Candy Witch: Individual differences in acceptance and stability of belief in a novel fantastical being." *British Journal of Developmental Psychology* 27 (4), 2009: 953-970.

Bond, C. E., Jr., and DePaulo, B. M. "Accuracy of deception judgments." *Personality and Social Psychology Review* 10 (3), 2006, 214-234.

Boss, J. "Is Santa Claus corrupting our Children's Morals?" *Free Inquiry* 11 (4), 1991: 24-27.

Bossard, J. and Boll, E. *Ritual in family living: A Contemporary Study.* Philadelphia: University of Pennsylvania Press, 1950.

Bunce, L., and Harris, M. "I Saw the 'Real' Father Christmas! Children's Everyday

Uses of the Words 'Real', 'Really', and 'Pretend'." *British Journal of Developmental Psychology* 26 (3), 2008: 445-455.

Bunce, L., and Harris, P. L. "Is it real? The development of judgments about authenticity and ontological status." *Cognitive Development* 32, 2014: 110-119.

Campbell, J. and Moyers, B. D. *The Power of Myth.* New York: Doubleday, 1988. ［ジョーゼフ・キャンベル，ビル・モイヤーズ著，飛田茂雄訳『神話の力』早川書房，1992］

Carlson, S. M., Taylor, M., and Levin, G. R. "The influence of culture on pretend play: The case of Mennonite children." *Merrill-Palmer Quarterly* 44, 1998: 538-565.

Chukovsky, K. *From Two to Five.* Berkeley: University of California Press, 1925/1968. ［コルネイ・チュコフスキー著，樹下節訳『普及版　2歳から5歳まで』理論社，1996］

Csikszentmihalyi, M. and Rochberg-Halton, E. *The Meaning of Things: Domestic Symbols and the Self.* Cambridge: Cambridge University Press, 1981. ［M. チクセントミハイ・E. ロックバーグ=ハルトン著，市川孝一・川浦康至訳『モノの意味──大切な物の心理学』誠信書房，2009］

Dore, R. A., Woolley, J. D., and Hixon, J. G. "'I believe in cusk': The effect of explicit belief statements on children's reality status judgments and beliefs about consensus." *Journal of Cognition and Development* 20 (1), 2019: 35-55.

Flavell, J. H., Green, F. L., and Flavell, E. R. "Development of knowledge about the appearance-reality distinction." *Monographs of the Society for Research in Child Development*, Serial No. 212, 51 (1), 1986.

Goldstein, T. R., and Woolley, J. D. "Ho! Ho! Who? Parent promotion of belief in and live encounters with Santa Claus." *Cognitive Development* 39, 2016: 113-127.

Harris, P. L., and Kavanaugh, R. D. "Young children's understanding of pretense." *Monographs of the Society for Research in Child Development*, Serial No. 231, 58 (1), 1993.

Harris, P. L., Pasquini, E. S., Duke, S., Asscher, J. J., and Pons, F. "Germ and angels: The role of testimony in young children's ontology." *Developmental Science* 9 (1), 2006: 76-96.

松岡享子著『サンタクロースの部屋──子どもと本をめぐって』こぐま社，1978.

Prentice, N. M., Manosevitz, M., and Hubbs, L. "Imaginary Figures of Early Childhood: Santa Claus, Easter Bunny, and the Tooth Fairy." *American Journal of Orthopsychiatry* 48 (4), 1978: 618-628.

Principe, G. F., and Smith, E. "Seeing things unseen: Fantasy beliefs and false reports." *Journal of Cognition and Development* 9 (1), 2008a: 89-111.

Principe, G. F., and Smith, E. "The tooth, the whole tooth and nothing but the tooth: How belief in the Tooth Fairy can engender false memories." *Applied Cognitive Psychology* 22 (5), 2008b: 625-642.

Rosengren, K. S., and Hickling, A. K. "Seeing is believing: Children's Explanations of commonplace, magical, and extraordinary transformations." *Child Development* 65 (6), 1994: 1605-1626.

Sereno, R. "Some observations on the Santa Claus custom." *Psychiatry: Interpersonal and Biological Processes* 14, 1951: 387-396.

Shtulman, A., and Yoo, R. I. "Children's understanding of physical possibility constrains their belief in Santa Claus." *Cognitive Development* 34, 2015: 51-62.

Sutton-Smith, B. *Toys as culture*. New York: Gardner Press, 1986.

Taylor, M., and Carlson, S. M. "The relation between individual differences in fantasy and theory of mind." *Child Development* 68 (3), 1997: 436-455.

Taylor, M. and Carlson, S. M. "The Influence of Religious Beliefs on Parental Attitudes About Children's Fantasy Behavior." In *Imagining the impossible: Magical, scientific, and religious thinking in children,* ed. K. Rosengren, C. N. Johnson, and P. L. Harris, 247-268. Cambridge: Cambridge University Press, 2000.

富田昌平著『幼児期における空想世界に対する認識の発達』風間書房，2017.

富田昌平著「実在か非実在か――空想の存在に対する幼児・児童の認識」『発達心理学研究』13(2)，2002，122-135.

外山紀子著「幼児期における選択的信頼の発達」『発達心理学研究』28(4)，2017，244-263.

Tullos, A. and Woolley, J. D. "The development of children's ability to use evidence to infer reality status." *Child Development* 80 (1), 2009: 101-114.

Van Gennep, A. *Les rites de passage*. Paris: Émile Nourry, 1909. ［A. ファン ヘネップ著，綾部恒雄・綾部裕子訳『通過儀礼』弘文堂，1995］

Winnicott, D. W. *Playing and Reality*. London: Tavistock Publications, 1971. ［D・W・ウィニコット著，橋本雅雄訳『遊ぶことと現実』岩崎学術出版社，1979］

Woolley, J., and Wellman, H. M. "Young children's understanding of realities, non-realities, and appearance." *Child Development* 61 (4), 1990: 946-961.

Woolley, J. D., Boerger, E. A., and Markman, A. B. "A visit from the Candy Witch: Factors influencing young children's belief in a novel fantastical being." *Developmental Science* 7 (4), 2004: 456-468.

Woolley, J. D., Ma, L., and Lopez-Mobilia, G. "Development of the Use of Conversational Cues to Assess Reality Status." *Journal of Cognition and Development* 12 (4), 2011: 537-555.

訳者あとがき

　本書を翻訳するきっかけになったことのひとつに，2020年に始まった新型コロナウイルスの感染予防のための休校措置があります。筆者が勤務する三重大学も入構禁止となり，2020年度前期の授業は15回から12回へと短縮され，5月の連休明けから（今ではすっかり慣れ親しみましたが）不慣れなオンライン授業が始まりました。そのような中で，ステイホームでも子どもとそれを取り巻く歴史的・文化的環境の豊かさや学術的知見の楽しさを感じ取ることのできる教材はないだろうかと考えたところ，本書の翻訳作業に思い至りました。

　ゼミの授業で実際に翻訳の作業を進めていくと，子ども文化人類学者を自称する著者の独特の文体と，子どもや心理学に限定されない多岐にわたる内容に，作業はきわめて難航しました。その時点では精度の高い翻訳は完成しませんでしたが，一緒に翻訳作業にあたってくれた三重大学教育学部幼児教育コース70期生の幼児心理学ゼミの3人（近藤莉子さん，下村茉衣さん，福島菜津子さん）には，この場を借りて感謝したいと思います。

　また，三重県津市の元公立保育士で研究仲間の岩附啓子さんには，翻訳を推敲するたびに読んでいただき，率直な感想や意見をいただきました。退職後も保育・幼児教育そして小学校教育の現場に足を運び，遊びへとつながるような愉快な絵本の読み聞かせ活動を継続されている岩附さんと，日ごろから子どもをめぐって去来するさまざまな謎について会話を重ねることで，この困難な翻訳作業も何とかやり抜くことができました。記して感謝申し上げます。

　翻訳においては，わかりやすさと正確さを心がけてきましたが，いくつかふさわしい訳を当てるのに苦労した語がありました。その最たるものは「faith」です。「faith」は「信仰，信頼，信じること，信念」などと訳されますが，典型的な日本人として宗教にも無縁な私にとって，最初「信仰」という言葉はどうも馴染みませんでした。そのため，最初は「信頼」という訳を当てることが多かったのですが，それはそれでどうもピタッときません。よく似た語として

255

「belief」と「trust」があり，前者は「信念」でよいのですが，後者は「faith」と同じく「信頼」になってしまいます。そうして何度も訳し直して内容に対する理解も深めていくうちに，最終的には，「faith」は文脈に応じて「信じること」「信じる気持ち」「信仰」と訳すことに決めました。その他のところで難しかったのは，「festival／fiesta」と「celebration」の訳です。最初は「祝祭」「祝賀」と訳していたのですが，日常あまり使わない言葉で，子どもたちや親たちの語りにも馴染みにくかったため，最終的には「祭り」「お祝い」と主に訳すことにしました。

　解説はずいぶん長いものとなりましたが，『発達』175号（2023年8月）〜180号（2024年11月）に連載された「子どもと旅するファンタジーの世界」（全6回）をもとに加筆修正したものです。本書の充実した内容と翻訳の動機については，解説の中でたっぷりと語っていますので，ここでは省きたいと思います。子どもとその子ども時代にとってのファンタジーの大切さについて，なんとなく感覚的，経験的にはわかってはいるものの，いざ言葉にしようとするとなかなかうまく表現できない，そんなもどかしさを本書は「なるほど！　そういうことなのか」と照らしてくれているのですが，多少の難解さがあることもまた事実です。この解説が本書に対する理解をさらに深め，関心を広げていくうえで，少しでもお役に立つことができたら幸いです。

　最後に，本書の出版に際し，『発達』での連載開始と合わせて話をどんどん前へ前へと進めてくださった元ミネルヴァ書房の丸山碧さん，そして編集の労をとっていただき，完成まで導いてくださったミネルヴァ書房の深井大輔さんにも感謝の言葉を申し上げます。

　本書が子どもの世界についての見方を広げ，子どもとのかかわりをよりいっそう前向きで楽しいものへと変えていく，その一助となれば，これにまさる喜びはありません。

2024年12月

富田　昌平

人名索引

あ 行

アブラハム，ロジャー　64，65，69
アリエス，フィリップ　36
イエス　47，72，75，83，108，119-121，147，148，
　　150，151
ヴァン・オールズバーグ，クリス　49
ウィニコット，D・W　4，94，143-145，149
ウィリアムソン，マーガレット　46
ヴェーヌ，ポール　5
ウェブスター，ハットン　33
ウォレス，アンソニー・F・C　139
エプスタイン，ジョセフ　133
エリアーデ，ミルチャ　56，63，93
エルキンド，デビッド　72
エルヴィス　141，144
オートナー，シェリー　82
オールポート，ゴードン　72
オベーセーカラ，ガナナート　119

か 行

カーソン，ジョニー　12
ガードナー，ドナルド　7
ガスキンズ，スザンヌ　138
カミングス，マーク　162
キャプロー，セオドア　38，39，42，46，47，81
キャロル，ルイス　91
キャンベル，ジョーゼフ　142
グッドイナフ，フローレンス　162
グレゴリウス　31
コールズ，ロバート　3
コルサロ，ウィリアム　162

さ 行

サットン＝スミス，ブライアン　36，42
サン＝テグジュペリ　1
シーベルト，ウォーリック　34
シュワルツ，バリー　60
スケイブ，シンシア　72
聖ニコラス　33-35，37，74，94，96，111
聖パトリック　94
聖ルカ　137
ゼップ，イラ　126
セレノ，レンゾ　40

た 行

ターナー，ビクター　112
ダグラス，メアリー　128
チェイス，メアリー　90
チクセントミハイ，ミハイ　116
チャーチ，フランシス　1
チャルマース，イレーナ　111

な 行

ナスト，トーマス　33，36，37
ナップ，ハーバート　107
ナップ，メアリー　107
ノウルソン，T・シャーパー　44

は 行

ハーシュマン，エリザベス　39
バーネット，ジェームズ　35，37，43
バーリン，アービング　31
バリ，ジェームス・マシュー　4，7，50
ファイン，ナターシャ　164
ファン・ヘネップ，アルノルト　20，28，32

257

ブライアント，エリザベス　16

プルイザー，ポール　145

フレイザー，ジェームズ　32

フレデリック　35

プレンティス，ノーマン　92

フロイト　12

ブロンテ姉妹　144

ベイトソン，グレゴリー　142,148

ヘイリー，メアリー　49

ベルク，ラッセル　39,43,123

ボサード，ジェームズ　40,41

ボス，ジュディス　2

ポター，ビアトリクス　91

ボル，エリノア　40,41

ま　行

マークス，ジョニー　37

マイヤーズ，ロバート　43

マイヤーホフ，バーバラ　130

マリア　120,121

ミード，マーガレット　55,134,138

ミルナー，マリオン　99

ムーア，クレメント・クラーク　33,35,37,41

ムーア，サリー　130

メイ，ロバート・L　37

モース，マルセル　60

や　行

ヤング，ロバート　141

ヨセフ　120,121

ら　行

ラバーバラ，プリシラ　39

リーチ，エドマンド　46

リンド，ヘレン　38

リンド，ロバート　38

ルーシー，ジョン　138

レイド，アラスター　133

レヴィ＝ストロース，クロード　55

ローリー，シャーリー・パーク　119

ロックウェル，ノーマン　129

ロックバーグ＝ハルトン，ユージン　116

わ　行

ワーナー，W・ロイド　32,42

ワルシャフスキー，モリー　7

事項索引

あ 行

アエスクラピウス　17
遊び心　134, 144
アナロジー　15, 70, 74, 102
アニミズム　55
アングロ・サクソン人　31, 32
安心毛布　143
イースターエッグ　44, 45, 109
イースターエッグハント　45-47, 84, 99, 100-103, 112
イースターディナー　129
イースターバスケット　45, 127, 128
イースターバニーに扮した人物　85-89, 91, 126
移行空間　90, 94, 143, 144, 149, 153, 154
移行対象　4, 88-90, 143, 144, 149, 152
イスラム教徒　108
一次プロセスの思考　142, 148
イニシエーション（参入儀礼）　55, 83
祈り　72, 140
畏怖　3, 5, 46, 53, 58, 135
癒し　16, 29
ウェストファリア人　45
ヴェンド人　15
嘘　75, 148-150, 152
エートス　57
エオストレ　32
エジプト人　44
エホバの証人　2, 74, 75, 86
エルウッド・ダウド　2, 90
エルフ　35, 58, 59, 126
黄金時代　56, 58
オーナメント　112-119
おとぎ話　58, 145

か 行

大人中心主義　157, 158

懐疑主義　3
懐疑論　1, 76
会衆派　33
快楽主義　39, 43, 124
核家族　120, 121, 129
過剰さ　64, 65
家族統合　40, 41
カタルシス　15, 56
カテキズム　72
カトリック　74, 105, 147
神　17, 57, 70, 72, 77, 94, 128, 129, 140, 145, 153
神様　2, 10, 11, 73
カリアー・アンド・アイヴズ　56
ガリア人　44
カルヴァン派　34
『カルビンとホッブス』　4
感謝祭　36, 123
寛容（寛容さ）　2, 38, 64, 93, 125, 126, 155
記号　142, 148
驚異　54, 124, 135
ギリシア人　44
キリスト降誕　119-122, 152
偶像崇拝　148
空想的思考　55, 111
空想の友達　135, 144
クエーカー　33
クラチット　43
『クリスマスキャロル』　121
クリスマス神経症　40
クリスマスツリー　33, 59, 65, 112-120, 122, 123, 127, 131

259

クリスマスのページェント　120
幻覚　90
現実を検出する能力　141
原理主義　2,74,75,149
古代ローマ人の農神祭　32
ごっこ遊び　144,145
子ども時代の神々　2,133
子ども時代の神話　4
子ども中心主義　3,160

さ　行

サクソン人の降誕祭　32
捧げ物　62,106,107
サタン　150,151
サトゥルヌス　33
シアーズ・ウィッシュブック　61,122
シェフィールド　14
ジェリービーンズ　127
自己統制　103
自己表現　103
指示対象　142,148
実証主義　1,57
社会（的）規範　112,135
社会的統制　60
宗教的図像　38,47
宗教的想像　76
ジューン・クリーバー　141
呪文　14
シュレスヴィヒ・ホルシュタイン州　45
準神聖　112,144
春分　32
商業主義　2,124-126
真実　5,148,149,158
新生クリスチャン　108
神聖さ　5,46,78,93,122,126,131,133
真正性　101
シンタクラース　34
シンボル　26,33,65,82,96,142-145,154
神話的想像　75,94

神話的想像力　153
崇拝　46,58,122,139,148
スクルージ　26,43
スティリア地方　45
素晴らしき日々　3,54
スピリチュアリティ　66
スピリチュアル　1,3,73,76,95
スプライト　2
清教徒　33,34,43
聖体拝領　18
聖ニコラスの祭り（祭日）　33,34
セサミストリート　114
世俗的図像　38
世俗的ヒューマニスト　2
セラピー　17
全知　70
想像的現象　4
想像的思考　89
想像の体験　4,5,134,135,153,154
想像な祝日の存在　96
贈与　39,60

た　行

卵の色塗り　103-107,135
チェロキー族　14
チペワ族　14
チャーリー・ブラウン　143
治癒　15,17
中央アフリカ　12
長老派　33,44
チロル地方　45
『通過儀礼』　20,28
通過儀礼　18,21,31,32,55,58,82,123,128,142
つくりごと　5,22,76
積荷信仰　136
ティートン　14
ディズニーキャラクター　114
ディズニーランド　136
ティンカーベル　2,20

テディベア　4, 114, 143, 149, 150
天使　1
冬至　31, 32, 123
東方の三博士　33, 38, 120
トーテム　92
トール　32, 33
ドラゴン　3
ドルイド　32, 36

な 行

慰め　93, 94, 152
ナラティブ　145
二次プロセスの思考　142
ニッカーボッカー　43
ニューオール　44
ニューギニア　14
ニンジャ・タートルズ　3, 141

は 行

ハーヴェイ　2, 4, 90, 135
歯が抜けたときの儀式　14
パタゴニア　14
バッグス・バニー　92, 93
バニキンズ　91
バニヤンバニー　89, 90
歯の喪失　19, 25
歯の生えかわり　18-20
歯の妖精ポーチ　16
バハーイ教徒　108
バプテスト　33, 108
ハロウィーン　91
ハロー効果　131
『バンビ』　93
ピーターパン　4, 7, 18, 50, 133, 154
ピーターラビット　91, 92
『ピーナッツ』　143
ピープスのマシュマロ　127
ヒーラー　17
ヒーリング　17

ヒュギエイア　17
表象　142, 148
ビロードうさぎ　89, 90
ヒンドゥー教　44
ファーザー・クリスマス　55
ファニーメイ　127
ファンタジー　1, 5, 53, 54, 57, 89, 134, 135
プーカ　2
福音主義（福音派）　39, 147
『不思議の国のアリス』　91
不信の棚上げ　3, 53, 58, 70, 94, 134, 144, 145
物質主義　123, 124, 126, 131, 152
扶養対象　121
ブラウニー　35
ブレア・ラビット　92
プレイボーイ　92, 124
フロー体験　100
フロスティ　51
文化的実践　109, 133-135, 138, 154
ペニーズ・ウィッシュブック　61
ペルシャ人　44
返報性　62
豊穣の神　32
ポーション（霊薬）　63
ホールマーク　115, 119
ホッブス　4
ボヘミア　14
ホリデー・シンドローム　40

ま 行

マーカス・ウェルビー　141
マーシャルフィールド　122, 123, 127
マオリ族　14
魔術的現象　55
マヌス島　55
魔法　15, 25, 33, 36, 51-54, 63, 70, 91, 94, 105, 136, 138, 139
マヤ族　138, 139
マルディグラの日　42

事項索引　261

ミッキーマウス　51,52,114,141
ミドルタウン　38,39,46,81
メキシコ　12,14
メタコミュニケーション　142
メタファー　12,102,117,118,121,144,145,149

や　行

唯物主義　39
唯物論　57
幽霊　66
ユニコーン　3
ユレタイド　54,64,81,122
妖精　1,4,5,16,67,143,154

ら　行

ライナス　143

ラッピング　69,70
リアリティ・チェック　21
リテラシー　26
類感呪術　15
ルドルフ　37,51,122,137,154
レプラコーン　1
ロイヤル・ドルトン　91
ローマ人　44
ロジャー・ラビット　92

わ　行

世界の卵（ワールドエッグ）　44
ンゴニ族　19,20

《著者紹介》

シンディ・デル・クラーク（Cindy Dell Clark）

ラトガース大学教授，人類学者。シカゴ大学で博士号を取得。子どもの遊び
と文化および子どもの声や視点を活かす調査方法に関する研究を行っている。
本書のほかに，*In Sickness and in Play: Children Coping with Chronic
Illness*（2003），*In a Younger Voice: Doing Child-Centered Qualitative
Research*（2011），*All Together Now: American Holiday Symbolism
Among Children and Adults*（2019）などの著作がある。

《訳者紹介》

富田昌平（とみた　しょうへい）

1974年広島県生まれ。三重大学教育学部教授。広島大学大学院教育学研究科
単位取得満期退学。博士（学校教育学）。著書に『幼年期における空想世界
に対する認識の発達』（単著，風間書房，2017年），『子どもとつくる2歳児
保育』（編著，ひとなる書房，2012年），『子どもの心的世界のゆらぎと発達』
（共著，ミネルヴァ書房，2011年），『保育内容としての遊びと指導』（共著，
建帛社，2003年）など。

空想の翼と信じる力
──子どもの神話と発達の人類学──

2024年12月20日　初　版第1刷発行　　　　〈検印省略〉

定価はカバーに
表示しています

訳　　者　富　田　昌　平
発　行　者　杉　田　啓　三
印　刷　者　坂　本　喜　杏

発行所　株式会社　ミネルヴァ書房

607-8494 京都市山科区日ノ岡堤谷町1
電話代表（075）581-5191
振替口座01020-0-8076

©富田昌平, 2024　冨山房インターナショナル・吉田三誠堂製本

ISBN978-4-623-09838-5

Printed in Japan

歌と絵本が育む子どもの豊かな心 四六判 330頁
──歌いかけ・読み聞かせ子育てのすすめ 本体 2500円

田島信元・佐々木丈夫・宮下孝広・秋田喜代美／編著

子どもを「人間としてみる」ということ 四六判 308頁
──子どもとともにある保育の原点 本体 2200円

子どもと保育総合研究所／編

０１２３　発達と保育 Ａ５判 240頁
──年齢から読み解く子どもの世界 本体 2200円

松本博雄・常田美穂・川田 学・赤木和重／著

兄と弟の３歳　仲間の世界へ 四六判 300頁
──日誌的観察記録から 本体 2600円

麻生 武／著　高田 明／解説

〈子どもという自然〉と出会う 四六判 220頁
──この時代と発達をめぐる折々の記 本体 2000円

浜田寿美男／著

──────── ミネルヴァ書房 ────────
https://www.minervashobo.co.jp/